"十二五"职业教育国家规划教材
经全国职业教育教材审定委员会审定

服装跟单实务
（第2版）

冯 麟 主 编
张小良 刘小红 陈学军 副主编

中国纺织出版社

内 容 提 要

本书是"十二五"职业教育国家规划教材。

本书紧紧围绕服装贸易与生产跟单这条主线，从订单开发、接单洽谈，到物料采购、生产、货运和出口报关报验整个订单的处理过程进行阐述，展开相关知识及其管理方法讨论，思路清晰简明。同时，结合市场和企业实际运作情况，设计了大量实用的跟单表格，加强订单管理的可操作性；运用大量的典型案例进行深入浅出的分析，使本书更切合企业的实际需求，为跟单员解决跟单过程中常见的问题、难点与规避技巧提供了有价值的参考与指导。

本书既可作为高等院校服装专业的教材，又适合新跟单员初学跟单业务时使用，也可帮助资深的跟单人员再度整理、规范相关业务流程，解决跟单业务中的难题。

图书在版编目（CIP）数据

服装跟单实务 / 冯麟主编. --2版. --北京：中国纺织出版社，2015.7（2017.10重印）

"十二五"职业教育国家规划教材 经全国职业教育教材审定委员会审定

ISBN 978-7-5180-1646-4

Ⅰ.①服… Ⅱ.①冯… Ⅲ.①服装工业—生产管理—高等职业教育—教材②服装企业—销售管理—高等职业教育—教材 Ⅳ.①F407.8

中国版本图书馆CIP数据核字（2015）第107319号

责任编辑：华长印　　特约编辑：张　棋　　责任校对：梁　颖
责任设计：何　建　　责任印制：储志伟

中国纺织出版社出版发行
地址：北京市朝阳区百子湾东里A407号楼　邮政编码：100124
销售电话：010—67004322　传真：010—87155801
http://www.c-textilep.com
E-mail: faxing@c-textilep.com
中国纺织出版社天猫旗舰店
官方微博 http://weibo.com/2119887771
三河市宏盛印务有限公司印刷　各地新华书店经销
2009年11月第1版　2015年7月第2版　2017年10月第7次印刷
开本：787×1092　1/16　印张：18.5
字数：331千字　定价：39.80元（附光盘1张）

凡购本书，如有缺页、倒页、脱页，由本社图书营销中心调换

出版者的话

百年大计，教育为本。教育是民族振兴、社会进步的基石，是提高国民素质、促进人的全面发展的根本途径，寄托着亿万家庭对美好生活的期盼。强国必先强教。优先发展教育、提高教育现代化水平，对实现全面建设小康社会奋斗目标、建设富强民主文明和谐的社会主义现代化国家具有决定性意义。教材建设作为教学的重要组成部分，如何适应新形势下我国教学改革要求，与时俱进，编写出高质量的教材，在人才培养中发挥作用，成为院校和出版人共同努力的目标。2012年12月，教育部颁发了教职成司函[2012]237号文件《关于开展"十二五"职业教育国家规划教材选题立项工作的通知》（以下简称《通知》），明确指出我国"十二五"职业教育教材立项要体现锤炼精品，突出重点，强化衔接，产教结合，体现标准和创新形式的原则。《通知》指出全国职业教育教材审定委员会负责教材审定，审定通过并经教育部审核批准的立项教材，作为"十二五"职业教育国家规划教材发布。

2014年6月，根据《教育部关于"十二五"职业教育教材建设的若干意见》（教职成[2012]9号）和《关于开展"十二五"职业教育国家规划教材选题立项工作的通知》（教职成司函[2012]237号）要求，经出版单位申报，专家会议评审立项，组织编写（修订）和专家会议审定，全国共有4742种教材拟入选第一批"十二五"职业教育国家规划教材书目，我社共有47种教材被纳入"十二五"职业教育国家规划。为在"十二五"期间切实做好教材出版工作，我社主动进行了教材创新型模式的深入策划，力求使教材出版与教学改革和课程建设发展相适应，充分体现教材的适用性、科学性、系统性和新颖性，使教材内容具有以下几个特点：

（1）坚持一个目标——服务人才培养。"十二五"职业教育教材建设，要坚持育人为本，充分发挥教材在提高人才培养质量中的基础性作用，充分体现我国改革开放30多年来经济、政治、文化、社会、科技等方面取得的成就，适应不同类型高等学校需要和不同教学对象需要，编写推介一大批符合教育规律和人才成长规律的具有科学性、先进性、适用性的优秀教材，进一步完善具有中国特色的普通高等教育本科教材体系。

（2）围绕一个核心——提高教材质量。根据教育规律和课程设置特点，从提高学生分析问题、解决问题的能力入手，教材附有课程设置指导，并于章首介绍本章知识点、重点、难点及专业技能，增加相关学科的最新研究理论、研究热点或历史背景，章后附形式多样的习题等，提高教材的可读性，增加学生学习兴趣和自学能力，提升学生科技素养和人文素养。

（3）突出一个环节——内容实践环节。教材出版突出应用性学科的特点，注重理论与生产实践的结合，有针对性地设置教材内容，增加实践、实验内容。

（4）实现一个立体——多元化教材建设。鼓励编写、出版适应不同类型高等学校教学需要的不同风格和特色教材；积极推进高等学校与行业合作编写实践教材；鼓励编写、出版不同载体和不同形式的教材，包括纸质教材和数字化教材，授课型教材和辅助型教材；鼓励开发中外文双语教材、汉语与少数民族语言双语教材；探索与国外或境外合作编写或改编优秀教材。

教材出版是教育发展中的重要组成部分，为出版高质量的教材，出版社严格甄选作者，组织专家评审，并对出版全过程进行过程跟踪，及时了解教材编写进度、编写质量，力求做到作者权威，编辑专业，审读严格，精心出版。我们愿与院校一起，共同探讨、完善教材出版，不断推出精品教材，以适应我国职业教育的发展要求。

中国纺织出版社
教材出版中心

第2版前言

本教材作为"十二五"职业教育国家规划教材,在第1版普通高等教育"十一五"国家级规划教材的基础上修订编写。教材汇聚了几位教师多年来的教学实践、校企合作科研与技术咨询培训等成功的案例,力争教材更加贴切企业的实际运作,凝练贸易与生产跟单的管理经验,使教材的内容新颖、实用、涵盖面广。

在这次编写中,继承了第1版清晰的写作思路,紧紧围绕服装订单的贸易与生产这条主线,系统地阐述了服装订单跟进与管理的基本理论和管理方法,同时结合企业的实战经验,增加了常见问题的案例分析与防范措施的探讨,力求做到图文并茂、深入浅出、通俗易懂、新颖实用。

本教材的主要特色有:

1. 各章节都配有清晰的流程图,针对服装企业订单的实际运作流程与管理,分步阐述跟单流程。并根据跟单工作需求,设计了大量实用的表格,有些表格还配有实际使用的范本,跟单员随时可以根据工作情况拷贝表格,为跟单工作提供有用的指导。

2. 本教材附带教学光盘,光盘内附有各种服装尺寸测量与质量检查的教学视频,以及服装专业与跟单英文资料汇编等参考文档。视频生动形象,直观易懂,文档附录专业英文资料齐全,方便翻译外单时作中英文查找,是学生进行课外学习的辅助教材,也是新上岗跟单员的工具书。

3. 每章前面配有课题内容、课程时间、教学目的与教学方式,每章后面附有思考题,以便引导初学者自学与复习。

4. 每章内容的后面精心摘录了典型的工作案例,还原企业工作中出现的各种问题、难点、重点,可以作为学生进行讨论的模拟场景。同时,针对每个案例的工作场景都进行了详细的分析,并提出了有实战经验的建议和防范措施,为跟单员提供了非常有价值的参考和指导作用。

本教材借鉴珠三角地区港资服装企业的管理经验而编写,主要作为服装高等教育的专业教材,也可作为企业跟单人员的培训教材或参考书,同时,非常适合新从事跟单工作的跟单员自学跟单业务用书,另外,还能帮助资深的跟单员再度整理、规范其现有的业务流程，解决跟单业务上的个别难题，提高跟单管理水平。

本教材由第1版的八章内容修订为七章内容，其中：第一章、第二章由惠州学院服装系刘小红编著修订，第三章、第四章、第五章由惠州学院服装系冯麟编著修订，第六章由惠州学院服装系张小良编著修订，第七章由惠州学院服装系陈学军编著修订，全书由冯麟担任主编并负责统稿审核。

教材在编写过程中，参阅了国内外相关书籍与资料，并得到惠州学院服装系已毕业并走上跟单岗位的同学们的大力相助，在此，对有关作者、老师、校友、朋友们表示衷心的感谢。

本教材虽然已几经校稿查对，但错漏之处仍在所难免。如有理论上的错误，完全是由于本人专业水平和实践经验不足所致，在此恳请谅解，并欢迎斧正。

编者

2015年1月1日

第1版前言

本书作为普通高等教育"十一五"国家级规划教材，是为适应纺织服装企业发展和服装高等教育教学的需要，在原《成衣跟单实务》的基础上重新编著。本书内容系统全面、条例清晰、浅显实用，有利于学生掌握跟单基本流程、在职跟单员提升订单管理水平。本书紧密围绕服装跟单这条主线，从订单开发、接洽谈，到订单采购、生产和货运整个订单处理过程进行阐述，展开相关内容及其管理方法讨论，思路清晰简明。同时，结合市场和企业实际运作情况，运用典型案例，对跟单常见问题与规避技巧进行深入浅出的分析，使本书更切合企业的实际需求。

本书凝聚了几位教师在服装教学、研究和企业订单项目管理的实践经验，力求深入浅出，切合实际，对订单管理的可操作性强，既可作为高职高专院校服装专业的教材，又适合在职跟单员参阅。由于目前国内企业正处在转型期，一些最新的企业运作变化可能无法及时更新，望读者加以留意。

本书共分八章，第一章、第二章由惠州学院服装系刘小红老师编著，第三章、第四章、第五章由惠州学院服装系冯麟老师编著，第六章、第七章由惠州学院服装系张小良老师编著，第八章由惠州学院服装系陈学军老师编著。全书由冯麟老师担任主编并负责统稿，钟桥安老师负责审稿。作者在编写过程中，参阅了国内外相关书籍资料，在此对有关作者表示衷心感谢。另外，本书引用了一些网上的文献资料，由于时间较长，已经无法一一核对，在此向有关著者谨表诚恳的谢意。

由于编者研究水平和实践经验有限，书中错漏与不足之处在所难免，恳请读者、专家指正并提出宝贵意见。

编者
2009年7月

教学内容及课时安排

章/课时	课程性质/课时	节	课程内容	
第一章（4课时）	基础概论（4课时）		·服装跟单概述	
		一		服装跟单的基本概念
		二		服装跟单的工作内容
		三		服装跟单的应用
第二章（6课时）	订单前期开发与计划管理（12学时）		·服装订单开发	
		一		营业跟单部业务分析
		二		订单开发
		三		订单洽谈
		四		加工厂评审
		五		案例分析
第三章（6课时）			·订单资料跟单	
		一		合同资料跟单
		二		客户资料跟单
		三		订单加工资料跟单
		四		订单资料变更处理
		五		案例分析
第四章（8课时）	订单生产前管理与实践应用（18学时）		·服装样板跟单	
		一		服装样板简介
		二		服装样板的制作与管理
		三		样板跟单管理
		四		案例分析
第五章（10课时）			·面辅料跟单	
		一		面辅料跟单概述
		二		面辅料研发与供应商管理
		三		面辅料样板跟单
		四		面辅料采购跟单
		五		案例分析
第六章（10课时）	订单生产管理与实践应用（14课时）		·生产跟单	
		一		联系加工厂
		二		签订生产合同

续表

章/课时	课程性质/课时	节	课程内容
第六章 （10课时）	订单生产管理与实践应用（14课时）	三	编制生产制单
		四	生产跟单管理
		五	服装质量检查
		六	案例分析
第七章 （4课时）			·船务跟单
		一	运输与价格
		二	结算方式
		三	船务资料跟单
		四	案例分析

注　各院校可根据自身的教学特点和教学计划对课程时数进行调整。

目录

第一章 服装跟单概述 ········· 002
第一节 服装跟单的基本概念 ········· 002
一、跟单的渊源 ········· 002
二、跟单的定义 ········· 002
三、服装跟单的特点 ········· 003
四、服装跟单的种类 ········· 004
第二节 服装跟单的工作内容 ········· 005
一、服装订单生产处理流程 ········· 005
二、服装跟单工作流程 ········· 005
三、贸易跟单工作职责 ········· 007
四、生产跟单的工作职责 ········· 012
第三节 服装跟单的应用 ········· 016
一、服装跟单的应用领域 ········· 016
二、跟单在各部门的应用 ········· 018
三、服装跟单的素质要求 ········· 019
思考题 ········· 021

第二章 服装订单开发 ········· 024
第一节 营业跟单部业务分析 ········· 024
一、营业跟单部的组织分工 ········· 024
二、营业跟单部的业务 ········· 025
第二节 订单开发 ········· 026
一、制订接单计划 ········· 026
二、产品开发 ········· 028
三、客户开发 ········· 030
四、客户识别与评审 ········· 031
五、客户服务 ········· 032
第三节 订单洽谈 ········· 034
一、订单接洽流程 ········· 034

二、订单洽谈形式 ………………………………………………………… 036
　　三、订单磋商环节 ………………………………………………………… 036
　　四、订单洽谈内容 ………………………………………………………… 037
　　五、订单报价技巧 ………………………………………………………… 039
第四节　加工厂评审 …………………………………………………………… 046
　　一、评审认证体系 ………………………………………………………… 046
　　二、评审项目 ……………………………………………………………… 047
　　三、认证对工厂的好处 …………………………………………………… 050
　　四、迎评准备 ……………………………………………………………… 050
　　五、认证流程 ……………………………………………………………… 051
第五节　案例分析 ……………………………………………………………… 051
思考题 …………………………………………………………………………… 056

第三章　订单资料跟单 ……………………………………………………… 058
第一节　合同资料跟单 ………………………………………………………… 058
　　一、合同资料的收集与存档 ……………………………………………… 058
　　二、合同资料的评审与修订 ……………………………………………… 058
　　三、合同资料的发放与归档 ……………………………………………… 062
第二节　客户资料跟单 ………………………………………………………… 063
　　一、客户资料管理流程 …………………………………………………… 063
　　二、客户满意度调查 ……………………………………………………… 065
　　三、客户投诉处理 ………………………………………………………… 067
　　四、客户资料管理要点 …………………………………………………… 070
第三节　订单加工资料跟单 …………………………………………………… 070
　　一、订单加工资料分类 …………………………………………………… 071
　　二、订单加工资料理单流程 ……………………………………………… 072
　　三、资料跟单注意事项 …………………………………………………… 081
第四节　订单资料变更处理 …………………………………………………… 082
　　一、临时变更的内容 ……………………………………………………… 082
　　二、允许变更的条件 ……………………………………………………… 083
　　三、资料变更处理步骤 …………………………………………………… 084
第五节　案例分析 ……………………………………………………………… 086
思考题 …………………………………………………………………………… 088

第四章　服装样板跟单 ……………………………………………………… 092
第一节　服装样板简介 ………………………………………………………… 092

一、服装样板的含义 …………………………… 092
　　二、服装样板的作用 …………………………… 092
　　三、服装样板的分类 …………………………… 093
第二节　服装样板的制作与管理 …………………… 096
　　一、需板阶段 …………………………………… 096
　　二、制板顺序 …………………………………… 097
　　三、样板管理 …………………………………… 097
第三节　样板跟单管理 ……………………………… 099
　　一、样板跟单流程 ……………………………… 099
　　二、样板跟单注意事项 ………………………… 113
第四节　案例分析 …………………………………… 116
思考题 ………………………………………………… 119

第五章　面辅料跟单 …………………………… 122
第一节　面辅料跟单概述 …………………………… 122
　　一、面料鉴别方法 ……………………………… 122
　　二、常用面料使用性能 ………………………… 126
　　三、面辅料跟单总流程 ………………………… 127
　　四、面辅料跟单的职责 ………………………… 127
第二节　面辅料研发与供应商管理 ………………… 130
　　一、面辅料研发 ………………………………… 130
　　二、供应商开发 ………………………………… 132
　　三、供应商管理与评估 ………………………… 135
第三节　面辅料样板跟单 …………………………… 142
　　一、面辅料样板种类 …………………………… 142
　　二、面料色板跟单 ……………………………… 146
　　三、洗水/印绣板跟单 …………………………… 152
　　四、缩率测试板跟单 …………………………… 154
　　五、综合性能测试板跟单 ……………………… 155
　　六、辅料样板跟单 ……………………………… 156
第四节　面辅料采购跟单 …………………………… 159
　　一、面辅料采购前期跟单 ……………………… 159
　　二、面辅料采购中期跟单 ……………………… 178
　　三、面辅料采购后期跟单 ……………………… 180
　　四、采购跟单注意事项 ………………………… 189
第五节　案例分析 …………………………………… 189

思考题 ··· 193

第六章 生产跟单 ··· 196

第一节 联系加工厂 ·· 196
一、评审加工厂 ··· 196
二、审核订单资料 ·· 196
三、发出订单资料 ·· 197
四、分析工厂反馈信息 ·· 197

第二节 签订生产合同 ··· 198
一、编制生产合同 ·· 199
二、审批生产合同 ·· 200
三、签订生产合同 ·· 200

第三节 编制生产制单 ··· 201
一、生产制单的作用 ··· 201
二、生产制单的内容 ··· 201
三、制单编写途径 ·· 202
四、制单编写步骤 ·· 202
五、编写注意事项 ·· 206

第四节 生产跟单管理 ··· 206
一、生产跟单流程 ·· 206
二、生产进度跟单 ·· 206
三、生产质量跟单 ·· 210
四、成品出货跟单 ·· 219

第五节 服装质量检查 ··· 221
一、服装疵点的界定 ··· 221
二、服装测量技巧 ·· 221
三、常见服装疵点分析 ·· 227

第六节 案例分析 ··· 232
思考题 ··· 235

第七章 船务跟单 ··· 238

第一节 运输与价格 ·· 238
一、物流运输方式 ·· 238
二、贸易术语 ·· 241
三、进出口货物运输流程 ··· 244

第二节 结算方式 ··· 255

一、付现交单（CAD: Cash Against Documents） …… 255
二、汇付（Remittance） …… 256
三、托收（Colletion） …… 257
四、信用证（L/C: Letter of Credit） …… 258
五、银行保证函（L/G: Banker's Letter of Guarantee） …… 259
六、国际保付代理业务（Factoring） …… 259
七、联合结算法 …… 259

第三节 船务资料跟单 …… 260
一、常用单证资料 …… 260
二、货运单证的准备 …… 270
三、准备单证注意事项 …… 271
四、票据风险与防范 …… 271

第四节 案例分析 …… 272
思考题 …… 278

参考文献 …… 279

基础概论——

服装跟单概述

> **课题名称：** 服装跟单概述
> **课题时间：** 服装跟单的基本概念
> 　　　　　　服装跟单的工作内容
> 　　　　　　服装跟单的应用
> **课题时间：** 4课时
> **教学目的：** 通过本章教学，使学生了解服装跟单的起源、跟单工作的特点、跟单的种类及应用领域，熟悉服装跟单的工作流程及工作职责，使学生初步了解服装跟单工作。
> **教学方式：** 以理论授课为主，并结合工作案例进行讨论。
> **教学要求：** 1. 掌握服装跟单的定义及特点。
> 　　　　　　2. 了解服装跟单的种类。
> 　　　　　　3. 熟悉服装跟单的工作流程、工作内容及工作职责。
> 　　　　　　4. 了解服装跟单的应用及企业对跟单员的素质要求。

第一章　服装跟单概述

服装跟单是服装生产、贸易运作过程的基本控制手段，是服装企业经营管理的核心业务。跟单能力的强弱和工作水平的高低直接关系到生产订单能否按照合同规定的产品质量、数量、交货期完成，从而影响企业的履约能力以及企业的成本效益。

第一节　服装跟单的基本概念

一、跟单的渊源

跟单是专业化分工的结果。在手工业时代，通常一件产品由一个人完成，产品质量由单个生产者的技艺水平决定。专业化分工出现后，产品由多人分工完成，为了达到预期的质量标准，必须有人跟进生产线的质量，监督每位员工的工作质量是否与预期标准一致，这是跟单最早的形态。

在工业化生产初期，市场的质量标准由生产者决定，消费者没有选择权，卖方市场起主导作用，此时跟单职能只需满足企业内部的质量要求。经济市场自由化以后，生产者在生产价值链中的地位开始下降，为了确保企业货品统一的质量，贸易或零售企业根据客户的要求制订一系列质量标准，生产企业必须按照客户的质量标准组织生产。为了检查客户的质量标准是否被有效执行，生产企业需要内部跟单员跟进订单生产情况，客户也有专业跟单人员进行质量监测，从而形成多方跟进的质量监测体系。

随着跟单业务的发展，跟单的核心职能转为贸易过程控制与客户服务。跟单职能从生产过程中分离出来，成为贸易公司的职能部门，形成独立的跟单服务机构。

二、跟单的定义

跟单是服装企业以客户需要为起点，以客户订单为线索，对服装生产、贸易过程中订单的生产运作过程进行全程的跟进与监控，以确保订单交易按质、按量、按时完成的全过程。从事跟单工作的人员称为跟单员。

跟单的基本形式有独立跟单与协作跟单两种。

1. 独立跟单

独立跟单是在订单合同签订后，指定一个跟单员跟进订单的整个完成过程，也就是由一个跟单员负责到底的形式,这有利于同一客户、同一订单跟单工作的连续性,减少因跟单脱节而导致的错误,但需要跟单人员具有较全面的跟进能力,对跟单员的素质要求较高,由于全程由一个人完成,与客户、生产企业等多方面的沟通更容易展开,服务水平较高,责任也比较清楚。但由于跟单任务变化频繁、任务较重,跟单过程容易因疏忽而导致错误。所以独立跟单适合小规模的服装进出口贸易或零售公司。

2. 协作跟单

协作跟单是将整个跟单过程分解成客户业务开发、面辅料采购、制板、生产与货运等多个环节,指派多人分工协作完成的形式。协作跟单分工较细,跟单员只需掌握个别环节的监控方法,跟单工作的专业化水平较高,因此工作效率与服务水平较高。但由于全过程由多人配合完成,协作难度加大,客户与生产企业的联系容易出现脱节,如果工作中的沟通、协调不到位,就容易出现失误。当有员工调离岗位时,需要做好跟单的交接工作。另外,很多问题如果不能及时暴露出来,甚至会导致公司不能按时履约的严重后果。实行协作跟单的企业要建立完善的资讯系统及良好的沟通机制,以减少跟单问题的产生。所以协作跟单适合规模大、客户多、经营品种多样的服装贸易公司。

三、服装跟单的特点

服装跟单工作涉及面广、综合性强,企业内部涉及业务营销、设计、计划、样板制作、生产、质量控制、包装、仓库管理、物流运输、财务等部门;企业外部涉及国内外客户、面辅料供应商、海陆空运输公司、快递公司、海关、税务、商品检验和检疫等政府部门、银行、保险等金融机构以及外协加工厂等。

俗话说,要做总经理,先做跟单员。跟单员的工作性质涵盖面非常广,跟单员是经理的得力助手,是订单交易过程的调查员,是企业产品销售的推销员,是企业接单的业务员,是各部门的协调员,是客户的有力参谋。显然,跟单员的工作具有很强的综合性和开放性,主要具有以下特点。

1. 服装跟单是企业订单工作的起点与终点

服装跟单体现了以客户为中心的营销理念,贯穿接单、制板、生产、交货等整个运作过程。

2. 服装跟单是企业内外联系的渠道和桥梁

跟单工作的核心是利用订单资讯架起客户与企业之间的沟通桥梁。在企业所有工作岗位中,跟单工作是接触部门最广的工作岗位,与客户签订订单后,查询进度、意见反馈、协商要求等,都是通过跟单员与客户联系,再由跟单员向相关主管人员汇报,采取相应措施加以落实,故跟单员的沟通、协调能力特别重要。

3. 服装跟单是服装企业完成客户订单的重要保障

通过对订单生产和交易全程的计划、组织、协调、管理等,以控制订单生产和交易按预定的进度、质量进行,确保订单顺利完成。

4. 服装跟单具有协调企业与客户意见的功能

跟单员拥有客户、生产企业、市场等全方位的资讯,对客户的需求、企业的实际情况都比较了解。当企业与客户意见有分歧或企业的生产能力不能满足客户的需求时,跟单员适时提出双方都能接受的解决方案,既符合企业的实际能力,又能达到客户的预期要求。

5. 服装跟单工作具有较高的难度和较强的挑战性

由于服装跟单是跟着订单走,其工作地点、时间随时都会发生变化。服装跟单要面临不同的客户、企业或部门,全程跟进中要环环紧扣,工作节奏快速多变,需要解决的问题多且随机性强,这使服装跟单工作具有相当的难度和挑战。

6. 服装跟单工作有助于个人能力的提高

由于服装跟单涉及企业的所有部门,工作接触面广,工作综合性强,一方面,是对个人能力的全面检验;另一方面,也可以积累丰富的工作经验,提高个人适应各种状况和解决问题的综合应变能力。

四、服装跟单的种类

根据不同的工作地点、工作单位、工作对象和工作内容,服装跟单可以划分为不同的种类。各种划分方法没有固定的模式,服装企业可根据自身的实际情况,做适当分类,以明确工作分工和职责。

1. 根据工作地点不同划分

根据跟单员不同的工作地点,跟单可划分为内勤跟单与外勤跟单。

内勤跟单是指在企业内部开展相关跟单工作,主要是与客户、生产、物流等企业沟通,向相关部门提供订单资料、订单文件、生产制单、样衣及辅料样品、货物发送等,并跟进订单各个环节的进度完成情况。

外勤跟单是指公司派出专门人员在外协企业开展相关跟单工作,对协作企业的生产过程进行监控,以便控制外发业务的质量与进度。

内勤跟单员主要是为客户及加工厂提供沟通服务,对沟通能力、资料处理能力等要求较高;外勤跟单员主要是监控服装加工厂的生产质量、进度、交货期等方面是否达到订单的要求,对生产现场的监控能力要求较高。

2. 根据隶属单位不同划分

根据跟单员单位的隶属关系不同,跟单可划分为企业跟单、客户跟单与中介跟单。

企业跟单又分为贸易跟单和生产跟单,是服装生产加工厂和服装贸易公司分别聘用的跟单人员。从服务性、独立性的角度而言,贸易跟单更有代表性,生产跟单从属于贸易跟单,为贸易跟单服务。

客户跟单是客户聘用的外协跟单人员,通常会定期到企业监控订单的生产质量与进度。

中介跟单是专门提供跟单服务的中介公司聘用的跟单员。在国际贸易中,许多大型采购集团的经营范围很广，无法在各个专业领域都配备专门的跟单人才，通常委托专业的跟单服务机构，提供独立性强的第三方跟单服务。中介跟单提供的报告具有权威性，是交货、付款的重要依据。

企业跟单、客户跟单、中介跟单虽然分工不同，但都有着共同的目标和共同的利益，就是确保订单生产、交易顺利完成，但他们任职的主体不同，因此他们之间既有协作，又有对立，特别是在质量问题上出现争议时，需要相互的理解与合作才有利于问题的解决。

3. 根据跟单环节不同划分

根据不同的订单处理阶段，跟单可划分为业务跟单、样板跟单、订单资料跟单、面辅料跟单、生产跟单和船务跟单。

营销部的跟单称为业务跟单，主要是销售产品，完成交易，为客户和生产部门提供服务；在接单前后以及整个订单生产过程中涉及的所有样板制作与修改的跟踪、审核、寄送等均为样板跟单工作的内容；订单资料的收集、编制、分发、更改与存档等均属订单资料跟单；面辅料的开发、采购，供应商的开发与评估等工作则归属于面辅料跟单的范畴；生产跟单是监控生产过程是否符合订单或客户要求；成品的运输安排、发货跟踪等物流管理工作以及货款结算工作均称为船务跟单。

第二节 服装跟单的工作内容

一、服装订单生产处理流程

服装订单的整个生产处理过程包括信息收集、样板试制与评核、订单签订、物料采购与检验、大货生产、包装与质检、发货与收款等步骤。服装跟单工作围绕着服装订单的处理过程而展开。图1-1所示为服装订单生产处理流程简图。

二、服装跟单工作流程

服装跟单工作内容与企业的规模、性质有关，但其核心工作内容相同，大致包括订单开发、订单资料管理、样板跟单、面辅料跟单、生产与质量跟单、船务跟单等相对独立的跟进工作。

1. 订单开发

订单开发也称业务跟单，工作内容包括：新客户的开发，老客户的定期巡访；产品设计开发与展示；接洽订单与交易磋商；订单报价与合同签订等。

2. 订单资料管理

订单资料管理的主要工作包括：年度接单计划的制订、合同资料的评审、订单资料的建档管理与发放、客户档案管理、客户调查与投诉处理等。

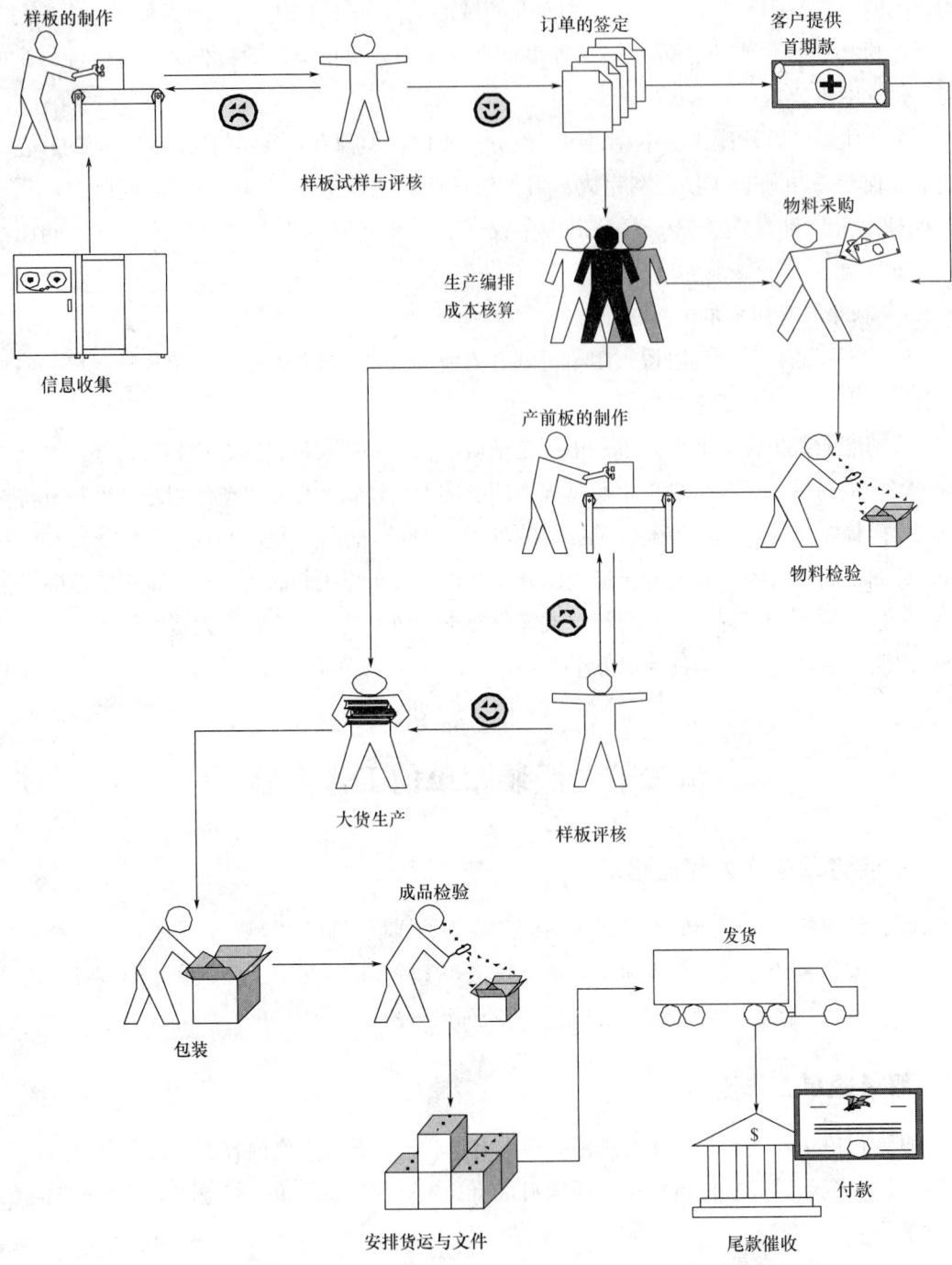

图1-1　服装订单生产处理流程

3. 样板跟单

样板跟单的主要工作包括：服装样板的设计与制作；样板制作的质量与进度监控；样板的评审与客户意见跟踪，样板修改的跟进；为相关部门及生产企业提供服装生产用料的预算和成本估算。

4. 面辅料跟单

面辅料跟单的主要工作包括：面辅料品种及供应商的开发；面辅料样板的评审；面辅料样板的寄送，客户评审结果的跟进；为相关部门及生产企业提供面辅料报价服务；面辅料生产进度、质量与交货期的监控；面辅料查货验收与清退工作等。

5. 生产与质量跟单

生产与质量跟单的主要工作包括：评选与查验服装加工厂；向客户提供生产前样板、生产周期计划等资讯；跟进生产进度，对生产过程进行现场监控，开展中期、后期质量检查；做好出货安排；跟进加工厂寄送船头板；跟进客户对船头板的评核结果；订单生产完成后的文件资料整理与归档工作等。

6. 船务跟单

船务跟单主要工作包括：根据订单交货期，制订交货日程安排计划；租船订舱，分配货柜；跟进交货的详细资料及有关文件；协助做好货款结算工作等。

如图1-2所示为成衣跟单的工作流程。

三、贸易跟单工作职责

（一）贸易跟单部经理的职责描述

跟单部经理上对总经理负责，下负责跟单团队（由高级跟单员、跟单员、助理跟单员组成）的工作计划、工作安排、部门间的协调与沟通等（图1-2）。

1. 工作联系

（1）与总经理联系：包括汇报跟单进度及行政管理工作，接受新的跟单任务，取得工作支持等。

（2）与生产部、面料部、船务部联系：主要是跟单业务方面的协作配合。

（3）与客户联系：包括订单报价，生产工艺制作单的修订，接收客供板（含成衣、面辅料样板）、客户批复意见、客户业务要求及客户投诉的跟进与处理等。

（4）与加工工厂联系：包括了解工厂报价，制板进度的跟进等。

（5）与面料、辅料供货商联系：包括了解面辅料报价，商谈面辅料订购采购事宜等。

2. 职权范围

（1）有权将客户订单分配给下属跟进，并组织团队开展有效的客户服务工作。

（2）有权指导并监督下属开展报价工作，并要求下属为客户提供各项报价服务。

（3）有权指派高级跟单员分担部分管理工作。

（4）有权定期检查并监督跟单员的工作进展及效果。

（5）有权对下属进行工作评价与绩效考核，为人事部提供工资提升及职位晋升等依据，评价跟单员履行职责情况。

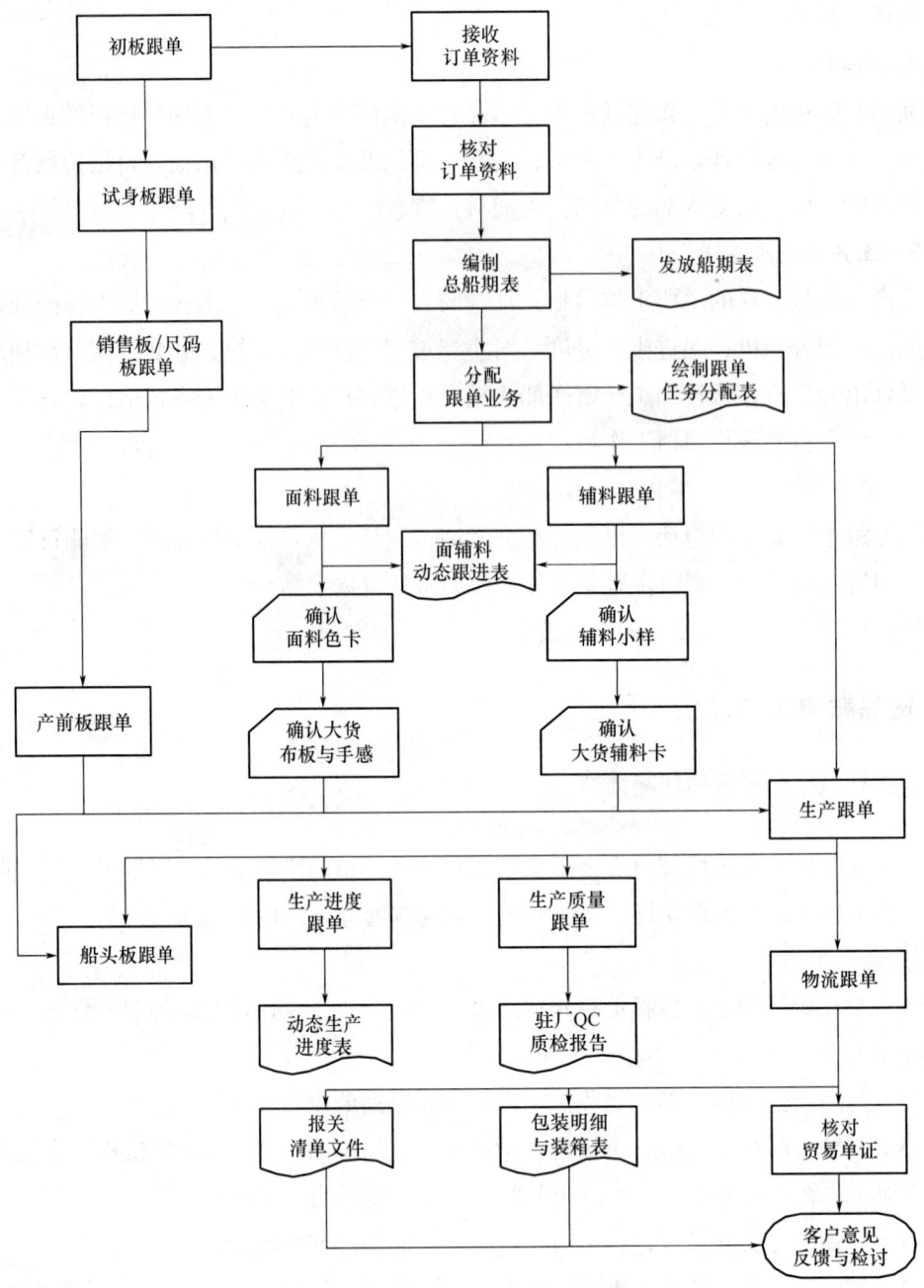

图1-2 成衣跟单工作流程

（6）有权监督本部门工作人员执行公司规章制度情况。

（7）有权协助公司制订或修订公司规章制度及业绩考核标准等。

（8）有权根据公司制度选聘、调动、升任、辞退下属员工等。

3．工作职责

（1）掌握客户的各种资料，跟进客户修改意见和业务要求的落实情况。

（2）参加总经理主持的订单安排与进度跟进会议，接受总经理安排的新客户跟单工作。

（3）根据订单开发情况，调配跟单人员跟进各个订单。

（4）分析客户报价，确定订单产品价格。审核客户第一、第二轮报价资料，包括报价表及修改的生产工艺制作单。

（5）审核各种样板，分析客户批复资料和修改意见，督促各跟单工作计划与样板修改工作的落实。

（6）与客户商定产品质量标准、生产进度、交货期等事项，签发与客户联系的重要文件、资料，审核或回复客户重要文件资料。

（7）及时向总经理汇报客户对合同条款的更改要求，并做出适当调整。

（8）做好运输安排、货款结算等工作。

（9）传达并推行公司的目标和政策。

（10）监督、管理下属依据工作流程与要求开展工作。

（11）针对工作中的问题，组织相关人员分析原因，并提出解决办法。

4. 工作研究

（1）与面料部、辅料部、生产部协作，开发新面辅料品种、供应商、外协加工厂等，提高订单开发能力和生产能力。

（2）分析客户询价、报价资料，划分客户类型，评估不同类型客户报价特点，有针对性地选择报价服务，提高报价速度及报价质量，缩短签单期。

（3）分析客户订单资料和样板资料，研究、衡量本企业和外协加工厂的生产加工能力，提出改善建议。

（4）检讨每周订单报价、合同磋商、订单交付、客服满意度、尾款收缴等跟单工作完成情况，及时解决工作中出现的问题。

（5）总结前一阶段的跟单情况，部署下一阶段跟单计划。不断改进跟单工作，提高工作效率和工作水平。

（二）高级跟单员的职责描述

高级跟单员上对跟单部经理负责，负责跟单团队，指导普通跟单员的客户服务工作，做好与相关部门的协调与沟通工作。

1. 工作联系

（1）与跟单部经理联系：包括汇报跟单工作的进展情况，接受新的跟单任务，取得工作支持，协助跟单部经理的工作等。

（2）与客户联系：包括订单报价，生产工艺制作单的修订，客户批复意见、客供面辅料样板和采购要求、客户投诉的跟进处理等。

（3）与加工厂联系：包括了解工厂报价、制板、生产进度的跟进等。

（4）与面辅料供货商联系：包括了解面辅料的报价、样板修改、采购进度、客供辅料的到达时间等。

2. 职权范围

（1）有权指导和协调下属开展订单报价与跟单工作。

（2）有权掌握客户各种报价、样板、确认资料。

（3）有权协助跟单部经理做好对下属的评价与考核。

3. 工作职责

（1）参加跟单部经理组织的跟单工作会议。

（2）审核报价资料的准确性、合理性，分析客户的特点及报价过程中应注意的问题，协助经理做好订单报价工作。

（3）做好跟单工作计划，向跟单员分配具体的订单跟进任务。

（4）指派跟单员落实客户的变更与业务要求。

（5）做好跟单工作日常管理，检查督促跟单工作进度。

（6）审核并批签需要寄送给客户的重要文件与样板。

（7）协调解决跟单工作中的问题，保证跟单工作顺利开展。

（8）加强与客户的沟通联系，及时回复客户重要咨询，为客户提供优质服务，争取客户长期的订单。

（9）利用各种渠道，做好新客户开发工作，开拓市场。

4. 工作研究

（1）根据跟单工作计划，检讨总结前一阶段的跟单情况，指导下一阶段的跟单工作安排。

（2）组织跟单员讨论、研究不同客户类型的跟单工作要求，总结工作经验，为今后的跟单工作提供参考。

（三）跟单员的职责描述

跟单员对高级跟单员负责，并与助理跟单员协作，完成具体的跟单工作，包括订单报价和客户服务等。

1. 工作联系

（1）与高级跟单员及跟单部经理联系：主要有汇报跟单工作，接受跟单任务，取得工作支持等。

（2）与面料部、面料供应商联系：包括获得面料报价，跟进面料样板，面料采购，面料查验等。

（3）与客户联系：包括订单报价，生产工艺制作单的修订，掌握客户各种批复意见，跟进客供面辅料样板，客户业务要求、客户投诉的跟进等。

（4）与外协加工厂联系：包括外协加工厂的报价，样板制作的跟进，大货生产的进度与质量控制跟进等。

2. 职权范围

（1）有权共享公司各种信息资源。

（2）有权独立与客户、工厂、面料部或供应商就报价、采购、质检等业务开展沟通与协作。

（3）有权对报价、样板、生产等环节发表自己的意见。

3. 工作职责

（1）订单资料收发工作。

①查阅公司公告，及时掌握公司近期的工作任务。

②接收客户的咨询、报价、回复意见、修改意见、确认板等资料，向客户提供订单报价资料和各种样板资料。

③查收面辅料供货商寄出的报价、样板等资料。

④查收加工厂的报价、样板、生产和质检等资料。

⑤对重要文件资料做备份或存盘。

⑥向主管提供文件资料的收发清单，转交重要的文件资料。

（2）文件资料处理工作。

①统计个人或小组报价、跟单任务。

②分析客户的询价资料。

③跟进客户的修改、确认意见。

④整理并寄送外协加工厂的报价资料。

⑤整理并寄送制板厂的制板资料。

⑥根据客户需求，编写面料、辅料采购清单。

⑦回复客户的各种咨询，并及时向客户通报订单生产及交易进展的情况。

⑧及时向客户反映订单生产过程中出现的问题，并与客户商讨解决办法。

（3）核板工作。

①审核各种服装样板、面料色板、大货板等，编写样板评语。

②审核辅料卡、包装辅料清单。

③审核外协加工厂寄来的各种报告、样板资料。

④保存与客户、面辅料供货商、外协加工厂的各种联系凭证。

⑤及时向板部反映客户对服装样板的修改意见。

（4）协调工作。

①如果客户修改订单报价，应及时向主管汇报，并通知设计、生产、物料等部门。

②如果客户修改生产工艺制单，须立即通知生产部或外协加工厂。

③如果客户修改交货期，需及时通知生产部、船务部或运输部。

④及时向面辅料部门反映客户对面辅料的修改意见。

（四）助理跟单员的职责描述

助理跟单员主要是协助跟单员开展跟单工作，并与跟单员、加工厂、供应商等保持紧密联系和合作。

1. 职权范围

（1）有权共享公司各种信息资源。

（2）有权对报价、样板、生产等环节发表自己的意见。

2. 工作职责

（1）协助跟单员编写板单、面辅料采购清单与大货制单。

（2）协助跟单员查收客户资料、外协加工厂资料、供应商资料，并做好存档工作。

（3）协助跟单员审核样板并寄送样板。

（4）协助跟单员查询报价资料。

（5）协助跟单员补充生产制单资料，并负责将资料寄送外协加工厂。

四、生产跟单的工作职责

（一）生产跟单部经理的职责描述

1. 工作联系

（1）与总经理联系：汇报跟单工作情况，接受跟单工作任务，取得工作支持等。

（2）与客户联系：客户对生产工艺制作单的修改，客户各种批复意见、业务要求、投诉等工作的处理。

（3）与工厂联系：对服装生产质量、进度、出货监管及相关安排等的协调。

（4）与面辅料供货商联系：面辅料的采购、质检、次品退返等的处理。

2. 职权范围

（1）有权指派跟单员负责跟单工作。

（2）有权指导并监督下属按照设定的流程开展跟单工作。

（3）有权建立内部规章，进行内部分工。

（4）有权对下属的工作进行检查监督。

（5）有权对下属履行工作的职责进行评价与考核。

（6）有权选聘、调动、升任、辞退下属员工。

3. 工作职责

（1）参加总经理主持的订单生产安排与进度跟进会议。

（2）规划并执行生产部门跟单工作方案，统筹生产资源，做好订单生产计划的跟进工作。

（3）根据订单生产计划表，调配跟单人员跟进各个订单的生产。

（4）指派高级跟单员分担部分管理工作。

（5）分析客户批复资料，并落实客户修改意见的工作安排。

（6）接收跟单员的定期汇报，及时了解面辅料供应、订单生产进度、质量控制等情况，掌握生产跟单进展情况，确保订单生产按计划进行。

（7）做好运输安排、货款结算等工作。

（8）协助公司制订或修订公司规章制度及业绩考核标准等。

（9）指导跟单员依据工作流程与要求开展工作。

（10）根据客户交货期，审核各订单的跟单计划表与生产计划表。

（11）检查、督促各项跟单工作计划的落实；检查每周订单生产情况及跟单工作完成情况，及时协调解决工作中出现的问题。

（12）如果客户要求修改生产制作单，及时向总经理汇报，并指派专人跟进。

（13）总结前一阶段的跟单情况，部署下一阶段的跟单计划。

4. 工作研究

（1）分析客户订单特点，划分订单及跟单业务类型，评估不同类型订单的业务工作量，优化跟单业务流程，提高跟单效率，缩短交货期并提高产品质量。

（2）协助开发部做好订单加工、面辅料报价工作，并审核订单报价资料。

（3）分析并检查订单生产工艺中可能存在的缺陷，及时提供修改意见，预防生产中出现产品质量和交货期的问题。

（4）针对工作中的问题，组织相关人员分析原因，并提出解决办法。

（5）协调其他部门共同研究各种改善措施，提高工作效率。

（二）高级跟单员的职责描述

1. 工作联系

（1）与生产部经理联系：汇报跟单工作情况，接受跟单工作任务，取得工作支持，协助生产部经理工作等。

（2）与开发部联系：接收订单跟进资料，了解客户需求，取得客户、面料供货商、辅料供货商的基本信息资料和各种业务协作等。

（3）与客户联系：了解客户订单修改要求，跟进客户批复意见、客户对面辅料的采购要求、客户的业务要求、客户的投诉等。

（4）与外协加工厂联系：了解工厂报价，跟进样板制板、生产进度等。

（5）与面辅料供货商联系：跟进面辅料的采购、质检、次品退返等工作。

2. 职权范围

（1）有权指导和管理下属开展生产跟单工作。

（2）有权督促加工厂按计划推进生产。

（3）有权掌握客户各种报价、样板及确认资料。

（4）有权对下属的工作进行客观的评价与考核。

3. 工作职责

（1）参加生产部经理组织的生产工作会议。

（2）协助经理实施计划并执行生产跟单工作方案。

（3）按照生产跟单工作计划，分配跟单员具体的订单跟单任务。统筹人力资源，根据实际情况做好生产跟单调度工作。

（4）做好客户修改意见的分析，并指派跟单员落实到位。

（5）根据客户交货期，控制各订单的跟单计划表与生产计划表。

（6）掌握订单的跟进情况及相应的各项管理资料，并及时向跟单部经理汇报。

（7）审核所接收订单文件资料的正确性、完整性，协调解决跟单工作中的问题，保证订单生产的顺利开展。

（8）检查总结前一阶段的生产跟单情况，部署下一阶段的生产跟单安排。

（9）教育、督促并管理员工遵守公司的规章制度。

（10）了解并评价跟单员的工作情况。监督跟单员依据工作流程与要求开展工作。及时发现并纠正跟单员工作中的失误。

（11）监督驻厂质检员的质量控制，确保产品质量符合订单要求。

4. 工作研究

（1）组织跟单员讨论、研究不同类型订单的跟单工作要求，总结工作经验，为今后跟单工作提供参考。

（2）分析订单的特点及跟单过程中可能产生的问题，指导下一步的跟单管理。

（三）跟单员的职责描述

1. 工作联系

（1）与高级跟单员及生产部经理联系：汇报跟单工作，接受跟单任务，取得工作支持等。

（2）与开发部联系：接受订单跟进资料，了解客户需求，取得客户、面料供货商、辅料供货商的基本信息资料与各种业务协作等。

（3）与客户联系：了解客户修改订单要求，跟进客户批复意见，客户业务要求、客户投诉等。

（4）与外协加工厂联系：跟进样板寄送与审批，跟进生产进度、质量控制，跟进出货安排等。

（5）与面辅料供货商联系：跟进面辅料采购、质检、次品退返等。

2. 职权范围

（1）有权使用必要的跟单资源及公司的共享资源。

（2）有权与开发部、板房、面料部、生产部等部门开展跟单工作的沟通与协作。

（3）有权提出改进生产跟单的意见和建议。

3. 工作职责

（1）查阅公司公告，及时掌握公司近期的工作任务。

（2）查收由生产部转交的跟单文件资料。

（3）查询、补充、核对客户订单资料、面辅料供应商寄出的样板、生产进度资料等。

（4）编写生产合同、生产通知单、色码数量分配表、出货汇总表（经理控制文件）。

（5）给外协加工厂发送订购面料、辅料等资料（经理控制文件）。

（6）编写订单生产计划表、船期表、订单生产辅料清单（共享文档）。

（7）跟进生产进度，审核驻厂初查、中查、尾查质检报告（经理控制文件）。

（8）回复客户关于生产进度、生产质量、出货安排的咨询。

（9）监管客户修改要求的落实。

（10）监督、评审尺码板、试身板，并通知加工厂制作大货生产样板。

（11）给服装贸易公司或客户寄出样板，跟进修改、确认情况。

（12）跟进由加工厂寄出、由驻厂QC确认的船头板，并跟进客户对船头板的确认。

（13）做好生产跟单资料的整理与存档工作。

（14）跟进文件资料送审、批复、收发工作。

（15）重要文件资料做好备份或存盘。

（16）向主管提交文件资料的收发清单或转交重要的文件资料。

（17）及时向物料部门反映客户对面辅料的修改意见，及时向加工厂反映客户对大货生产的要求，及时将客户对交货期的修改通知送到船务部。

（四）助理跟单员的职位描述

1. 工作联系

接受主管及跟单员的管理和指导，与跟单员、外协加工厂、面辅料供应商等保持紧密联系和协作。

2. 工作职责

（1）主动协助跟单员开展生产跟单工作。

（2）根据主管的安排，分担跟单员部分工作。

（3）协助跟单员编写各种生产控制文件。

（4）协助跟单员做好生产进度的安排。

（5）协助跟单员跟进生产前期、中期、后期的质检工作。

（6）协助跟单员做好出货安排。

（7）协助跟单员查收客户、加工厂、供应商的确认资料，并做好存档与收发工作。

第三节　服装跟单的应用

一、服装跟单的应用领域

1. 服装加工企业

服装加工企业是指按客户订单要求只负责服装生产加工的企业。中小型服装加工企业通常只具有单纯的服装生产加工能力，其主要业务包括接受客户订单加工委托，按客户指定的供应商采购订单生产所需的面辅料及包装物料，并为客户提供制板和产品报价服务。大型服装加工企业还可提供产品设计、面辅料开发、出口业务等方面的服务。

在服装加工企业中，服装跟单作为生产控制、质量控制的重要环节，在全面理解客户订单对技术质量要求的基础上，确保生产过程每个环节（含产品的质量、数量、成本、交货期）100%均能履行订单合约。

2. 服装贸易公司

提供服装采购服务的服装销售中间商，称为服装贸易公司，俗称服装洋行。

服装贸易公司按照不同的业务性质，可分为批发商和代理商。批发商通过批量购进和转售服装商品，套取进销差价，获得经营利润。代理商通过为客户提供服装商品的采购代理服务和零售业务，提取佣金，获得经营收入。规模较小的服装贸易公司只能提供有限的批发服务，或按照客户提供的服装样板代理服装商品采购。规模大、职能全的贸易公司通常有自己的服装品牌，可为客户提供市场信息咨询、产品设计、样板制作、仓储运输及质量保证等服务，也可为加工厂提供原材料采购、生产技术指导等服务。

跟单作为贸易过程控制的关键环节，其工作目的是监督受托加工企业按照订单要求完成生产任务。跟单人员一方面根据订单规定监控加工企业的生产过程，使订单生产过程处于受控状态；另一方面与生产部及生产跟单员沟通，使加工厂更理解订单的要求，使客户了解订单的生产情况，并及时解决生产问题，合理协调订单生产情况。

3. 服装集团公司

服装集团公司是指拥有自主品牌，集研发、生产、贸易于一体的大型服装企业。企业内各部门相对独立，产品设计、样板制作、材料采购、生产加工、仓储运输、销售贸易等全部业务均由企业内部机构完成，业务各有分工。如大型服装集团公司的信息部负责国内外服装市场的信息收集、需求预测、动态研究等。

在服装集团公司，服装跟单主要包括生产跟单与贸易跟单两大类，分别服务于生产部门和营销部门。生产部门相当于生产加工企业，营销部门相当于客户，由营销部门向生产部门签发的生产通知单相当于订单。生产跟单与贸易跟单虽然各自职责不同，利益相对独立，但目标完全一致，在公司管理层统一领导指挥下，两者能紧密配合，协调运转。

4. 国际公证机构

为了提高服装采购的成功率，国际服装贸易机构、国内服装批发机构、大型百货公司、服装品牌经营者等通过委托专门的第三方公司，开展订单的跟单工作，以控制整个订单的运作过程。

国际公证或商会机构是以第三方的身份，专门提供国际贸易过程监控服务的机构。国际公证机构对客户委托的标的（产品或服务）进行全程监测，客户根据公正机构出具的权威报告判断是否接受标的。如沃尔玛（Wal Mart）在国际市场采购中，通常由公证机构提供厂评、查货、技术检测等服务。

目前与纺织服装行业有关且较具权威的国际公证或商会机构。如表1-1所示。

表1-1 世界各地常见测试机构

机构简称	机构全称	国家	主要特色
CCIC	China National Import & Export Commodities Inspection Corporation	中国进出口商品检验公司	进出口商品检验、鉴定、认证与测试，对外贸易商品装船前检验、交接、结算、计费，合理解决索赔争议及各种咨询
ITS	Intertek Testing Services	天祥（英国英之杰检验集团）	Lab test消费品测试检验及认证、ETL SEMKO电子电器产品国际认证、CB体系测试认证、Caleb Brett液体燃料及化工产品认证，以及装船商品检验等工业与消费产品检验；服装面料的测试及品质公证
SGS	Societe Generale de Surveillance S.A.	通标（瑞士通用公证行）	各种物理、化学、冶金分析，商品（技术、质量、数量、重量）检验、装运前（包装、运输、仓储标志、监视装载）检验等国际商品检验、测试和认证的综合性检验，海关税则分类与税率、审核进口货物是否符合进口国法令等业务
BV	Bureau Veritas	必维（法国立德国际公证机构）	强大的信息收集系统，检测、公证行业。成功收购了MTL、ACTS等全球数十家检测机构
ASTM	Amercan Society For Testing And Materials	美国材料与试验学会	冶金、机械、化工、纺织、建筑、交通动力等原材料标准化、半成品分析、测试方法及进口材料检验标准
BTTG	British Textile Technology Group	英国纺织工艺技术集团	PPE,Oeko-tex,抗菌,UV-Cut,防火阻燃,抗静电,化学
ITF	Institut Textile De France	法国纺织研究院	PPE,Oeko-tex,防火阻燃,防透湿,防水
HI	Hohenstein Institute	德国研究院	PPE,Oeko-tex,防火阻燃,透湿防水,防护性与舒适性铜人评估技术
VTT	Technical Research Centre of Finland Espoo, Finland	芬兰国立技术研究中心	防护性与舒适性铜人评估技术

续表

机构简称	机构全称	国家	主要特色
ITV	Insitut Fur Textile-und Verfahrenstechnik	德国纺织机构	抗电磁波（EMI）、无尘服
EMPA	Eidgenossische Material-prufungsanstalt	瑞士材料实验所	防护性与舒适性铜人评估技术
TRI	Triangle Research Institute	美国三角研究院	无尘室 ULPA（Ultra Low Penetration Air）、HEPA（High Efficiency Particulate Air）
NCSU	North Carolina State University	美国北卡罗莱纳州大学	防护性与舒适性铜人评估技术
NKKK	NIPPON KAIJI KENTEI KYOKAI（Japan Marine Surveryors & Sworn Measurer's Association）	日本海事检定协会	舱口检视、积载鉴定、状态检验、残损鉴定、水尺计重、液体计量、衡重衡量及理化检验、产品装船检验
SK	SHIN NIHON KENTEI KYOKAI（New Japan Survryors And Sworn Measurers Association）	新日本检定协会	海事检定、一般检验、集装箱检查、理化分析和一般货物检验
IWS	International Wool Secretariat	国际羊毛局（伦敦）	推广与审批纯羊毛标志
STR	Specialized Technology Resources,Inc.	胜邦（美国商品质量检测机构）	专业产品性能评估、生产原料的质量保证、实验室测试、商检及 ISO 顾问
HKQAA	Hong Kong Quality Assurance Agency	香港品质保证局	专业、公正的第三方认证
DNV	Det Norske Veritas	挪威船级社	DNV 认证、DNV 海事、DNV 技术服务和 DNV 咨询四个行业认证
TUV	TüVSüD（Sud）	南德意志集团	消费品检测、纺织品检测、国际认证、检验、资讯、培训及专家指导等领域与服务

二、跟单在各部门的应用

无论是服装贸易企业还是生产企业，都会根据本公司的规模、经济实力及服装经营特点，进行合理的内部分工，设计合理的跟单组织机构为客户提供完善、满意的全过程跟单服务。在服装企业中，以下职能部门都会有相应的跟单人员，提供专业化的跟单服务。

1. 营业跟单部

营业跟单部业务跟单负责与客户沟通和接单，将有关客户信息传递给各个职能部门。它是企业内部各职能部门与客户之间相互联系的中间环节，是一个核心部门。

2. 设计部

设计部的工作是为客户或本企业提供服装产品设计服务。由设计跟单员提供板单，交由制板部制作服装样板。设计部根据不同的市场区域划分为若干个设计组，负责不同地区的产品设计。对于没有设计部的中小型服装贸易公司，可直接接受客户设计或由客户提供样板。

3. 制板部

制板部的工作是将服装设计加工制作成实物样板。样板跟单跟进样板的制作进度和质量，为客户提供实物样板，让客户进一步了解服装设计的效果及制作工艺，为生产部提供实物样板，给生产部提供标准的加工方法与品质要求。对于没有制板部的中小型服装贸易公司，可发给专门的制板公司或加工企业制板。

4. 面料部

面料部面料跟单负责面料资源的搜集，与客户进行面料品质、规格、颜色、要求等方面的沟通，面料供货商的评估，面料报价与成本核算，确定面料交货期，订购客户所需面料。

5. 辅料部

辅料部辅料跟单负责辅料资源的搜集，与客户进行辅料品质、规格、颜色、要求等方面的沟通，辅料供货商的评估，辅料报价与成本核算，确定辅料交货期，订购客户所需辅料。

6. 采购部

采购部采购跟单的主要职能是全面了解客户对服装品质的要求，选择适当的服装生产商，根据客户要求，在准确的时间与地点，以合适的价格向客户提供数量准确、品种、质量合格的服装商品，代购生产所需的面辅料，控制服装生产质量，为服装生产商提供生产技术资料及指导。

7. 查货部

查货部生产跟单的主要工作是代表客户协助生产商达成既定的品质标准，减少生产过程中的失误，为客户提供质量保证；负责生产进度的跟进，保证加工厂按合同要求准时交货。

8. 出口部

出口部船务跟单的主要工作是按照客户交货期，组织货物的仓储、运输及出口托运；负责出口过程所需单据的准备和传递工作；负责办理出口商品的海关报关、报验等手续。

三、服装跟单的素质要求

跟单员是企业与客户的桥梁，跟单员的综合素质高低直接反映了企业的产品开发能力、贸易谈判能力、成本控制能力、生产协调能力、资讯管理能力和客户服务能力。

由于跟单工作时间、地点多变，多项工作齐头并进等特殊要求，对跟单人员的综合素质有较高的要求。一名合格的跟单员必须具备以下工作技能和综合能力：

1. 工作技能

（1）服装专业知识技能。跟单员必须具备多种专业知识及其综合运用技能，从面辅料价格、原材料特性、来源地、成分，到成衣的种类特点、款式细节、工艺质量要求等，都能根据客户的品牌特点向客户提供专业参考意见，帮助客户改进产品，提高产品的市场竞争力。

（2）品管监控技能。跟单员必须清楚服装的工艺、印花、绣花、洗水等疵点的种类，掌握各种测量方法、服装检查方法等，懂得品质管理与监控的手段，并及时编写品质检测报告。此外，还应熟悉第三方认证机构的业务专长，以便根据客户需求随时送检产品。

（3）市场营销技能。跟单员必须具有开发订单、挖掘客户和销售服装产品的综合营销能力，掌握市场动态，具有一定的市场调查与预测能力，懂得顾客心理学和营销策略，能满足消费者的需求。

（4）外贸业务与服务技能。由于跟单涉及相关的外贸业务，所以涉外跟单员需具备一定的外语会话能力、涉外商务礼仪、涉外交际能力、民族习俗与宜忌，以及商检、报关等进出口外贸单证的准备与办理流程，国际贸易相关规则、商检报关等进出口手续和信函处理等。

（5）财税与法律知识。涉外跟单员必须懂得成本核算、财务会计、货款结算、银行单证等知识，同时还需熟悉合同法、外贸法、票据法、经济法等相关法律知识。

（6）计算机操作技能。跟单员必须掌握电脑操作与网络文件处理能力，同时还需具备表格等各种统计工具控制进度的运用技能。

（7）物流与仓储技能。跟单员还需具备样板速递、货品出货的装卸、运输、配送等物流调配与仓储知识。

2. 综合能力

（1）计划与控制能力。跟单员必须具有很强的计划与控制能力，能根据订单交货期有序安排多项跟单工作，能分阶段控制进度按计划进行。

（2）组织协调与执行力。跟单员必须具备组织、管理等能力，能协调组织相关人员完成订单的交接工作，而非独立完成订单的生产。同时，还需有人事调节、业务咨询方面的协调与合作能力，面对不同的人事必须有足够的宽容的心态，对于订单的执行必须有一定的指导与跟进能力。

（3）分析报价能力。跟单员需清晰了解客户的需求，准确分析客户的特点，随时掌握市场原材料价格的变化，并根据订单产品的构成，迅速提供生产企业与客户均能接受的合理报价，尽快获取订单。

（4）生产预测能力。跟单员必须能根据订单的要求、企业生产能力、物料供应情况等，预测生产过程中可能出现的问题，并与客户协商，制定相应措施，反馈给客户确认，以便订单的顺利签订和生产计划、交货期的顺利安排。

（5）沟通交际能力。跟单员不仅懂得良性沟通，还应掌握强势沟通；不仅要善于口头沟通，还要懂得书面沟通，熟练使用现代通信工具，准确表达本企业的生产能力、产品报价、规格限制、交货期限、付款方式等各种信息。同时，跟单员既要与企业外部的客户、协作企业、原材料供应商等打交道，也要与企业内部的主管、同事建立良好的人际关系，做好各方面的协调工作，取得各方面的支持，确保任务顺利完成。

（6）商务谈判能力。当需要与客户谈判时，会涉及价格、服务、投诉以及面对客户提出的高要求，跟单员应设法争取客户的认同或降低赔付标准，努力使企业与客户双方达成共识，力求用有限的资源换取最理想的回报，实现双赢。

（7）紧急应变能力。跟单员需有灵活机智的工作方法，如果服装生产过程中出现紧急情况或突发事件时，跟单员必须处变不惊，并根据实际情况做出快速反应，并及时向主管汇报，或请求援助，务必使问题得到及时有效的解决，确保订单生产按预订计划进行。

（8）角色转变能力。服装跟单员有时代表生产企业与客户进行谈判，有时又代表客户与生产企业协商；有时代表生产企业与原材料供应商洽谈，有时又代表供应商向客户反映原材料的问题；有时代表上级有时代表下属。总之，跟单员在整个跟单过程中必须懂得随时转换角色，具有随机应变的沟通和处事能力。

思考题

1．什么是跟单？如何划分跟单类型？
2．试述服装跟单的工作流程与工作内容。
3．服装跟单通常应用于企业的哪些机构或职能部门？
4．谈谈跟单工作的特点及面临的挑战。
5．下面是一家外资企业招聘Assistant Merchandiser的广告内容，根据这些内容谈谈企业对跟单员的要求。

Duties: Follow up orders and sample;
　　　　Dealing with clients and factories;
　　　　　　Independent correspondences.

订单前期开发与计划管理——

服装订单开发

> **课题名称：** 服装订单开发
>
> **课题内容：** 营业跟单部业务分析
> 订单开发
> 订单洽谈
> 加工厂评审
> 案例分析
>
> **课题时间：** 6课时
>
> **教学目的：** 掌握营业部的业务构成、工作流程及工作内容、订单开发前期工作内容、订单报价技巧，了解服装订单磋商的形式及过程、合同的基本格式及内容、服装加工厂评审的基本内容。
>
> **教学方式：** 以理论授课为主，结合订单开发工作、价格谈判案例进行小组讨论。
>
> **教学要求：** 1. 掌握营业部的业务构成、工作流程及工作内容。
> 2. 掌握订单开发前期的工作内容。
> 3. 了解服装订单磋商的过程、合同的基本格式及内容。
> 4. 掌握订单报价技巧。
> 5. 了解服装加工厂评审的基本要求与内容。

第二章　服装订单开发

服装订单开发是服装跟单的开始，俗称业务跟单，通常会配合公司下一年的产品计划，向客户提供产品报价与制板服务，并协助客户完成服装产品或面料的市场开发工作。

第一节　营业跟单部业务分析

一、营业跟单部的组织分工

营业跟单部又称为开发部，作为订单开发的职能部门，营业部的业务构成比单纯提供服装加工服务的生产企业复杂。为了有效开展客户开发及服务工作，营业部通常按照客户对象及特点，对内部跟单员进行组织与分工，常见的营业部组织结构有以下几种形式。

1. 根据客户稳定性划分

按照与客户合作时间的长短，营业跟单部的业务可分为老客户业务与新客户业务。通常老客户订单开发的成功率较高，而新客户订单开发的成功率则低很多。

交易单量大、品种少且业务相对稳定的老客户，款式变化不大，主要是在面料及服装后整理方面有变化，由专门跟单小组负责，能保证对老客户的服务相对稳定，驾轻就熟，容易与客户配合，能减轻跟单工作压力，提高工作效率。

老客户的业务量相对稳定，但业务量的增长速度较慢。贸易公司业务能否快速增长，很大程度上取决于新客户的开发能力，而新客户的开发能力则取决于营业部的客户开发能力、报价服务能力、工厂资源及面料资源的开发能力三方面的配合。从公司的发展角度来看，新客户开发工作具有战略意义，因此应在目标市场常驻新客户开发机构，组织并培养有实力的客服开发人员，并给予其更多激励。

新开发的小客户单量小、品种多且不稳定，新客户的服务内容与报价工作具有不确定性，面临的挑战较大，工作压力也较大，订单开发的工作量比较大，对跟单人员的要求也比较高。由于与新客户的配合还在磨合中，需要重点关注跟进工作，并随时总结以提升服务水平。

当新客户开发成功并成为相对稳定的客户后，再指定专门小组负责。跟单小组的数量会随着客源的扩充而逐步增加。

2. 根据产品品种进行分组

按照客户不同产品的构成，营业跟单部的业务可分为男装、女装、童装等不同类型。根据不同的品种要求或面料类型，指定相应的跟单人员跟进报价或客服工作。这种分组形式灵活性很高，优点是跟单人员专业化程度较高，能提高跟单工作效率；缺点是跟单员要面对很多客户，对客户的了解程度较低，沟通难度增大。

如果企业需要增设新品种的采购服务，往往会遇到加工厂资源短缺、面辅料不符合要求、跟单员技术不过关以及质量难以达标等问题。因此，在规划增加新品种的采购服务时，需要相应增加新的专业客服跟单，或对现有跟单人员进行新品种的生产知识培训，同时还需开发新的工厂、面辅料等资源与之相配合。

3. 按照客户间的关系划分

按照客户之间的不同关系，营业跟单部的业务可分为同城客户业务、竞争客户业务、无关联客户业务等。

同城客户是指几个客户在同一个地区或城市。由于同城客户之间的信息交流相对容易，而且容易出现竞争业务，为了减少同城客户的投诉，提高服务满意度，为这类客户提供服务的跟单小组，应尽量提供不同的品种业务以及个性化、差异化的服务。业务员在与这些客户沟通时，要加强引导，确保差异化服务得以实现。

竞争客户是指客户之间的产品品种具有同质性，属竞争业务。由于其服务内容也有同质性，这类客户服务跟单小组可以降低服务工作的难度，但容易引起客户的不满或投诉。在选择竞争客户时，尽量避免选择同城的竞争客户，可以避免竞争客户的不满与流失。

无关联客户是指客户之间所需要的采购服务各不相同，其业务不具有相互竞争的特点。这类跟单小组的客户服务内容差异性较大，服务难度也相应增加，但客户之间缺乏比较，容易达到较高的满意度。同时，这类客户都是在相对独立的区域市场中发展，属非同城客户，客户业务的增长潜力较大。

为了有效协调营业跟单部各小组间的协作关系，在划分跟单小组时，要注意各小组间工作量的相对均衡，同时调配小组内的客户需求具有相似性，以方便小组内部人力资源的组合与工作任务的调度。

二、营业跟单部的业务

营业部跟单员一方面要完成订单开发的前期准备、订单洽谈、合同签订、合同交接给生产部等工作；另一方面还要保持与客户、生产部之间的畅通沟通，为有订单意向的客户及生产部提供及时的服务，同时也承担新客户的开发任务。此外，还要为客户提供产品组合的采购服务，因此营业部应具备将各种服装加工企业的生产资源组织起来的能力。

营业跟单部的业务包括市场开发与技术工作两个方面的内容。其中市场开发的工作是营业跟单部的核心，技术工作主要为市场开发提供各种服务。

1. 市场开发

（1）订单开发：订单开发的业务跟单员作为企业与客户之间沟通的桥梁，直接与客户接触，随时收集客户的产品需求意见与市场营销信息，作为报价服务的基础资料。由于客户开发是订单开发业务的起点，所以业务跟单员要为客户提供高效、优质的咨询服务，提高客户对企业的认知度。

（2）订单报价与洽谈：营业部跟单员在收到客户的相关询价资料后，要整理分析，并对客户的询价做出迅速准确的回复。

报价与洽谈过程是加工厂、面辅料供应商、贸易公司、客户之间对目标产品与利润进行公平合理分配，实现多方共赢的商议过程，需要有较强的沟通能力及信息资料的收集、分析能力。因此，正确理解客户需要，并提供快速报价是订单洽谈的关键因素。

（3）评选加工厂：根据客户的订单要求选取合适的加工厂，是确保订单能按质、按量、按时交到客户手里的决定性因素。

2. 技术工作

（1）成本项目分析：成本项目分析的工作质量，取决于报价员对客户产品的理解能力、对询价资料的分析能力和对生产工艺单的专业知识的专业技能或生产经验的把控能力。

（2）面料预算：面料预算工作是报价人员督促板房纸样师根据客供样板或生产工艺单，绘制基础纸样，确定合理的排料省料方案，以确定每批服装的面料用量。面料预算是面料成本计价的依据，同时也是工厂用料、制板用料数量的参考。

（3）样板跟进：签约前提供制板服务是必需的环节，而提前制板有助于提高报价的成功率。样板跟进工作的关键点是准确理解客户的产品需要，向加工厂提供正确的制板资料，及时监控制板过程，并按客户要求修正样板。

第二节　订单开发

订单开发工作包括接单计划的制订、产品开发与设计、客户开发与服务、客户识别与评审以及交易前的准备等内容。

一、制订接单计划

接单计划是服装企业下一年度客户开发或接单任务的预期目标安排。有效的接单计划，能使生产排单更有计划、交货期更准确、订单达成率更高，从而提升企业的管理水平和信誉度。

1. 接单计划的制订

（1）接单计划的预测。制订年度接单计划前，首先要广泛搜集各种信息，从而做出有效的预测。

①关注客户市场动态及发展趋势,预测客户下一阶段的经营情况。
②了解客户近期服装营销的状况,征询客户下单的意向和数量。
③掌握企业以往接单量与完成情况等营销状况。
④衡量企业现有资源和生产能力。
⑤清楚企业经营策略与发展目标,预测下一阶段本企业的经营、生产情况。
⑥设定企业在计划期内将要开发的新客户、老客户的目标接单数量、服装品种及产地、订单的期量标准(计划交货期与数量)等。

(2)接单计划的制订。按照企业现有资源、远期工作目标和生产能力,估算出整个年度(或季度)接单目标和订单总量,形成年度/季度订单目标,以便做好年度/季度的生产安排。为了避免订单生产过分集中,在制订季度或月份接单任务时,应统筹安排,尽量将订单均衡分配在各个月份,使淡旺季产量均衡。对于无法确定具体订单数量的客户,由营销/跟单部主管分析客户市场,结合以往实际情况,估算这些客户的订单数量。

2. 接单计划的存档

年度接单计划制订以后,需交给营业跟单部主管和公司总经理审批,副本由合同控制部或资料部存档备查,或输入订单计划管理系统。计划数据存储,是为了能提前做好跟单计划的落实与安排,增强各部门工作的主动性与预见性。

需要输入的数据和资料包括客户名称、客户所在国家或地区、承诺生产数量、预计交货期、客户联系方式、客户提供的面料种类、计划安排的加工厂等,如接单计划管理表2-1所示。

表2-1 接单计划管理表

_____公司_____年___季

序号	客户	国家/地区	联系方式	意向订单数	预计交期	订单品种	生产地/加工厂

3. 计划资料的发放

跟单员完成订单计划表与相关资料汇总整理,经部门主管审核后,交给生产部经理或合同控制部确认落实，然后负责将订单计划表分发给物料供应、生产计划等有关部门，以便各个部门做好下一阶段的工作计划与日程安排。具体工作包括：营销部用于制订营销计划；合同控制部制订接单生产报告，统筹公司的生产；采购部根据订单计划收集供应商信息和开发面辅料；生产计划控制部估算后续的生产力，预留生产位；人力资源部根据生产需求制订招聘方案与新手培训计划等。

4. 接单计划的修订

订单计划只是一份初步的计划安排，而且由于年度接单计划的编制周期较长，在实施过程中，容易出现计划与客户需求脱节的情况，所以应根据客户、市场和本企业的实际情况而做出调整，以增强接单计划的连续性和准确性。

跟单员应根据客户最新承诺的订单数量，进行相应的资料修订，使计划工作与后续工作相一致，避免跟单过程中订单资料出现错误，也防止其他部门在下载客户资料时出现偏差。

5. 接单计划的落实

年度接单计划是服装企业编制季度或月份接单计划的依据，也是业务跟单计划的基础，所有跟单计划都要落实到各营业小组，由专门跟单员跟进各订单的具体工作。

计划资料发放以后，跟单员要根据计划的安排，定期主动地联系客户，跟进客户承诺的订单数量和对本企业的意见，与客户反复磋商订单中的各个细节项目，敦促客户落实订单，确保合同顺利签订。

确认客户落实订单以后，真正订单数量才能体现出来，采购部才能正式跟进面料、辅料的订购，生产部才能正式组织生产排单和实施订单生产等工作。

制订接单计划工作流程如图2-1所示。

二、产品开发

服装企业的产品开发能力越强，获取客户订单的能力也就越强，订单的数量也就越多、越稳定。因此，越来越多规模较大的服装企业将产品开发能力作为其核心竞争力加以培育。

从服装企业产品开发的实际情况来看，有以下几种产品开发服务。

1. 客供板产品开发

客供板产品开发是指客户到世界各地购买自己喜欢的样板后提供给贸易公司，跟单员根据客供板、客户审核评语及修改意见寻找面辅料供应商、加工厂等，通过优化组合这些生产资源，满足客户对产品品种、质量、价格、数量等的生产需要。

这是最早期的产品开发方式，服装企业只担负产品生产能力的开发工作。由于客供板来源非常广泛，所以其工作重点在于难以寻找到与客供板完全一致的面辅料。通常不是市场紧缺，就是已经停产，或者是色泽、手感等后整理难以达到客户要求，为此只能寻找相对合适、成本较低且客户满意的代用料，而这也正是跟单员难以把握的难点。

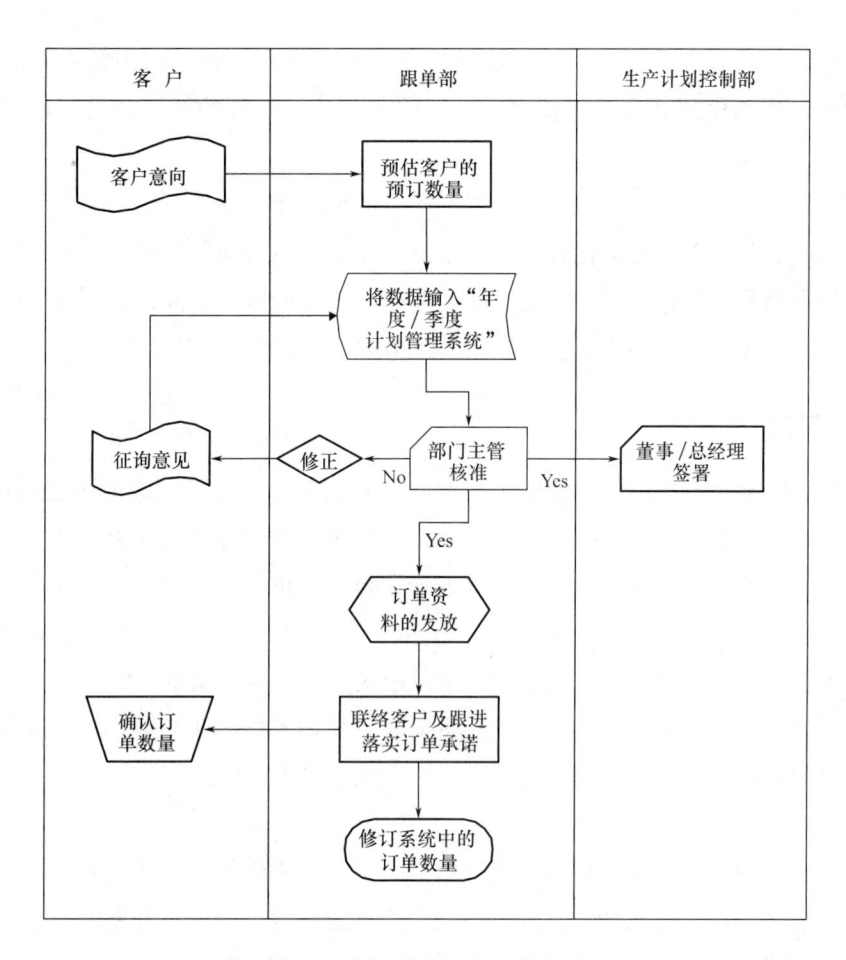

图2-1 制订接单计划工作流程

2. 客户原创产品开发

客户原创产品开发是指服装企业根据客户提供的设计图稿进行样板开发。通常，服装企业会参与客户产品设计，并全面负责产品生产的组织工作。与客供板产品开发相比，增加了样板试制与审批环节。产品设计能否被客户接受，关键是样板制作后的整体效果。

虽然样板开发受客户产品开发概念的限制，但由于客户对最终产品还没形成具体标准，服装企业有一定的主动权去选择面辅料等产品设计元素以及加工厂等生产要素。

3. 公司原创产品开发

公司原创产品开发是指服装企业根据客户目标市场的特点，组织专门的设计人员，应用服装流行信息与消费者需求调查信息开发产品概念及产品设计元素，并制成实物样板，为客户提供选板服务。这是为客户主动提供超值产品服务的开发方式，客户无须任何人力、物力的投入。但服装企业的开发投入较大，为了提高样板被客户选中的几率，服装企业通常会开发大量样板，为客户提供更多选择，以便产品能符合客户的要求和新季度产品组合的流行风格。

公司原创产品开发能提高接单的成功率及接单后生产资源的组织效率。由于样板开发和试制全过程均由服装企业组织完成，因此各种生产资源的寻找和组织难度都会大大降低。

由于服装企业面对的客户很多，而客户产品的种类及风格各不相同，要为所有客户提供公司原创产品开发的难度会比较大，通常只给一些长期合作、单源稳定且单量较大的客户提供原创产品开发服务。对于需要开拓市场或新成立的服装企业，也会以原创产品开发为核心竞争力，大量开发服装实物样板，以此争取客户订单。

三、客户开发

服装企业的客户包括国内外的服装批发商、大型百货零售商、品牌公司及连锁店等。通常可以将客户分为两大类，一类是市场开发型客户，有设计开发能力，甚至有自己的品牌；另一类是抄板客，没有设计能力，到各地买板后下单加工，只销售畅销款。从企业的长远发展而言，如果能为市场开发型客户提供设计开发服务，可以使企业和客户联系更紧密，从而为获取客户长期订单奠定基础，所以市场开发型客户是重点发展的客户。

客户开发是营业部业务的起点，是获得客户订单的基础。业务跟单员是设计部、营业部与客户之间的桥梁。业务跟单员开发客户的方式有以下三种。

1. 主动出击

业务跟单员应主动与客户接触，通过电话、信函、邮件等，保持与老客户的联系，了解客户产品最新动态及需求变化，并定期向客户推荐和报盘企业新开发的产品，同时收集客户的产品需求信息与市场营销信息，并反馈给设计部和营业跟单部，作为产品开发和提供报价服务的基础资料。此外，还应广开渠道寻找新客户，充分利用各种服装专业展览会、博览会及各种专业性的报纸、杂志公布的商业情报等各种资源，进一步开拓潜在客户的市场。

2. 守株待兔

新客户通过网络、公司的广告宣传或媒体报道等信息渠道，获得服装企业的基本资料后主动联系企业，进行试探性的询盘，或定向明确地直接洽谈业务，这类新客户都是潜在的准客户。这种开发方式适合有一定知名度的服装企业。跟单员应诚挚对待，详细答复新客户的咨询，让客户更全面更深入地了解企业。同时尽快安排回访客户，了解客户需求，展示企业的实力，努力获取客户的信任和订单。

3. 口碑引荐

每个老客户在其经营领域都有一些合作伙伴，老客户引荐新客户是对企业满意度较高的老客户介绍新客户来企业发展业务的方法。此法诚信度较高，成功率较高，而且可以降低业务开发费用和交易成本。

为了鼓励老客户引荐新客户，首先应确保在产品开发方面能为老客户开发具有超市场价值、赢利能力强的产品，在价格、品质、交货期等方面为老客户提供满意的服务。其次,及时向老客户宣传企业的业务内容、整体实力和发展前景,增强老客户的信心。此外,还应制订一些新业务的鼓励措施,让老客户一起参与并分享公司业务发展的成果。

四、客户识别与评审

客户既是企业最大的财富来源,也是最大的风险来源。对客户加以识别、评审,是提高订单成功率、降低企业经营风险的重要环节。只有在充分了解了客户的有关情况之后,才可以开发出高质量的客源,并获得利润稳定的贸易订单。

1. 企业风险来源

由于服装市场竞争激烈,企业在接单时,对客户的选择存在着较大的盲目性,缺少统一、科学的客户识别评审依据。简言之,如果服装企业没有形成严格规范的客户评审机制,将会给企业经营带来较大的风险。实践证明,以下几类客户是企业风险损失的主要来源。

(1)经营实力较弱、偿付能力不足的客户。服装企业一旦接受这类客户的订单,产生呆账、坏账的可能性会增大很多。

(2)以往付款记录较差的客户。这类客户已经形成惯性拖欠,将给企业带来较大的逾期应收账款利息损失。

(3)一些以大额订单为条件、获取更优惠条件的大客户。这类客户在付款时常不遵守合同约定,一旦拒付货款,将给企业带来严重的损失。

(4)新客户或一次性客户。由于对这类客户缺乏了解,如果贸然采取远期信用结算方式,往往给企业带来"欺诈性风险"损失。

2. 评审内容

评审客户的内容包括以下几点。

(1)客户内部资料。评审客户的经营资格、客户业绩与经济实力、客户产品需求等基本情况。

(2)宏观环境。评审客户所在地的法律环境、优惠政策等宏观环境,以及对客户的信用记录、信誉度有充分真实的掌握。

(3)交叉评审。需进一步分析的项目有以下几个。

①哪些客户对企业成本的影响最大?

②去年最大的客户今年订了多少产品?比去年多还是少?原因是什么?

③是否有客户只在本企业订了一两种产品,却从其他企业订了许多产品?原因是什么?

④上年度哪些客户对企业有抱怨或投诉?改善后是否获得客户的满意?

⑤企业本年度最想和哪些企业合作?

3. 规范客户资信管理

一些服装企业在接单中,由于缺少识别客户信用风险程度的统一标准,造成信用条件管理上的混乱。在接单业务中经常遇到的决策问题，如果没有规范化的管理，缺少科学的信用分析方法，则难以对客户的信用状况做出准确判断，甚至有的接单员仅凭客户的订单量就主观地断定其偿付能力，容易给企业带来巨大的风险损失。例如，企业究竟允许向哪些客户给予远期信用结算？客户需达到怎样的信用标准才能获得远期付款结算？针对这些问题，服装企业应建立一套规范化的客户资信管理方案，从而对客户进行科学、准确的识别和评审。建立客户资信管理方案主要从两方面入手。

（1）实行制度化标准化的客户信用信息管理。首先，企业应搜集真实、准确的客户信息。这需要根据各部门和岗位的特点，建立一套客户信用信息管理制度和流程。事实上，由一线跟单员搜集客户信息是最直接最快捷最省钱的方法。关键在于，跟单员要搜集哪些信息和怎样搜集信息。其次，企业应建立专门的客户信用信息数据库，并由专门的信用管理人员负责。只有这样才能保证客户信息的准确性和完整性，以满足各级管理决策人员的需要。同时，这种方式也有助于企业的客户资源集中统一管理，防止客户资源的垄断和流失。

（2）以科学的信用分析方法预测和防范客户信用风险。对客户进行信用分析是企业信用风险管理的基础和核心工作。从实践上看，信用分析对企业经营管理的质量具有很大的影响，尤其是对于企业的跟单业务和财务管理水平，往往具有决定性的影响。通过专业化的信用分析，可以帮助业务人员有效地识别和选择客户，在营业利益和风险成本之间做出正确的选择。同时，信用分析将使企业的应收账款风险大为降低，节约收账成本。

企业开展识别评审客户的信用分析工作，首先，应重视信用分析的组织管理工作。实践证明，简单地由跟单员或不了解客户的财务管理员进行该项工作，很难达到有效的风险控制要求。该项工作应在跟单员的配合下，由专门的信用管理人员独立、客观地进行。其次，企业在开展信用分析时应采用科学的方法，不能仅靠一些经验性的方法。例如采用综合性分析客户信用风险为主的"特征分析模型"和分析客户财务能力为主的"营运资产分析模型"等一些国际上成熟、适用的信用分析模型，可以进一步规范企业的客户信用信息管理工作和提高对客户的信用分析质量。

五、客户服务

加强客户服务，可以有效提高订单的成功率。服务是责任，对内部员工而言，是对下道工序负责；对营销人员而言，是对产品的用户负责。当市场占有率达到一定程度时，优秀的服务更胜于营销运作。营销策略只是暂时征服了市场，但如果没有服务，则犹如狗熊掰玉米，无法巩固市场，最后只有一小块市场。所以，巩固市场的法宝是真诚的服务。

要提高为客户服务的质量，可从以下几个方面考虑。

1. 拓宽客源信息渠道

拓宽客源信息渠道，寻求更合适的合作伙伴。客源较少的服装企业如果盲目开发客户，会导致一系列后续问题，如客户信用太低而无法顺利完成交易；服务不到位，导致客户不满、抱怨或投诉，影响后续的下单情况。同时，还应加强对客户信用的评价，提高客源的质量。

2. 确定客服方向

了解重点客户的市场策略，确定客户服务的方向。每个服装企业核心客户的交易量几乎都占了公司业务量的大部分，找出核心客户，提高对这类客户的服务质量，能提高营业份额和交易成功率。对这类客户的服务，不能坐在办公室等待客户下单或提出产品需求，而应主动了解客户的市场需求及特点，主动为其提供产品组合开发服务。这种做法不仅能提高交易的成功率，而且由于公司主动提供产品组合服务，被客户采纳的产品组合都是公司擅长的产品，公司的生产效率也能大幅提高。

3. 加强开发能力

为重点客户提供产品设计概念与设计元素。随着市场竞争越来越激烈，服装贸易公司越来越重视为客户提供超值的服务，包括服装产品设计开发、新型面辅料开发及后整理资源开发等，通过这些超值的服务，使客户的产品开发融入公司提供的概念或元素，加强客户与公司之间的合作关系，从而提高公司与客户之间交易磋商的成功率。

4. 提高制板能力

在新客户开发的过程中，新客户特别注重产品样板的提供能力。一般来讲，产品样品的提供能力综合反映了服装企业生产资源的组织能力及生产过程的控制能力。

为客户提供及时全面的制板服务，可以从以下两方面考虑。

（1）在企业内部设立制板中心，或者与专业的制板公司合作，形成稳定的制板能力。

（2）充分利用有合作关系的服装加工厂，由他们提供专业制板服务。

5. 做好日常服务工作

业务跟单员应与客户保持良好的关系，日常工作中注意做好各种服务。

（1）把每次与客户的联系都看作是一次推销的机会。

（2）向竞争对手的客户了解情况，比较本企业的服务水平与差距。

（3）随时检查记录有客户信息的文件资料并进行有效跟踪。

（4）询问客户希望以怎样的方式、怎样的频率获得本企业的信息资料。

（5）定时、主动与大客户联络。

（6）运用电子信息技术，使客户与企业的业务来往更加方便快捷。

（7）给客户发送的邮件更加人性化。

（8）重视客户的抱怨并持续改善处理方案。

（9）找出客户真正需要的是什么。

（10）征询排名前十位的客户的意见，找出企业可以向这些大客户提供哪些特殊的产品或服务。

第三节　订单洽谈

订单洽谈是对订单中涉及的有关价格、数量、质量、交货期、结算方式、运输方式、交货地点等条款进行协商并达成一致的磋商过程。

一、订单接洽流程

1. 提供与接收资料

接洽订单前，首先需向客户提供最新流行的设计图样，或接受客户的设计图样与样板，然后根据客户的要求制作实物样板并提供给客户确认，展示本企业的生产状况和服装整体效果等。

2. 业务理单

签订合同前，在接到客户的订单意向或转来的款式资料以后，将订单整理成贸易交易资料的理单，具体工作包括。

（1）订单翻译：尽量用本企业常用专业术语翻译，如图2-2所示。

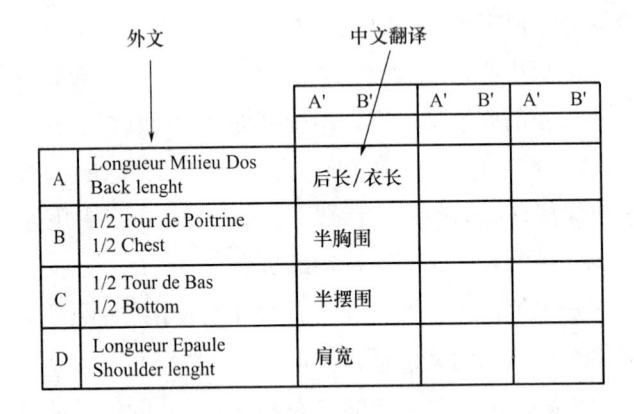

	外文	中文翻译				
		A'	B'	A'	B'	A'	B'
A	Longueur Milieu Dos Back lenght	后长/衣长				
B	1/2 Tour de Poitrine 1/2 Chest	半胸围				
C	1/2 Tour de Bas 1/2 Bottom	半摆围				
D	Longueur Epaule Shoulder lenght	肩宽				

图2-2　订单翻译

（2）订单资料的整理与审核：明确客户要求，遇有不明之处及时与客户沟通确认。

3. 试制样板

按照客供款式资料与要求，寻找合适的代用料，采用指定的工艺方法试制样板，并将样板寄给客户初审。

为客户提供制板服务有两种情况：一是客户有自己的产品开发计划，公司为客户提供制板服务，实际上是承担了客户选款前的制板准备工作；二是一些客户要求公司提供畅销产品的制板服务。

4. 报价与成本分析

试制样板时，记录制作样板需要的各项开支，然后按照一定的利润生成法报价，并向客户逐一说明大货生产该款服装的条件。

成本分析需具备：信息资料的收集、分析能力；对客户产品和询盘资料的理解力；对工艺制单的专业知识和综合运用能力；对成本影响因素的掌控能力。

5. 交易前的评估

在与客户交易前，必须评估加工厂的基本情况、生产能力、以往生产过的图样效果、最新试制的样板以及长期合作的供应商、外协加工厂等信息资料，衡量现有资源能否迎合客户的需求。

（1）人力资源评估。评估满足客户订单所涉及的生产人员数量、技术水平、管理能力、培训计划等能否满足客户需要，是否适合即将接洽的订单等。

（2）生产资源评估。针对本公司现存档案中已认可的外协加工厂，评估各加工厂在生产能力、产品品质、交货期准确性、加工费用、市场品种与类别、试制样板的成衣效果及所体现的加工生产状况，以及其余软性服务能否满足客户需要等。如果某些项目无法满足客户需求或存在明显的问题，则需向该厂反映并与贸易公司总经理商讨，促进该厂改善，或开发其他更合适的加工厂。

6. 交易磋商

当客户对报价有反应时，订单进入实质性的磋商阶段，具体内容包括：产品价格、款式、生产数量、产品质量标准、结算方式、运输方式、交货方式等。

7. 订单交接

营业部完成订单合同之后，形成了一套正确、完整的可以有效指导订单完成所需要的全部生产技术文件资料及样板实物资料，这些资料需要转交给下一环节的跟单人员。交接订单需要提供的资料主要包括以下几个方面。

（1）客供原板或确认板。

（2）面料板、辅料卡、工厂报价。

（3）面辅料采购信息及采购合同。

（4）生产工艺制单。

（5）营业部指定的加工厂、面料及辅料供应商信息。

（6）加工合同、采购合同。

（7）需要客户进一步确认的大货面料色板、辅料板。

（8）客户对生产技术资料的修改信息等。

8. 接单计划检讨及改进

营业部应定期每月召开一次"跟单员例会"，会议内容包括以下几点。

（1）检讨与总结。检讨接单计划达成率，总结客户和市场的动向、外围经济环境等。

（2）改善执行。制订改善措施并落实执行，确保计划合理完成，确保满足客户需要。

（3）资料保存。保存检讨资料，以便制订新计划时参考。

二、订单洽谈形式

订单洽谈可以采取面谈磋商和信函确认两种磋商方式。无论采用哪种方式，最终双方就服装加工贸易达成协议而签订合同，是洽谈成功的主要标志。

1. 面谈磋商

面谈磋商是服装企业与客户进行初次交易，或者是大宗服装贸易经常采用的交流方式。这是客户经过充分的调查后有备而来，选择符合要求的服装企业进行交易磋商的方式，对客户相对有利，客户甚至可以选择多个企业进行磋商，从中选出最优的服装企业签订协议。因此，服装企业应做好充分准备，尤其应充分掌握竞争对手的情况。各方面信息掌握得越充足，在磋商谈判时对自己越有利。

2. 信函确认

信函确认是指交易双方通过信函或电函沟通进行贸易谈判，达成文字协议的磋商方式，适用于长期稳定、合作关系良好的客户间的贸易谈判。双方通过多次或长时间的合作，彼此之间已形成较稳定的原则性合作框架，有时也预先确定框架协议。双方在这个框架内以信函沟通，针对不同的服装产品确定具体的交易条件，不需要进行面对面的磋商，从而达到快速、省时、省力的效果。这种方式在服装交易中采用得越来越多。

一般情况下，双方第一次合作采用面谈磋商方式，由此建立起彼此信任的良好合作关系，后续的交易往来只需通过信函交往，即可确定订单合同。

三、订单磋商环节

在服装企业接单中，洽谈磋商的过程包括询盘、报盘、还盘、成交四个阶段。其中报盘和成交是必不可少的交易磋商环节。

1. 询盘

询盘是客户向服装企业询问有关的交易条件，如价格、品质、规格、数量、交货期等。目前，大多数客户都通过电子邮件的形式，将有关交易条件发送给服装企业。

2. 报盘

报盘是服装企业业务跟单员对客户询盘做出及时的回应。报盘不仅提供产品的价格，还应将企业的生产能力、设备能力、质量水平等有关情况传递给客户，这对自身企业也有一定的宣传。尤其是初次交往的客户，对企业进行有效的广泛宣传，既可以使客户对企业有一定的了解，同时也使客户树立对企业的下单信心。

报盘分实盘和虚盘两种方式。实盘是指卖方提出最低限度的要求。报出实盘时，应明确规定交易的条件、报盘的有效期，并强调是没有余地再更改的实盘，以供客户做出是否接受的选择。虚盘是指服装企业报出的价格和条件还有协商的余地，某些条件含有未确定的因素，要视具体情况而定。报价书中如果有"以我方最后确认为准""以原料价格变动为准""仅供参考"等字句，可视为虚盘。

实盘会使新客户产生生硬的感觉，甚至会引起客户的反感。虚盘相对比较灵活主动，且不受约束。因此对于初次交往的客户、对某产品的市场行情不太了解，或者同时有多家客户进行询价时，可采用虚盘，既可以使服装企业占据主动地位，也可使客户灵活掌握，争取双方进一步的磋商，但有时也容易错过商机。

总之，报盘是一项相当复杂、涉及面广的工作，必须在充分准备的基础上报盘，才有可能赢得订单。

3. 还盘

还盘是客户对服装企业报盘的回应。通常客户对报盘的内容如服装价格、生产周期、结算方式等不能完全接受时，会提出自己的要求和更改意见。对于服装企业而言，接到客户还盘意味着存在交易成功的希望，此时应及时调整并重新报盘，以期望尽快成交。

通常报盘和还盘是双方在磋商过程中的重要内容，是双方协商的焦点，初次合作的客户通常需要经过多个回合的磋商后，才能达成协议，故应保持足够的耐心和诚意。

4. 成交

成交是服装企业和客户双方通过磋商，双方完全接受所有条款，并愿意按这些条款达成交易的谈判成功的结果。

双方达成交易后，不能再对成交协议或合同进行修改。如果一方出现反悔，可以在合同执行之前撤销合同，但必须承担协议或合同中规定的责任。通常双方会在协议或合同中明确规定并划分双方的责任与义务，以保证协议或合同的顺利执行。

四、订单洽谈内容

洽谈磋商的内容是围绕双方要进行交易的服装产品名称、规格、款式、数量、价格、交货期、结算方式、包装运输等条款展开进行充分协商后做出明确规定的谈判内容，并分清双方的责任和义务。双方在谈判过程中进行磋商的内容主要有以下几点。

1. 服装名称、规格与品质要求

服装款式名称通常以客户提出的称谓为准，以方便双方在订单实施过程中的沟通。在确定服装款式名称后，每款服装可编制一个款号，使跟单员在订单跟进过程中容易记忆，并能清晰明确地表达，以免产生错误。

此外，客户还会提供服装规格、颜色及数量的搭配比例。服装规格直接影响服装生产用料的成本和服装报价。因此，服装企业在磋商时应充分考虑这一因素，才能准确定价。

服装产品的质量要求难以用语言文字清楚表达，可用实物样品来说明。无论是客户提供的样板，还是服装企业制作的样板，一经确定后，即作为服装产品检查验收的质量标准，双方应妥善保管。在磋商时应明确规定服装的质量"以客户确认板为准"，以便出现质量问题纠纷时有据可查。

如果客户对服装款式、规格、品质有特殊要求，例如增加大面积的绣花、特殊的装饰物或纽扣等，甚至因此而导致服装的生产成本大幅度上升，服装企业应认真审阅，确定实施的可能性，并在不影响服装外观风格和品质的情况下提出更改建议，以达到降低成本的目的。如果因现有技术条件的限制而无法实现，应及时提出，避免产生不必要的损失。

2. 数量

服装订单数量是由客户提出并最终成交的数量，会影响服装企业的报价。出口产品还会涉及关税和配额等问题。常用的服装产品计量单位有件、套、打（12件）、打套（12套）等，磋商时要明确规定所使用的计量单位。

服装企业应充分考虑自身资金周转、生产能力、生产效率和交货时间等因素，确定可承担的生产量程度。如果不能正常完成订单，反而会造成违约金额的赔付问题，同时也加大了交易的风险性。因此，企业接单时应量力而行。

服装成交的数量越大，则预期利润越高。如果订单的服装颜色丰富、款式多、批量小，会使生产成本有所上升。特别是一些有特殊颜色饰物、绣花、印花等款式的服装，由于绣花、印花需要制板，特殊的纽扣、拉链需要制作模具，前期的一次性投入就比较多，如果订货量又很少时，分摊的费用就会大幅增加，则生产成本会大幅上升。因此，磋商时要特别说明，使客户明白其中的原因，避免造成误会。如果有必要，可向客户提出修改款式或增加成交数量的建议，以降低服装的生产成本。

3. 价格

价格是洽谈磋商过程中最重要的内容，它直接影响双方的利益，是双方关注的焦点，而且也是最难确定的内容。往往双方会在这一问题上陷入僵局，甚至因此而取消交易。因此在洽谈过程中，在保证利益的前提下，双方应视具体情况做出一定让步，促使协议顺利达成。

4. 运输方式和运输费用

运输方式有陆运、水运、空运，可根据订货数量及紧急程度来确定运输方式。一般情况下，多采用费用较低的陆运、水运，节省运输成本。空运费用较高，只用于运输特急情况下的小批量货物。在磋商时，双方应明确运输方式和相关费用。

5. 交货期

在确定交货期时，要充分预留样板制作、修改和确认时间；面辅料、饰物等的采购时间；生产加工能力的安排和质量保证等多方面的因素。有特殊要求的订单还需考虑外发的专门定制时间。同时，还应充分了解因延迟交货所带来后果的严重程度。

服装企业需综合权衡各方面的因素，尽量多争取些生产时间，提出自己对交货期的意见，确保如期交货，避免产生不必要的损失。如果订货量较大、品种款式较多，建议采用分期、分批交货的方式，以增加交货的灵活性和弹性。

6. 验收

在服装生产贸易中，验收是最易产生纠纷的问题，尤其是对产品质量的验收，双方对验收标准的理解产生误差时，就会产生争议。因此，磋商时应对服装产品的验收标准、验收时间、验收人员及验收确认做出明确的规定。验收标准应尽量采用与实物对照的办法，对比客户确认板的款式、规格、颜色、工艺等质量标准，进行成品查验，既直观简便又不容易出现纠纷。

7. 结算

结算是洽谈磋商的一个关键内容。国内银行结算方式包括：银行汇票、商业汇票、银行本票、支票、汇兑、委托收款、异地托收承付结算方式七种。境外的客户订单结算主要包括信用证结算方式、汇付和托收结算方式、银行保证函、各种结算方式的结合使用等形式。在承接客户订单时，根据实际情况或与客户洽谈来确定结算形式。

服装企业既要充分考虑客户的信誉、实力、合作关系等多方面因素，又要综合权衡企业本身的材料采购、资金周转等内部情况，向客户明确要求采用哪种结算方式，以防范经营风险，维持企业正常运作。

五、订单报价技巧

任何订单或产品，服装企业和客户都有自己的目标价格，而且会有一定差距。服装企业会争取更高的价格确保收益；客户则会尽量压低成交价格，争取更大的利润。服装企业的目标价格定得太高，容易失去成交的机会；定得太低，经营的效益无法保障。因此，在进行订单报价时，企业要充分考虑市场的实际情况，根据客户的需要，给出及时、合理的报价是提高接单成功率的关键。

1. 影响报价的因素

在交易磋商的过程中，影响价格水平的因素主要有以下五个方面。

（1）直接成本。包括面料、配料、物料、加工费用等，可以根据订单的生产技术资料及有关原材料的市场行情进行估算。

（2）间接成本。包括在经营过程中发生的各种折旧、管理人员的工资、福利费用及行政管理费用等，通常根据直接成本的定额比例进行经验估算。

（3）交易成本。包括结算费用、运输费用、银行费用等，可以根据合同中规定的交易方式进行计算，例如在出口贸易中，如果采用CIF❶或CFR❷价格成交条件，则交易成本中应包括海上运输费用或保险费用。如果采用FOB❸价格成交条件，则交易成本中只需含有将服装装运至外轮的运输费用即可。

---

❶ CIF是到岸价，即卖方承担成本、运费和保险费。
❷ CFR是离岸价（目的港），旧称C&F或CNF，即卖方承担成本和运费。CFR只适用于海运方式，其他运输方式采用CPT。
❸ FOB是离岸价（装运港），由买方负责运费、保险费、租船订舱。

（4）目标利润。可以根据目标成本利润率进行估算。

（5）税金。在商品报价时，应考虑是否含税。我国对出口贸易有出口退税的鼓励政策，报价可以不考虑税金，从而提高报价的竞争力。

服装企业在确定价格时，既要仔细了解客户订单规格（如尺码大的服装用料多）、颜色配比（如白色料成本较低，染色料成本高）、数量多少（如有特殊要求或成交数量少的产品成本较高）等因素，又要充分考虑面辅料市场行情的变化和价格波动，确定既能基本实现企业目标利润，又符合市场行情，具有较强竞争力的价格。对于国外客户的订单，除了考虑以上五个基本因素外，还要考虑汇率、风险等问题，对国际贸易中一些特定的价格术语要准确理解，并在协议或合同中做出明确规定。

2. 报价流程

报价工作的具体步骤包括以下几点。

（1）接受客户询价资料。业务部收到客户的询价资料后，需检查客供资料是否齐全，一份完整的询价资料包括以下内容。

①客户基本情况、产品种类、目前市场售价等。

②面料：包括名称、成分、组织、处理方式等资料。

③辅料：种类、规格、处理方式等。

④款式或生产图。

⑤尺码表。

⑥洗水方法与要求。

⑦产地要求。

（2）分析客户询价资料。跟单部接到客户报价资料后，首先审核款式资料、尺寸、面料、辅料、制作工艺以及洗水等。

一份订单能否实现，需要分析的因素有：产品类型、交货期、预购数量、目标价格、品质要求、付款方式；特别要求，如指定产地、客户产品特点、市场销售情况、客户特殊要求；有无相似的订单资料作参考；本企业可调用的生产资源能否实现客户订单等。

（3）向供应商询价。向供应商发出询价资料，包括面料与辅料两方面的工作。供应商询价不仅仅是获取相关的价格资料，更重要的是可帮助客户开发新的面料及辅料。目前大多数贸易公司倾向于将面料及辅料的采购工作交给加工企业，但是为了保证达到客户的要求，通常会事先寻找合格的供应商，并获得比较合理的报价水平，完成供应商询价后，将有关价格、样板资料等传给加工企业，供加工企业报价参考，以此指导加工企业在采购面辅料时的报价。

（4）向加工厂询价。将客户询价资料补充完整后，选择合适的加工厂并发出询价资料。向工厂提供的报价资料包括以下项目。

①客户工艺制单。

②货期与数量。

③面料供货商资料。
④辅料供货商资料。
⑤报价方式。

为了获得合理的报价，可同时向多个加工厂提供询价资料，进行比较后确定合理报价水平。需要说明的是，合理的报价水平不是最低的报价，而是保证订单交易能100%达成满足客户需求，并能实现加工企业与贸易公司合理利润的价格。

（5）面辅料估价分析。在要求加工厂报价的同时，跟单部必须对该客户的订单进行用料预算和成本项目估价分析，主要内容包括以下几方面。

①面料用量预算。由板房师傅或工程部人员根据客户提供的工艺单及尺码表，进行开样排料，确定面料的用量及最佳布封。

计算物料用量时，要加上合理的损耗量，如大身用料9m，则应计算9.5m。如果生产过程中合理控制损耗量，则能节省物料成本，从而"赚取利润"。

②根据面料供应商提供的报价，进行面料价格估算。
③根据辅料供货商提供的报价，进行辅料价格估算。
④根据排料的用布量、面料价格、辅料价格以及以往类似订单的加工价，初步计算每打服装的贸易价格。
⑤初步报价与工厂报价作比较分析。

（6）填写报价表。确定报价价格后，填写报价表。货币一般要显示两个成本价，即将人民币换算成港币或美元，成本报价表见表2-2。

报表后需注明："以上价格未计利润""税前价格""以上报价未计珠石贴边"等细节资料。

（7）价格商议。各家工厂报价返回后，必须与自己的估价作比较，衡量并分析各加工厂的报价差距，综合各加工厂的报价，确定一个合理的价格。向客户提供的报价项目包括如下几项。

①发出报价资料。
②接收客户反馈信息。
③调整价格等项目。
④第二次报价。一张成功的订单开发，一般需经过二至四次的报价协商。
⑤签订合同，合同范本如表2-3所示。

报价流程详如图2-3所示。

3. 调整价格的项目

影响产品价格的因素主要有物料、加工费、接单量、利润等。对于需要降低报价的订单，可以从以下几个项目调整价格。

（1）物料：低价采购物料。
①与供应商长期合作，保证价格优惠和稳定。

表2-2　成本报价表

客户：　　　款号：　　　款式：女式长裤　　制单日期：

（1）面料成本/元							
序号	面料名称	规格/颜色	用量/Y	单价/元	金额/件	款式图示	
1	C/T271	棉弹/	1.78	19	33.82		
2	袋布	本白	0.2	3	0.5		
3							
4							
面料成本合计（含税）：（1）					32.82		
（2）辅料成本/元							
序号	辅料名称	规格/颜色	用量/件	单价/元	金额/件		
1	拉链	YKK	1	1.6	1.6		
2	工字纽	环保	2	0.2	0.4		
3	撞钉	环保	8	0.08	0.64		
4	拷贝纸		1	0.01	0.01		
5	防潮珠	袋	2	0.01	0.02	（3）加工成本/元	
6	小胶袋	5cm×7cm	1	0.01	0.01	车花加工费	0.5
7	包装袋	PE料	1	0.4	0.4	车间加工费	5.5
8	中包袋	PE5C	1/4	0.8	0.2	洗水加工费	9
9	纸箱	环保	1/20	7	0.3	后整加工费	1.5
10						印花加工费	1.5
辅料成本合计（含税）/元：（2）					3.58	加工成本合计（含税）/元：（3）	18
（4）交易成本/元						面料成本（1）	32.82
厂租加损耗/元			2			辅料成本（2）	3.58
（商检+运费+关税）/元			2（FOB）			加工成本（3）	18
利润10%			5.84			交易成本（4）	13.052
税金5%			3.212				
交易成本合计（含税）/元：（4）			13.052			总体报价/元	67.452

表2-3 服装销售合同

买方地址：	卖方地址：
交货地点：	订单代码：
款式代码：	数量：
款式说明：	单价：
产地：	金额：

款式图示：

颜色尺码分配表：

合同签订日期：
交货期：
交货方式与交货地点：
付款方式及条件：

买方公司：	卖方公司：
签字/章：	签字/章：

备注

②集中物料批量采购，以便获取更高的采购折扣。
③联络足够数量的供应商，货比三家，以便"磋商"有力、降价"合理"。
④面料产地、面料成分的选择都会影响报价。选用成本较低的面料。
⑤开发产品时尽量选用同一种辅料，降低配料采购成本。
节省物料用量。
①运用纸样工程，改变款式或规格，调整尺码表，节省面料。
②电脑排版，减少裁剪损耗。

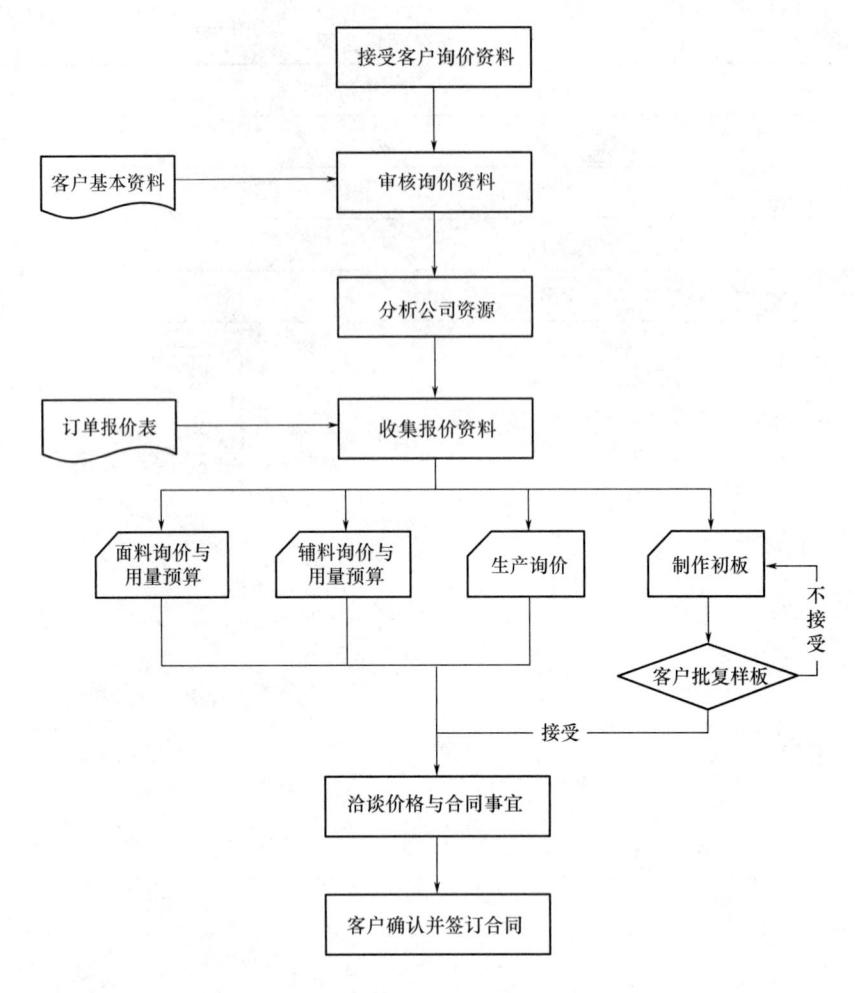

图2-3　报价工作流程

③精确物料预算，减少生产损耗。

④加强产前品质控制，减少次品，降低返修的物料损耗。

⑤剩余物料返仓回收，再转为它用或集中变卖。

（2）降低加工费。

①选择人工成本较低的加工厂。

②通过流程优化、工艺分析与动作操作，简化工序流程，降低生产工艺难度，从而提高生产效益。

③根据服装的款式特点，尽量使用模板、拉筒等辅助工具，既能提高产量又能确保品质。

④外发偏远地区可降低加工费，但会适当增加运输费用和生产流程。

（3）降低厂租及运营费。

①提高接单能力，增加订单数量，降低厂租。

②激励士气，增产提效，从而降低运营费。

③加速设备运转率,提高产出,降低设备折旧费。

(4)提高利润。

①单量大的订单给予的折扣也大,以此吸引客户多下单,提高利润。

②平衡生产能力,敢于接款式难、品质要求高的订单,但要考虑能否达到客户的品质要求。

③接单成功后,由工程部或IE部细致分析工艺特点,尽量降低款式难度。如果修改部分涉及外观效果,必须获得客户的确认。

④由于客供料的订单利润比较低,所以应设法洽谈包工包料的订单。

⑤解释报价项目细则,说服客户提高购买价。

⑥鼓励淡季下单,可以维持厂租及日常运作、减少工人流失,同时还能减少旺季的生产压力,降低旺季加班的额外开支。

(5)其他。

①按时交货,以此缩短付款期,降低尾款收取风险。

②客户要求不同的订单固定排给不同的生产线负责,减少产前的磨合期。

③如果由于特殊的款式而需要购买特种设备,可与客户合资购买,此法既可减低成本,又能吸引客户长期下单。

④出口贸易中,要注意客人对产地及绿色壁垒的限制条件。

⑤选择关税配额限制少的面料,如麻、棉面料。

⑥如果价格实在无法再做让步,可以增加服装商品的交易价值,如给客户提供充分的品质保证、免费的运输或其他服务,满足客户的特殊需求。

4. 报价注意事项

评价报价工作质量的标准是工厂满意、客户接受、公司目标利润得到保证,并最终能实现按质、按量、按时交货。

报价时要注意以下几点。

(1)报价需考虑的因素。要提高报价工作的效率与成功率,必须考虑以下三个因素:一是向客户提供具有市场竞争力的报价;二是为加工厂提供具有利润空间的报价;三是确定公司合理的利润水平。

(2)报价需合理。报价要按自身的实际情况,不可为了争取客户而报出过低的价格,以致影响企业的收益。过高的报价如果对客户没有吸引力,会失去进一步磋商的机会。因此,要结合自身的实际成本控制情况,充分掌握生产和销售的市场行情,分析潜在竞争对手的优势,在合理利润的基础上准确报价。

(3)报价后的跟进。报价后要及时跟进客户的反应。报价后,客户短时间内做出反应,说明服装企业的报价已引起客户的关注,业务跟单员应及时跟进,争取尽快下单。如果客户长时间没有反应,说明报价失败,失去了商机。此时应及时分析总结,找出原因并加以改进,以提高竞争力。

第四节　加工厂评审

选择合适的服装加工厂，不仅因为加工成本影响总体报价水平，更重要的是，加工厂的产能决定了是否能按照客户的品种、质量、交货期完成订单生产。在国际贸易中，客户对服装加工厂进行评审，目的是判断服装贸易公司所组织的生产资源能否达到客户的标准。

一、评审认证体系

评厂验厂标准已经成为社会责任国际认证体系，通过不断完善该体系认证，来监督和促进企业的社会责任表现。常见的认证体系有BSCI认证、ICTI认证、ICTI验厂、Disney验厂、SEDEX认证、WM-ES审核等。

1. BSCI认证

BSCI（Business Social Compliance Initiative Audit）：商业社会行为规范标准。BSCI是为欧洲商界遵守社会责任计划制订出执行措施和程序，倡议各公司在世界范围的生产工厂都运用BSCI监督系统来持续改善工作条件的社会责任标准。

BSCI总部设在比利时布鲁塞尔，是由欧洲对外贸易协会（FTA）发起，制订了以劳工公约为基础的行为守则和监督体系，目的是解决发展中国家生产企业的人权状况，改善生产企业的工作条件。

加入BSCI组织的企业必须自愿、自觉遵守《BSCI行为守则》，通过不断完善发展，来监控和促进生产企业的社会责任表现。通过BSCI认证审核的企业，BSCI认证委员会提供一份具有法律效力的授权书，并要求至少三年复审一次。目前许多欧洲品牌及零售商比如C&A、COOP、ESPRIT、METRO GROUP及OBI均认可BSCI认证。我国出口到欧洲的服装企业都会做BSCI认证。

BSCI认可的审核机构有SGS、ITS、BV、STR、HKQAA、DNV、TUV等。

2. WRAP认证

WRAP（Worldwide Responsible Apparel Production）：负责任的全球成衣制造。WRAP是由环球服装生产社会责任组织制订的，目的是改善世界各地服装生产企业的工作场所和人权状况，保证产品在合法、人性化和符合伦理的条件下生产，支持的买家大多是美国服装品牌商和服装采购商。我国出口到美国的服装企业都会做WRAP验厂。

WRAP认可的第三方机构有ICG、BV、ALGI、UL、SGS、CTI、BCI等。

3. SA8000

SA8000（Social Accountability 8000）：社会责任标准。SA8000是根据国际劳工组织公约、世界人权宣言和联合国儿童权益公约制订的全球首个道德规范国际标准，其宗旨是确保供应商所供应的产品符合社会责任标准，保护人类基本权益。

SA8000只有一个国际统一认证机构SAI（Social Accountability International），即社会责任国际。

二、评审项目

评审加工厂主要包括保障人权与守法状况、品质与生产管理状况两大评估内容。

1. 保障人权与守法状况

保障人权与守法状况，是评审加工厂遵守所在国国家法律、法规、保障人权的情况。评估项目包括劳动法、劳动保护、环境保护、工会和结社自由、反歧视。

（1）劳动法。

①禁止强迫性劳动：需提交工卡，检查员工每周/每天的工作时间。

②禁止雇佣童工：需提交所有员工的人事记录（包含相片及身份证复印件），尤其是年龄最小的职工资料。

③禁止各种形式的骚扰、虐待和体罚。

④雇员工资应高于当地最低生活保障，需提交职工的最低工资。

⑤加班天数应在国家法律规定以内，并按国家法律规定支付加班费。需提供三个月所有员工的工资记录、近三个月所有员工的工卡记录。

⑥禁止各种形式的歧视，包括性别歧视、孕期歧视、年龄歧视等。

⑦供应商必须遵守所在国的劳动法规。

（2）劳动保护。劳动保护包括安全防范与卫生健康，加工企业必须遵守所在国的劳动保护法规以外，还需评审观测以下内容。

水电设施评审：

①供电和供水是否有困难。

②工厂有无用电保护。

③车间内的温湿度可否调节等。

消防安全设施评审：

①有效的消防设备及逃生防护设备。

②灭火器有效期及配置数量：每464.5平方米1个。

③车间烟雾探测报警器。

④紧急疏散指示灯及应急照明灯。

⑤每层楼都有不上锁的紧急逃生出口。

⑥有清晰的紧急疏散指引或告示。

⑦易燃易爆品存放安全，有警告标示与安全操作规程。

⑧通道保持畅通。

⑨锅炉等危险设备定期检测与维修。

⑩定期的消防训练：需提交最近6个月的火警演习记录。

⑪受标准培训的消防员人数：每464.5平方米配备3名。

⑫受急救训练的人数：每100人配备2名。

⑬最近一年消防部门颁发的消防审核登记书或检查意见书等。

工作环境评审：

①工厂建筑结构及面积：必要及合适的工作空间。

②工厂噪声：需低于90分贝，否则需向工人免费提供护耳罩等防护设备。

③干净及通风的工作环境。

④工厂清洁卫生。

⑤必要的灯光。

⑥人均厕所数量：每25~35人一个。

⑦医务人员。

⑧急救药箱：每个楼层备有1个。

⑨最近6个月的工伤意外记录等。

生活环境评审：

①职工住宿条件。

②集体宿舍环境。

③通风及保温。

④生活空间：每人4.6平方米。

⑤人均厕所数量：每10~12人一个。

⑥独立淋浴间：每10~12人一个。

⑦房间烟雾探测报警器。

⑧灭火器：每278.1平方米备有1个。

⑨每层楼两端的紧急逃生出口等内容。

（3）环境保护。环境保护包括环保法规，加工企业除了必须遵守所在国的环境保护法规以外，还需评审以下几个方面的内容。

①生产及排污是否符合当地环保法规要求。

②有环境保护的措施和制度：包括噪声、粉尘等处理措施。

③有效的污水处理设施和排污处理方法。

④有毒废物的有效处理方法。

⑤有效避免或降低有毒气体等。

2. 品质与生产管理状况

品质与生产管理状况包括工厂的生产、技术、质量、培训等八个方面的内容。

（1）工作环境的安全防范与卫生健康。

①安全的工作环境状况：有无疏散通道、安全门、消防等。

②工人健康和保证品质的工作环境状况：有无工作区域的照明、水电等。

（2）产品类型。工厂适合或习惯生产何种类型的产品。

（3）面料的控制和裁剪。评估工厂对面辅料的品质管理水平，及裁剪品质管理水平。

（4）品质管理。

①质量管理计划评审：需提供企业行政组织架构、生产质量管理条例、生产质量检验标准与方法、质量不良事故记录、疵点百分率记录、随机抽样检验工作制度等。

②质量控制评审：需提供各缸差记录、色卡记录、抽查报告、中查/尾查质量报告、洗水报告、质量总监与QC❶人员的占比、尺寸测量记录、新手训练计划、质量管理培训计划、疵点回修记录、整烫外观及起皱的检验、缩率与色牢度测试报告、QC激励措施等。

③面料质量管理评审：包括铺布前的面料抽查比例、色差抽检比例、工厂对色差的限定程度、对色差面料的裁剪控制方法、检测色差的灯箱及光源、面料仓储设施条件等。

④裁剪质量管理评审：包括物料抽查报告、裁片/织片抽查报告、铺布方法、裁床数量及长度、铺布设备、纸样质量检查等。

⑤车缝质量管理评审：包括车缝设备、车间人数（包括车位人数、熟练/不熟练工人数、QC人数、技术指导人数、机修人数、检验员人数）、车间照明（车缝区域500lx、检验区域750lx、整理和包装区域500lx）、机器干净无油污、每天检查车缝张力和针距、应用辅助小工具记录、现场机修工人数配比、缝纫管理制度、断针回收及记录、车缝设备对大货生产的适应性、生产进度检查、半制品周转箱使用情况、现场随机抽样检验实物质量状况等。

（5）设备与维护。

①设备配置评审：需提供所有设备的文件清单、各种缝制设备的数量、自动剪线/特种设备的比例等。

②设备维护评审：需提供机械维护保养计划书、锅炉等设备定期检测、故障维修记录、配件更换记录、设备平均使用年限、设备对产品生产的适应性等。

（6）生产计划与控制。

①生产计划评审：需提供生产排期表（未来6个月的接单明细表）、未来一个月的生产计划预排表（显示车间/组别/开机/缝合/整烫/包装等主要部门的计划完成日期）。

②生产控制评审：需提供各部门的生产日报表、有显示货期的每周生产进度统计表、生产新款时的生产前会议记录等控制文件。

（7）产地来源。通过各种生产文件，检查某些特定工序是否在当地完成，以此判断订单产品的产地来源（C/O：Certificate of Original）。需要提交的文件有以下几个。

①最近3个月外发加工的有关记录文件：外发加工单（OPA：Outward Processing Arrangement）、出口和入口证、运输单、生产通知单。

---

❶ QC：品质控制（Quality Control），是为达到品质要求所采取的作业技术和活动。

②产品工序表/生产工艺制作单、工人工序记录单、生产日报表、工人工资表、工人上下班记录卡。

③原产地或单一产地声明书、业务文件（发票、装箱单、配额证书、产地来源证书、提货单及出口证）、厂牌及各机器设备表、客户订单合同及银行信用证等。

（8）厂房保安。

①物料出入仓记录、成品出入仓记录、危险品出入仓记录、货物出入仓的重量详细记录、出入仓货品不符时的报告制度、厂内入集装箱的清单；

②访客出入记录、员工离职时上交钥匙或密码的记录、员工面试记录；

③保安每日巡厂安检记录、违法行为的举报制度、警报器的每月测试记录；

④工厂保安制度及常规培训、专项培训记录等。

三、认证对工厂的好处

一个对社会负责任的工厂，可以在商业经营中获益。认证体系对企业的好处包括以下几点。

（1）减少不同的客户在不同时间来验厂的次数，避免重复审核的成本、时间及管理。

（2）提升企业内部的管理系统。

（3）改善与员工的关系，员工的忠诚度及工作效率也得到提高。

（4）提高企业的生产力，从而提高利润。

（5）降低潜在的商业风险比如工伤乃至工亡。

（6）防止订单流失。

（7）减少法律诉讼。

（8）吸引更多高素质人才。

（9）使消费者对产品建立正面情感。

（10）稳固与采购商的合作。

（11）拓宽新市场，为长期的发展奠定坚实的基础。

（12）赢得公众的信赖，提升企业的形象及声誉，从而获得市场优势。

四、迎评准备

（1）了解客户查厂的项目与要求。

（2）准备所有需要提交的资料。评审有无相关的政策法规备案时，需提供新版本的地方或国家劳动法规文本、最新版本的地方或国家健康卫生及工业安全条例、最新版本的地方或国家环保法规文本。评审有无执行相关的政策法规时，需提交完整的工时及工资记录。

（3）对接待客户的商务礼仪进行专业培训，总结以往查厂的经验与技巧，做好商务接洽和谈判前期准备。

五、认证流程

第一步：向相关认证机构递交申请表格并交付费用。认证机构向工厂提供自我评鉴及检查手册。

第二步：选择一间指定的评审机构做评审。评审机构实地评鉴，并向认证机构提交评鉴结果摘要。

第三步：认证机构依据评审报告判定工厂是否合格，给合格工厂颁发证书。

第五节　案例分析

案例1：工厂认证手册须知

所有工厂必须满足以下方面的最低要求。

工厂必须确信本公司的产品是在合法、公正和诚实、没有剥削生产工人、工作条件合理、没有损害周围环境的情况下生产。同时，任何时候都必须遵守生产所在国的法律。

1. 雇佣道德

雇佣要求包括工资、工作时间、权利及收入扣减等方面，必须符合当地最低工资、工作时间、加班和收入扣减方面的规定（国际劳工组织条款第1，26，95，131条及推荐第85条）。如果没有详细规定，工作条件至少等同于当地同类工作条件。

必须给工人简明易懂的工资单。任何减扣工资，在当地标准下必须合理公平，加班必须自愿。

绝对不可雇佣童工，国际劳工组织条款第138条及推荐第146条规定低于15周岁者为儿童。在不存在剥削及对儿童的健康、教育与发展无危害和父母同意的条件下，儿童可以从事学徒和勤工俭学工作。

必须检查工人的证件以确认其出生日期。如果没有官方的正式文件可查，则应采取一切合理、适当的方法去查明该儿童的年龄。

2. 强迫劳动

禁止使用强迫劳动力或用威胁给予处罚的方法强迫工人劳动或使用囚犯（国际劳工组织条款第29条和第105条）。

3. 纪律

禁止用任何体罚，或精神及语言上侮辱威胁工人。

4. 歧视

必须公正地、无歧视地对待所有员工（国际劳动组织条款第111条及修第111条），对所有种族、地区、性别或有残伤的员工，必须一视同仁。

5．自由结社

不可禁止工人参加合法社团组织（国际劳工组织条款第87条及第98条）。

6．健康、安全和福利

根据国际劳工组织条款第155条及推荐第164条，企业必须提供安全的工作环境，并在健康、安全和福利方面满足当地法律的要求，如果提供食宿，则食宿环境也必须安全、卫生。

必须任命一位高级管理人员负责员工的健康、安全和福利方面事宜，并且尽一切合理措施防止事故和伤害。

必须建立健康和安全程序，并定期培训员工及测试这些程序的可执行性。

必须有足够的照明及通风，必须提供洁净的饮用水，必须有足够的卫生设施。

7．环境

必须以符合当地法律的方式或不会损害环境及造成污染的方式处理工厂的废料。

8．监察和检验

工厂务必使产品供应链中的每个人都明白并遵守这一行为准则，必须保持记录以证明实施了定期的检讨和检查。

认证机构代表会在没有事先通知的情况下检查工厂，工厂必须按认证机构的要求提供证明企业执行这一准则的所有材料。

案例2：申请BSCI认证需准备的文件

（1）公司性质、公司名称、公司成立年份的正式文件副本。

（2）有效的营业执照以及进行操作、运行机器的所有必要的正式批准。

（3）客户记录单和生产部门记录单。

（4）有关员工结构的公司数字列表。

（5）公司的财政数字。

（6）管理体系和社会行为守则审核的有效认证列表，代表的其他组织，这些体系和审核在公司中已经进行，审核报告副本列表。

（7）高级管理人员在公司中职责的文件证据，实施BSCI行为守则符合性以及检查的操作标准的文件证据。

（8）计算遵守最低社会要求所必需的财力、人力情况。

（9）书面形式的费用计算。

（10）书面形式的计划生产能力。

（11）对员工进行BSCI行为守则培训的文件证据。

（12）记录对可能会出现的危险来源的检查结果以及所采取的纠正行动（安全评估）。

（13）所有员工的个人资料档案。

（14）分包商列表，包括生产部门名称和地址。

（15）对分包商遵守BSCI行为守则作出承诺的书面声明。

（16）分包商工厂中社会绩效持续改进的证明。

（17）书面形式的公司社会方针。

（18）书面形式的工作规则。

（19）证明水是饮用水的文件。

（20）工作时间记录系统。

（21）关于员工所有津贴的文件证据，附带备注说明这些津贴是国家强制性的还是自愿性的。

（22）行业中规定的工作时间以及此信息来源的文件证据。

（23）公司规定正常工作时间、轮班、多班工作、休息以及假期的文件证据。

（24）法定行业最低工资水平以及此信息来源的文件证据。

（25）员工工资条以及工资支付证明。

（26）证明社会保险金交税的支付文件。

（27）工资单以及工资计算情况，包括计件工人输出记录，包括工资和扣除的所有方面。

（28）孕妇和产妇津贴的发放记录。

（29）固定计件费率的计算文件（计时工资不需提供）。

（30）每个计件工人的生产数量记录（计时工资不需提供）。

（31）违反工作规则以及采取的纪律措施的文件证据。

（32）雇用合同/保安人员的合同（如果聘用了保安人员）。

（33）外包给监狱（如果有）的生产过程列表，包括名称和地址。

（34）会议时间以及与员工代表达成的书面协议。

（35）员工投诉记录以及处理投诉所采取的措施及方式。

（36）员工宿舍的安全证明文件（防护、卫生等）。

（37）室温、噪声以及照明的检查文件。

（38）急救培训学员列表，包括学员姓名、职位以及培训日期。

（39）事故次数记录，包括事故发生原因、事故类型、发生日期、损失情况并说明受伤人员。

（40）进行安全卫生培训的文件证据（疏散训练和消防训练）包括学员姓名以及培训日期。

（41）化学物品收条、使用、退回以及处理记录（包括出示物质安全数据单——MSDS）。

（42）工作对象为电力装置员工的合格证明。

（43）电梯、危险机器、电力设备的检查报告以及维护记录。

（44）机器、工作场所以及高压设备（如果有）的操作说明书和安全说明书。

（45）消防设备的检查报告以及维护记录（例如，消防设备上的检查标签）。

（46）医疗人员资格证书。

案例3：巧妙报价赢得订单

一个客户让报FOB价，但是没有告诉我们要下多少订单数量，怎么办？

结果：跟单员想假设一个数量给客户作FOB报价，老板坚持不让报FOB价，而且老板说："假设一个数量报价的话，如果客户实际订单数量比这个少，公司就会亏本。不是客户要求什么我们都要回应的。"跟单员无所适从。

分析与建议：

（1）如果老板实在不肯报FOB价，或公司之前没做过FOB价，可以报EXW或CIP价，客户一般都知道报关手续和费用。

（2）报价法一：先按最小起订量报价，注明是FOB还是CIP价格。客户如果索要优惠，则可以要求增加订单数量。

报价法二：分区间，分数量，按区间报浮动价格区间。

（3）沟通中获取信息，询问客户"计划一年采购多少本司的产品？""贵公司一年的产值是多少？""是否参加国外会展？""有没有在中国拿过货？""主要在中国哪里拿货？"等，从侧面了解客户公司的规模、实力以及喜好等，以便有针对性地向客户提供必要的服务。

案例4：签订合同后的加价策略

前段时间跟伊拉克客户多封邮件往来，确定了设计，于是很快就确定了PI（Proforma Invoice）形式发票，估价发票，试算发票，备考货单。目的是让客户知道自己购买的产品特点、数量、单价以及总值；客户可用于办理申请开立信用证或其他付款方式的单据，很快就收到客户的定金。订单总金额2万多美金，一个星期左右就搞定。能这么快速度的客人不多，客户在伊拉克机场有几家中等规模的店面，是个不错的买家。

此后，跟单员开始着手做生产排单和工艺单，然后给生产部经理和老总签字。老总看到一款产品的货号，找了个样品说要外发生产，样品很小，绝对不是客户要的类型。没办法，只能重新跟客户确认尺寸。

PI上，这款恰好没有写尺寸，其实客户一发图片就能看出尺寸。

先谈尺寸，为后面的提价格作为铺垫。同时谈一些包装需要注意的问题，淡化一下以后单纯的价格论，转移焦点成功，然后谈价格，2.95美元，提价成功！

这次价格变动，客户要多付15000元。然后修改生产排单和工艺单。

第二天，外发采购员发来消息"这么大的产品，要加价，不然不做。"

跟单员打开客户文件夹，重新看了给客户的PI和设计。马上找老总，老总说："我当时没有看设计稿。我重算下价格。"其实，当时怕算错价格，专门发了带有尺寸的设计稿给老板。又要变动价格？

这该如何解释啊，改了一次，也显得跟单员太不专业了，以后客户还怎么信任我们啊。

签单前采购确认好30天可以交货，我给客户35天交货，但是安排生产时间老板说不出意外的话要60天。怎么办啊？

结果：因为老板的疏忽，没有报好价，客户确认好PI打了定金后连续变动了2次价格，客户最后看了邮件说要考虑取消订单。

这个问题确实很棘手，处理不好，这个单子，这个客户就玩完了。

分析与建议：

法一：为了维护客户，这款价格不变动，下次挣回来，仔细算来还不会亏，只是少挣了点。

法二：对摊；由于自己公司的失误，公司自己摊一半费用。毕竟形式发票已经确认了，还付定金。

法三：取消这款型号的产品。

法四：巧妙谈判，照常加价：

（1）分析客户心理。

①第一次涨价客户爽快答应，第二次邮件没有强烈反对，说明没把他吓到。

②定制产品本来价格就不透明，可能别家更高。

③定金已经在本司手中，所以占有主动权。

④估计客户没有时间成本再去重新找一家从头开始洽谈。

（2）良性沟通。

①获取同情："这个尺码这个价格老板都要吐血了，技术和生产厂长都被骂了几次，自己也被扣了一个月的工资……"安慰别人把己方说得更惨些，对他有强大的治疗作用。

②赞美对方：如果换了别的客户会加价更多，看在您这么诚恳，付定金这么迅速的份上已经尽量低价了。您确实是太好了，每次都这么爽快。

③列明加价明细：把为什么要增加的费用都列清楚，并和老板商量，不要自己胡说。

④分析市场行情："这个产品很漂亮，这个尺寸这个款式没人做过，一定大卖特卖！"

最终结果：狠下心，给客户发了封邮件，实话实说，告诉客户是我们的报价部门疏忽忘记了看尺寸，报错了价格，千万个抱歉的同时，请求再加一次价格。

0.9美元的价格改成了1.7美元，总费用由原来的2400元变成了4500元。

合同价格为2美元，收到定金之后，第一次加价1.5美元，第二次老板又让加价1.3美元，前后一共加了140%。最终客户确认了订单，确定了价格！

暗示：虽然这次客户勉强同意了，但是后面有隐形风险。

思考题

1. 描述营业部的业务构成。
2. 如何寻找客户?
3. 企业风险损失的主要来源有哪些?如何降低企业的经营风险?
4. 业务跟单员应如何做好客户的服务工作?
5. 交易磋商的内容有哪些?
6. 如何向加工厂及供应商询价?
7. 一份订单的报价项目由哪些方面构成?
8. 对于需要复盘的订单,可以从哪些项目调整服装的报价?
9. 接受第三方认证对生产企业有哪些好处?
10. 请描述服装加工厂接受评审的工作要点。

订单前期开发与计划管理——

订单资料跟单

课题名称：订单资料跟单
课题内容：合同资料跟单
客户资料跟单
订单加工资料跟单
订单资料变更处理
案例分析
课题时间：6课时
教学目的：通过本章教学，使学生熟悉合同评审与修订的方法，掌握订单生产资料的汇编与发放，明晰客户资料的管理过程，同时掌握客户满意度调查和客户投诉处理技巧，以便在订单资料管理中使理论与实践更好地相结合运用。
教学方式：以课堂讲授为主，案例分析和课堂讨论为辅，通过电子、网络等多媒体教学手段，运用理论与实践相结合的方式进行教学。
教学要求：1. 学习合同资料的评审内容与修订过程。
2. 掌握订单生产资料的收集、编制存档与发放。
3. 熟悉客户资料收集与分类存档的管理方法、掌握客户满意度调查和客户投诉处理技巧。
4. 了解订单资料系统模块的基本内容和信息化管理方法。

第三章　订单资料跟单

订单资料包括合同资料、客户资料与订单加工资料，都是订单跟进工作的重要依据，其详细程度和准确性直接影响到跟单工作的成效。做好底单资料管理，能有效防范订单的经营风险，减少生产问题的发生，确保订单生产顺利完成。

第一节　合同资料跟单

合同是订单资料中最有约束力的法律文件，是服装企业开展生产经营的重要依据，关系企业的生产质量、经济效益和企业的信誉形象。认真做好订单合同资料的管理，能促进企业管理水平和经营效益不断提高。

一、合同资料的收集与存档

1. 资料的收集

合同资料主要包括：合同的正本、副本、补充协议、报盘还盘资料、修订资料等。服装企业与客户签订合同后，跟单员要尽快收齐所有合同资料。

2. 资料的存档

合同资料收集整理完毕，需对每份合同进行编号，以便入档和查找。

原件整理归档，复印件用于日常工作。有完善信息系统的企业，可将合同资料录入合同信息管理系统，以便随时查阅下载。

二、合同资料的评审与修订

由于服装订单生产中存在诸如面辅料供应难确定、价格变动、工艺细节变化多等许多不确定因素，因此，服装企业的订单合同大多只是对订单交易做大致的约定，关于订单生产的细目条款则由双方根据实际情况，在生产开始前再做进一步的磋商确定。

合同资料评审是服装企业在订单生产开始前，对合同中所有工艺细节的操作可行性、生产难度、生产周期以及市场变化对订单生产、交易成本的影响等做进一步的审核，遇到差异较大的细目条款或疑问及时与客户协商，达成一致的协定，减少后续生产问题的产生。

合同资料的评审与修订需在一周内完成，其工作流程如图3-1所示，具体工作内容如下。

1. 下载合同资料

跟单员根据合同编号，从合同管理信息系统下载订单合同评审表及相关数据，用于合同的评审工作。

2. 确定物料清单

在合同评审之前，必须先确认物料清单❶。只有确定了物料清单里的所有数据资料，才能最终确定服装价格、生产排期和交货期。

为防止在物料清单确定前就开展合同评审，可以在电脑系统中设定：若物料清单没确定，则无法输入服装代码进行合同评审；如果系统中修改了物料清单内的资料，则服装代码即刻被取消而处于未确认的状态，直至物料清单被再次确认方能进入下一阶段的合同评审工作。

3. 评审合同资料

跟单员根据订单合同评审表和相关数据，对合同资料做全面的审核。任何疑问之处，都必须向相关部门咨询，并详细记录评审结果和相关部门的意见。合同资料评审中要特别注意以下五项内容。

（1）生产能力负荷。衡量工厂的现有资源（包括人力资源、生产硬资源和生产软资源）能否满足客户的需求和订单生产的需要。人力资源是指满足订单执行过程所涉及的操作工人人数、技术力量、管理水平。生产硬资源包括厂房、设备等。生产软资源包括企业的生产力水平、质量、交货期、价格、可提供的品种类别及服务等。

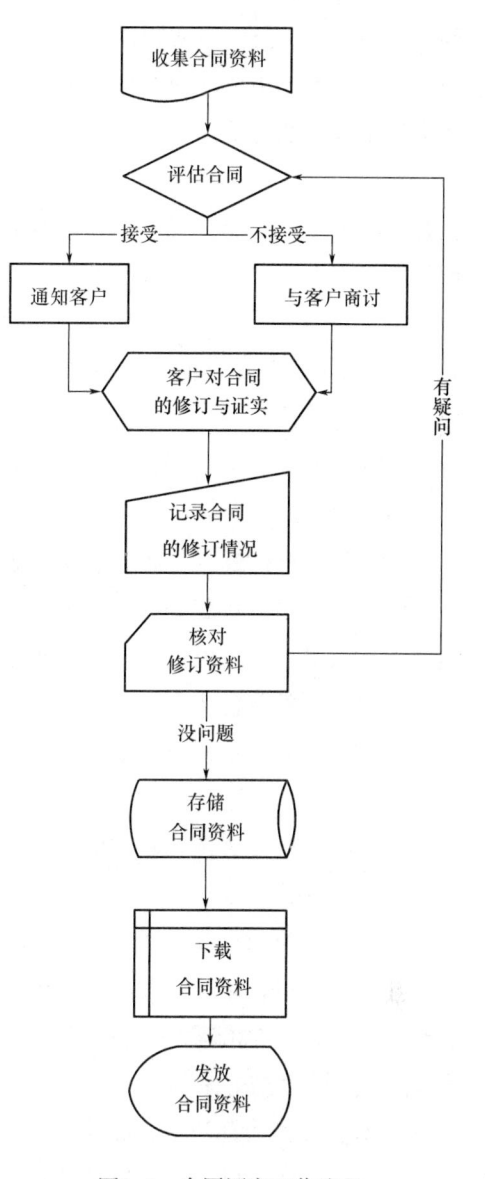

图3-1 合同评审工作流程

当评估发现加工厂不能满足合同要求时，跟单员需及时向部门主管反映，或与总经理协商，并尽快敦促该工厂的改善，提高生产资源及生产能力，确保订单的生产。如果改善条件受限制，无法调配更多的资源改善现有生产力，跟单员需向主管建议，重新选择合适的加工厂。

（2）生产要求与工艺可行性。跟单员应认真核对客供资料，包括生产工艺方法与规格

---

❶ 物料清单（Bill of Materials，简称BOM）：以数据格式来描述产品主要原料、辅助材料及其配方和所需数量的说明文件，以便计算机可以识别的产品结构表，也是ERP的主导文件。

要求、熨烫包装技术、实物样板等资料，防止生产资料有偏差而影响生产。此外，还需按照合同编号编制出核准板编号和生产通知单编号，以便裁剪工票号码的编排，追加的翻单通常沿用以前的订单编号。

然后参考客供实物样板，核查缝道、褶皱、钉珠、绣花、洗水、熨烫、包装等生产工艺技术与方法的操作可行性，判断加工厂能否达成订单生产的质量要求。如果无法达到预期的质量水平，跟单员要协调生产、设计、技术等部门，寻求改进的措施，确保产品质量达标。

（3）合同订单的数量。根据服装的颜色和尺码分配情况，复查合同的服装订购数量，以便后续部门能正确计算面辅料及包装物料的采购量、编排生产计划与船期表。

（4）发盘价格与合同价格。根据原材料供应市场价格和生产成本的变化，复查服装订单的发盘价格。

$CMR^{❶}$ ＝直接成本（面辅料及其他物料）＋加工成本（车缝、锁边、褶皱、钉珠、绣花、洗水、熨烫、包装等）＋固定成本（水、电、气、设备折旧等）＋管理成本（管理人员、跟单人员等）＋税费（含特种面料出口消费税）＋预期利润＋物流运输保险费

如果不同的颜色或不同的尺码有不同的价格，则取平均价格。

平均价格＝（价格A×数量A＋价格B×数量B＋价格C×数量C）／（数量A＋数量B＋数量C）

订单价格的复查由物料供应部、生产部、成本会计部、运输物流部共同做出预算，形成订单成本预算表（表3-1），计算出订单生产与交易的成本，交财务主管审批。跟单员在复查合同价格时遇到的所有细节资料均应详细列入报价手册中。

价格是合同评审中需要综合考虑的因素。一般情况下，如果审核后的发盘价低于合同价格，但不超过5%，属可接受范围，可维持合同定价；若低于5%则属价格偏低，企业的利润会受到较大影响；超出8%，则低于本公司的基本线，属不可接受的价格，此时跟单员应与客户或销售部门重新商议、修订，以获取更合理的价格。

（5）交货期限与地点。根据面辅料和其他物料的供应情况、样板确认情况、生产能力负荷的调配整合情况、外协加工情况以及水、电、气等供应情况，预测生产作业的进度，审查能否按期交货。如果预计生产时间难以完成生产任务，则需与客户协商延长交货期限，或采取分批交货的办法，维护企业的信誉。评审交货期限的同时，还需核对运输方式、船期、交货地点的安排是否有误，并计算运抵交货地点所需的时间，确保准时、准确地交货。

4. 客户修订合同

跟单员在评审合同的同时，应主动与客户联系，就合同资料中的具体细目条款与客户磋商，及时跟进合同资料的修订。特别是需要客户提供更多详细资料，或需要更改工艺细

---

❶ CMR：称发盘价（offer price），是卖方以贸易价格向对方发盘的产品价格，无法律约束力，通常以12件/打为计量单位。报价是指确定贸易业务的货物成交价格，具有法律约束力。

表3-1　订单成本预算表

_____公司（_____季）　　　　日期：_____

订单号		客户名			款　号			
客供号		订单数			后整理方式			
签单日		交货期			出口地			
面料名称	价格	数量	供应商		物　料	价格	数量	供应商
主面料					拉链			
拼接料A					针/线			
拼接料B					商标			
袋布					包装物料			
里料					衬布			
罗纹					肩垫			
小　计		元			小　计		元	
后整理	价格	数量	外协厂		其他	金额		
绣花					车工			
印花					厂租			
洗水					运输费			
染色					手续费			
钉珠								
小　计		元			小　计		元	
损耗	%				样板费	%		
其他					CFR/FOB			
客价					CMT❶			
小　计		元			小　计		元	
	币　种			汇　率			日　期	
	美元	☐						
	欧元	☐						
	澳元	☐						
	加元	☐						
	日元	☐						
	港元	☐						
	总　计							

填表：_____　　复核：_____　　审核主管：_____

---

❶ CMT：是来料加工的一种合作方式，即Cutting+Making+Trimming=加工费+辅料费，由客人提供面料。

节、提高订单价格、延长交货期限等，更应耐心、详细地向客户解释清楚，争取客户的支持，对合同资料做出相应的修订。

需要客户再次确定或修订的合同内容包括：订购的产品数量、发盘价格、船期安排的时间与物流方式、款式修改情况、成衣发货日期等项目。

如果客户要求修订有关合同，跟单员应咨询加工厂的实际生产状况和相关部门的运作细节，判断加工厂能否接受修订的部分，再与客户商讨修订的内容。如果加工厂难以接受修订的条款，跟单员应立即算出合同修改所引发的成本额度和变更后的外观影响，以便与客户进一步协商。

如果客户不同意修订合同资料，跟单部主管需向企业决策层报告，提出自己的意见和建议，至于能否完全按客户要求履行合同还是取消订单则交由决策层做决定。

客户同意修订合同资料后，应由双方签订备忘录或补充协议。客户的书面确认可作为合同资料修订的依据。成本有变化的订单应发一份借贷支票给客户，由客户追加产品的发盘价。

5. 核对并审核修订内容

客户修订合同资料以后，跟单员应核对合同修订前后的所有资料，遇到表述不清或修订前后矛盾的资料时，应立即咨询客户或相关部门。例如，修订合同后的面料用量与计划订购量不符，跟单员应确认发盘价的修订，同时还应落实工厂或采购部有无发出采购清单。

完成合同资料的评审后，跟单员需综合整理评审结果、相关部门的意见以及与客户磋商的结果，然后交给主管审核。

三、合同资料的发放与归档

1. 合同资料存档

合同资料的原件必须由专人负责分类归档、集中保管，确保合同资料原件齐整、不丢失，使企业在发生经济纠纷的情况下，能拿出有效的法律依据，维护企业的合法权益。

合同资料修订完毕，跟单员应将合同信息记录表交给生产计划控制部经理签收确认，然后由跟单员将评估后的最新合同资料输入合同管理信息系统存档管理。

2. 发放合同资料

发放合同资料复印件给各相关部门，以便及早组织订单生产。例如发给生产计划控制部和船务部，是为了使生产部门能及时安排生产，发给船务部是为了能尽早安排货物运输、排期等工作计划。

发放合同资料应有针对性，只需发放与该部门业务相关的合同资料。这样做一是控制合同内容的扩散范围；二是使相关部门的工作更明晰。例如，发给运输物流部门的资料，只需发放订单数量、产品包装、出入库时间、交货期限、交货地点等内容，而合同价格、工艺要求等资料，对运输物流部没有任何用途，故无须发放。

发放合同资料时，执行签收制度可跟踪合同资料的流向。

3. 补发修订通告

如果发放合同资料后，有修订资料变更，跟单员应先将最新的修订资料复印件交给生产计划控制部，以便生产计划控制部能跟进合同的修订工作。然后及时通告各相关部门，使订单生产按最新要求进行。

第二节　客户资料跟单

客户资源是企业发展的生命线。随着市场竞争愈演愈烈，客户资源也越来越受到企业的重视。做好客户资料管理，充分利用客户网络资源，建立客户档案并与客户交流，可以从中获得大量针对性强、内容具体、有价值的市场信息，为企业各种经营决策提供重要依据。

从企业的长远利益出发，企业保持与客户的长期信任关系，就可以由逐次逐项地磋商交易发展成例行的程序化交易，从而节约交易成本和时间。建立与客户长期良好的关系，开展多方位的客户资料管理工作，可以赢得客户的高度满意。

一、客户资料管理流程

1. 收集客户信息

负责开发业务的跟单员可以通过各种渠道，努力寻找更多的客源，广泛收集有发展空间的客户信息，了解客户的具体要求和特殊需要，使企业拓展更大的销售市场。

收集信息的渠道可以通过服装博览会、订货会、新闻媒介、各地服装协会、老客户介绍等途径。要注意所获取的信息必须保证真实、准确、适时、齐全。

2. 分类整理

在整理客户资料时，根据不同的客户类型，对客户进行科学的分类登记。

按客户的性质可以划分为特殊客户、普通客户；按订单时间序列和签订次数，可分为老客户、新客户和潜在客户；按交易数量、成交金额和市场地位优势来分，可分为主力客户、一般客户和零散客户等。此外，还可以根据客户所在国家或地区、客户订单的服装类型或下单的不同季节再进行组别分类。

3. 编写客户代码

服装企业编写客户代码，是根据客户所在地区、客户订单的服装类别或下单的季度，对每个客户分别进行编号。通过客户代码，可以随时查阅客户资料、修订和跟踪。

4. 建立客户档案

为了使客户资料管理更有条理，需对收集的客户资料进行整理，建立客户管理数据库。具体内容包括：客户联络表、客户交易情况汇总表、客户信息一览表、客户管理登记汇总表（表3-2～表3-5）等客户资料档案。

表3-2 客户联络表

客户代码	客户名称	国家/地区	公司全称/法人代表	销售产品类型	详细地址/邮编	联系人	职位	联系电话/传真	邮址/QQ号

表3-3 客户交易情况汇总表

_____年_____月至_____月

客户代码	客户名称	国家/地区	已签订单编号	订单数量	产品类型（颜色数量/款式数量/尺码数量）	成交金额	交易总金额	排名

表3-4 客户信息一栏表

客户代码			客户名称			法人代表	
联系地址			联系电话			联系人	
客户经营产品	休闲装：□　　女式时装：□　　牛仔装：□　　童装：□　　职业装：□　　运动装：□ 男装衬衫：□　　西　裤：□　　西　服：□　　皮革：□　　毛针织：□　　棉针织：□						
销售对象	0～6岁：□　　7～12岁：□　　13～18岁：□　　19～28岁：□ 29～38岁：□　　39～50岁：□　　51岁以上：□						
	消费者收入：_____元/年；　　　　用于购衣消费：_____元/年						
客户经营组织	独资：□　　　合伙：□　　　股份制：□　　　有限公司：□						
客户经营方式	出口：□　　内销：□　　连锁专卖：□　　邮购：□ 批发：□　　加盟：□　　商场零售：□　　网购：□						
客户职员人数		完税情况		通过认证		同行评价	
企业获奖情况							

续表

与我司年签单情况	序号	成交金额	订单产品	订单数量	加工部门	交货期	付款方式	资金到位情况

与竞争对手年签单情况	序号	成交金额	订单产品	订单数量	签单公司	交货期	付款方式	资金到位情况

客户业务状况	淡季销售金额（____月至____月）_____元	旺季销售金额（____月至____月）_____元	月均/季均销售额 _____元/月；_____元/季。	近三年年均销售额 _____元/年

表3-5 客户管理登记汇总表

客户名称：_____×××服饰有限公司_____　　　客户代码：_____
地址：_____　　　邮编：_____　　　联系人：_____
联系电话：_____　　　银行账号：_____

订单编号	成衣种类	款号	产品类型	生产数量/款式数量	颜色数量	尺码数量	下单日期	要求交货期	实际交货期	交货地	货款结算情况

填表人：_____　　　审核人：_____　　　填表时间：_____

客户资料整理完成后，需交跟单部主管审核后存档保管。

二、客户满意度调查

客户满意度是客户对产品交易过程的感知效果与期望值相比较后所形成愉悦或失望的心理程度。当客户期望过高而得不到满足时，就产生不满情绪。调查客户满意度，能使客户与企业相互加深了解，有利于加强客户对企业的忠诚度。

1. 开展调查工作

跟单部应每年一次定期向所有客户发出"客户满意度调查问卷"（表3-6），主要从公司产品、服务及人员素质三方面进行调查，了解客户的意见、建议以及本公司与同行竞争对手之间的差距。

表3-6 客户满意度调查问卷

（调查时间：_____年_____月至_____年_____月）

客户/品牌：_____ 联系人：_____ 电话：_____
本年度总订单量：_____份，共_____件；
与我公司年签单量：_____份，共_____件。
我公司下单产品销售情况：□脱销　□良好　□一般　□囤积

我公司下单产品情况调查：
产品品质：
　　□无品质问题，质量达标　　□个别产品存在品质问题
　　□部分产品存在品质问题，需返工处理
　　□大量产品存在品质问题，返工后质量仍欠佳
交货期：
　　□准时交货　　　　　　　　□货期偶有延误（可以接受）
　　□较常延误货期（勉强接受）　□严重延误货期（难以接受）
交货数量：
　　□能按订单量交货　　　　　□数量存在误差（可以接受）
　　□数量缺失较多（勉强接受）　□数量严重缺失（难以接受）
合同履行情况：
　　□能按合同履行相关事宜　　□能履行大部分承诺事宜
　　□部分合同事宜无法兑现　　□无法兑现合同承诺事宜
产品样板开发情况：
　　□样板丰富，紧跟市场潮流，可选性强
　　□样板可选性良好，基本能跟上市场动态
　　□样板可选性一般，经修改基本符合顾客要求
　　□样板可选性弱，款式单一，难以满足顾客需求
公司服务与灵活应变情况：
　　□服务到位，信息反馈渠道完善，迅速满足客户修改要求
　　□个别服务环节欠佳，信息反馈基本到位
　　□服务态度较差，信息反馈慢，较难满足客户修改要求
　　□售后服务、后期跟踪不到位，无法满足客户提出的要求
购衣顾客投诉与抱怨情况：
　　□板型欠佳（□板型过大　□板型太小　□松垮　□缩水　□其他：_____）
　　□质量欠佳（□缝道起皱　□线迹松脱　□领尖变形　□其他：_____）
　　□其他：_____

公司存在问题与不足：_____
_____

建议：_____
_____

敬请贵司将填好的问卷尽快传回本司。　　顺祝商琪！
本司电话：×××-××××××××　　传真：×××-××××××××　　E-mail：

2. 处理调查意见

对调查收集到的客户意见，要认真对待，妥善处理。处理客户意见的步骤和方法如下。

（1）跟单部收回客户满意度调查问卷以后，分析、总结客户提出的意见和建议。

（2）将客户调查结果提交给质量部门进行统计分析。

（3）编写客户满意度调查总结报告。

（4）在总结评审会议上做意见分析和工作检讨，同时制订出相应的改进措施。

（5）指定专人跟进改进措施的落实情况，并填写改进效果确认书。

（6）回函告知客户，目前企业准备实施的改进方案，以期获得客户的了解和认同。

三、客户投诉处理

一个不满意的客户会向3个人倾诉自己不愉快的经历。客户不满内容一般包括：产品（质量达不到要求、与样板款式有偏差、交货期延误）与服务（态度欠佳、客户问题得不到及时解决）两大方面。其中对服务不满的客户90%会离去。

如果对客户的投诉处理不当，小事会变大，甚至殃及服装企业的生存；处理得当，客户的不满会变成商机，客户的忠诚度也会得到进一步提升。只有想客户所想，急客户所急，才能把客户的不满转化成满意。

1. 处理步骤

步骤1．耐心倾听，用心聆听，缓解矛盾，消除不满。

（1）态度谦逊恭敬，从细微的言行举止上平息客户的怒火，防止事态进一步扩大。

（2）不断运用赔礼道歉的语言，切勿争执。

（3）倾听时用笔记下投诉重点，让客户感到企业对其意见的重视程度。

（4）承诺会尽快解决问题尽快给予答复，以此平息客户的怒火。

步骤2．恳请客户提供投诉资料，包括问题样板、投诉报告、索赔要求及款项等。

步骤3．收集资料，仔细调查。

（1）调查客供投诉资料（包括服装样板、报告）的真实性。

（2）调查公司留存的服装样板有无拉合不顺的现象，是由于洗水后产生铜绿所致，还是缝合后起拱所致。

（3）调查存档订单资料的品质描述：拉链样品、常规测试结果、客户确认板、客方已验收的客户签收货单等。

（4）检测库存拉链的质量，也可将拉链送往第三方机构测试，获取客观的报告评价。

（5）向供应商获取拉链出厂质检报告。

（6）向加工厂发出业务通告，复查厂方质检报告与客户所投诉事项是否相符。

（7）调查合同有无注明投诉与退货的期限。

（8）调查接单成本，确定赔付底线。

步骤4. 确认责任方：准确判断不满的真实性，避免损失。

步骤5. 收集谈判资料，包括客户收货单、质检报告、合同、样板、客户投诉书面报告、接单成本等，将所有调查结果提交给部门主管和总经理。

步骤6. 召开客户投诉处理工作会议，评估自身能力，初步制订赔偿方案。

步骤7. 与客户协商或谈判，力求合理的解决办法，将损失减到最低。

谈判前必须收集客户所有投诉的资料，作为与客户谈判时的有力凭据，做到有理有据，以免处于被动。

步骤8. 向经理反馈最终谈判结果与解决方案，获得最终确认并组织实施。

步骤9. 落实并督促完成谈判方案。

步骤10. 收集客户对善后处理结果的意见反馈。

步骤11. 定期检讨、改善与监督企业内部工作，防止同类问题的产生。

客户投诉处理记录表见表3-7。

2. 处理方法

（1）承诺兑现。服装企业做宣传广告时，要符合实际，不可盲目夸大。不切实际的承诺会给客户留下深刻的印象，尤其在处理客户投诉时，对客户的承诺一定要兑现，避免客户期望再次落空而导致新的不满。

（2）消除隐性不满。客户的不满通常表现为显性不满和隐性不满。据调查，隐性不满往往占客户不满意度的70%。因此跟单员要注意观察客户的表情、神态、行为举止，洞察客户的隐性不满并设法尽快化解或作补偿处理。

（3）耐心倾听。当客户表现出不满时，跟单员应以诚恳、专注的态度倾听客户对产品、服务的牢骚，要让客户感觉到企业对他们意见的重视。从细微的言行举止上平息客户的怒火，切勿与客户争执。

（4）积极应对。跟单员倾听客户投诉时，要换位思考，站在客户的立场考虑事情，尽量减少偏差，认真了解事情的真实情况和客户的真实想法。个别客户会故意夸大不满，博取"同情"来达到自己的目的。跟单员要准确判断，迅速查出引起客户不满的真实原因，有针对性地妥善处理。面对恶意不满要迅速应对，控制局面，驳斥挑衅，避免损失。做到既不恃强凌弱，也不软弱可欺，防止节外生枝、事态扩大。而对善意不满则要多加安抚，提供更优质的服务来满足客户的要求。

（5）提供附加值以平息不满。客户正在生气时难以进行良好沟通，一般不宜处理；但处理过慢，事态易扩大，客户容易流失。因此，要根据客户的具体情况选择合适的处理时机。当客户的不满是因为跟单工作的失误造成时，跟单员要诚恳地向客户道歉并迅速解决问题，同时提供更多的便利和附加值的服务，尽快平息客户的不满。

（6）利用客户的不满创新产品，改善服务。

完善服务：客户意见是企业管理的漏洞。企业要想改善服务，应多收集客户的投诉意见。

表3-7 客户投诉处理记录表

客　户		订单编号		款号	
制单编号		订单数量		生产部门	
跟单员		跟单主管		生产主管	
客户投诉形式		投诉收件人		处理期限	
投诉内容					
客户要求					
情况核实与原因分析					
责任归属	负责人：			时间：	
会议纪要及相关部门意见	负责人：			时间：	
处理方案	负责人：			时间：	
客户对处理方案意见	负责人：			时间：	
处理方案跟踪	负责人：			时间：	
处理结果记录	负责人：			时间：	
整改措施	负责人：			时间：	

创新产品："咨询创新系统"。客户对产品的不满往往蕴含着潜在的需求和商机，正确分析客户的不满信息，导入客户不满创新和咨询系统，可以发现新的需求，抓住商机，开发新产品。

（7）为防止恶意的投诉，接洽订单时必须注意掌握以下几点经验。

经验一：每次订单投产前，要将测试结果寄给客户批复，并记录客户确认样品及颜色、质量。

经验二：保存好已通过客方验收的客户签收货单。

经验三：合同上注明投诉/退货期限。

经验四：出货前要求付清货款，防止拖欠货款。

四、客户资料管理要点

在客户资料的管理和使用过程中，需要注意以下事项。

1. 动态管理

客户资料档案管理建立后，要进行动态管理。因为客户的情况在不断地变化，所以客户资料也要不断地调整，对客户的变化进行跟踪，剔除过时或已变化的资料，及时补充新的资料，使客户管理保持动态性。

2. 突出重点

不同类型的客户资料很多，跟单员要透过这些资料找出重点客户。重点客户不仅包括现有客户，而且还应包括未来客户或潜在客户。这样不仅为企业选择新客户、开拓新市场提供资料，也为企业进一步发展创造了良机。

3. 灵活运用

客户资料的收集管理，目的是为了在交易过程中加以运用。所以，建立客户资料档案后，不能置之不理，应以灵活的方式及时全面地提供给业务人员，使他们能进行更详细的分析与利用，提高客户管理的效用。

4. 注重保密

许多客户资料只能供内部使用，不宜流出企业。所以，客户资料管理必须重视保密工作，由专人负责，建立健全客户资料档案的保管和查阅使用的制度规定，切实加强安全管理。

第三节　订单加工资料跟单

订单加工资料是由资料部的跟单员负责整理和跟进。除合同资料以外，服装订单生产中涉及的服装样板、款式、尺寸、面辅料样板、工艺要求等其他资料统称为订单加工资料。订单加工资料是订单生产的唯一依据，完整准确的订单加工资料，能确保订单保质按量及时完成。

跟单员必须将签订合同前后接收到的所有订单加工资料，进行分类整理，为订单生产提供清晰的指引。

一、订单加工资料分类

1. 依据来源划分

根据不同的来源,订单加工资料可分为以下两类。

(1)外来资料:客供资料、外协印花/绣花资料、洗水厂资料等。

(2)内部资料:开拓部资料、采购部资料、生产部资料、船务部资料等。

2. 依据作用划分

根据不同的作用,订单加工资料可分为以下两类。

(1)确认资料:报价资料、确认样板等。

(2)生产资料:物料资料、款式资料、工艺资料等。

其中生产资料又分为以下几类。

①面料、辅料及其他物料资料(如包装材料)等。

②款式资料、生产样板以及工艺方法、规格要求、熨烫、折叠、包装、运输等生产与发货用资料。

③洗水、染色、绣花、印花等前后对比标准样板(包括颜色、规格、手感以及最终效果等样板)等后整理用资料。

(3)交易资料:船期资料、货运资料等。

3. 依据生成的部门划分

针对每一份订单在不同的生产阶段,从不同的部门陆续生成与订单有关的资料,主要包括以下几类。

(1)客户或开发部提供的资料:订单合同,款式设计图,尺码规格,生产工艺与品质要求,面辅料报价表,色卡标准,服装样板,布板,辅料板,客户确认板与样板批注,销售委托书,委托加工厂或供应商信息,信用证,客户联系方式等。

(2)营业跟单部生成的文件:报价资料、订单成本预算表、外协加工厂资料,大货生产用面辅料及其他物料颜色、材质、规格、型号等资料,大货生产的工艺方法、款式图样或文字描述等生产资料,后整理(洗水、染色、绣花、印花)工艺要求,熨烫、折叠、包装等要求,船期表、出口报关、报验、结算等资料。

(3)面辅料部转入的资料:小色板、纱样、布板或缸差板、辅料实物卡等,面辅料、包装物料供应商资料,面料、辅料、物料报价表,面辅料用量明细表。

(4)加工厂或驻厂QC转入的资料:生产周期表,包装清单,报价确认单,质检方法与标准,后整理加工厂信息,洗水、染色、绣花、印花板等前后对比标准样板(包括颜色、规格、手感以及最终效果等样板),检查报告,入库汇总表,出货汇总表等。

(5)船务部提供的文件:货物运输安排表、多国申报单、商务发票或发货单等。

二、订单加工资料理单流程

1. 客供资料的理单

（1）订单号的编制。跟单部接到订单的第一份资料，就应及时编写一个订单编号，以方便订单管理，简化查档工作。不同的服装企业都有各自的编制方法，例如，NB_06Q1_M_T订单编码中，NB是客户的英文或拼音简称，06是客户下订单次数的编号，Q1是年度中第一季度的订单，也可用季度的简称表示，M（或W）是指订单的款式是男装（Man）或女装（Woman），T（或B）则是表示订单所生产的服装是上装（Top）或下装（Bottom）。

（2）资料的收集。当客户签订订单合同后，跟单员必须不断敦促客户尽快提供所有订单加工资料（包括款式资料、面辅料资料、实物样板、后整理标准等）。

此时，跟单部接收到的订单加工资料一般都较为零散混乱，跟单员必须细心整理所有资料。

所有由客户提供的资料都要注明"客供"字样，并需跟进客供料的到货时间。同时应明确，如果因客供料供应问题造成的交货期延误，由客户承担责任。如果客户提供的面辅料数量或品质与客户发来的报表有出入，应及时通知客户，并报告主管。

（3）资料的翻译与分析。合同签订以后，跟单员根据收到的合同资料和客户陆续发来的订单加工资料，将订单加工资料整理成可以生产的工艺单，具体工作包括如下几点。

①生产款式图的绘制：用简单的线条绘制服装的款式工艺图，并用简短的文字描述服装的款式特点。

②尺码转换：将不同的国家或各个区域的客户尺码代号转换成本企业通用的尺码代号，减少与相关部门的沟通障碍，确保后续生产的顺利进行。同时向客户获取各部位尺寸的误差控制值。

③工艺剖析：对客户确认的实物样板进行各部位的工艺分析，关键部位用图示表示，并标示清晰的文字说明和尺寸提示。

理单范例如图3-2、图3-3所示。

									型号						误差控制
			A'	B'	A'	B'	A'	B'	A'	B'	A'	B'	A'	B'	b
								6M		12M		18M		36M	+/-
A	Longueur Milieu Dos Back lenght	后长/衣长					33		35		37		39	41	1
B	1/2 Tour de Poitrine 1/2 Chest	半胸围					32		34		36		38	40	1
C	1/2 Tour de Bas 1/2 Bottom	半摆围					34		36		38		40	42	1
D	Longueur Epaule Shoulder lenght	肩宽					7		7.5		8		8.5	8.5	0.5

图3-2 尺码转换与误差控制

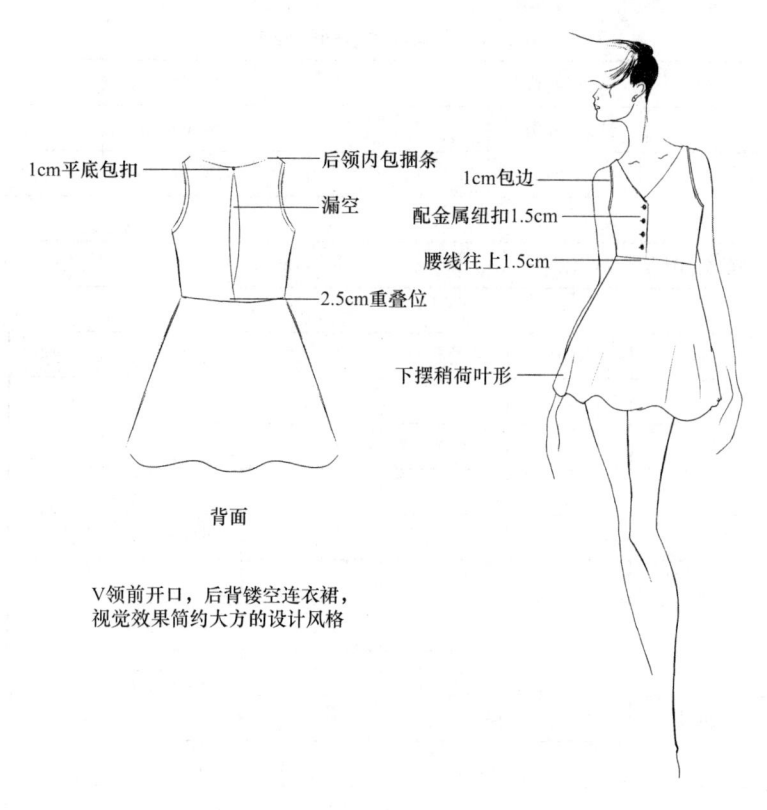

图3-3 生产工艺图的绘制与工艺分析

（4）资料的录入。订单加工资料审核完毕以后，跟单员还应对各部门转入的文件资料进行分类和归档管理，以便后续生产过程中对订单加工资料的查阅和管理。

需要输入的订单加工资料见表3-8。

2. 生产资料的理单

为了确保订单生产顺利进行，跟单员根据订单生产的实际运作程序，重新编制一系列文件资料，作为订单生产与交易的指令发放给各相关部门，实现企业生产经营的协调一致与整体运作。

（1）资料的编制。只有对生产运作非常了解，才能汇编出实用的订单加工资料。跟单员收到客供资料后，必须分类整理并汇编订单，明确相关部门的工作，以便订单能指导生产、包装和出运交货等全过程。

跟单员除了发出订单生产数量给面料部定购面料、核对辅料用量、给辅料部发出辅料卡以外，还联系绣花厂、印花厂等外协加工厂，以便汇编生产制单并跟踪生产情况。

（2）资料的审核。跟单员应将收到的订单加工资料及时做好登记、核对，例如：核实加工厂的生产周期，核查船期表与客户交货期安排是否吻合等。对于有疑问或不清晰之处，要及时与客户、开发部或工厂等相关部门联系，仔细咨询清楚，确保订单加工资料准确无误，并要求工厂重新发送船期表，检查无误的船期表应存档保管。

表3-8 订单加工资料管理表

订单编号		客户名称		客户订单号	
客户款号		成衣种类		订单数量	
签单日期		要求交货期		实际交货期	
款式描述					

尺码分配表		颜色分配表	

项目	公司/地址	单价	总价	付款方式	交货期	交货地点	运输方式
客户							
外协厂A							
外协厂B							

面料描述	名称	纤维成分	组织结构	颜色/色号	供应商	数量	单价
面料1							
面料2							

辅料描述	颜色/色号	规格	供应商	数量	单价
拉链					
纽扣					
饰带					
橡皮筋					
衬布					
样品					

生产工艺要求：

后整理	后整理方式与效果要求	外协加工厂	加工单价	交货地点	交货期	付款方式
绣花						
印花						
洗水						
染色						

熨烫/折叠/包装要求：

成品质量要求：

跟单员：＿＿＿＿＿＿＿＿＿＿＿＿＿　　审核：＿＿＿＿＿＿＿＿＿＿＿＿＿

（3）资料的发放。跟单员将资料输入电子系统以后，从计算机中调出订单通告以及和订单有关的资料，复印分发给有关部门，以便各部门安排新的生产计划。跟单员应随时跟进订单的所有资料，包括生产制造通知单等是否已经下发到所有相关部门，样板制作和大货生产所需的面辅料是否能及时到位，并随时记录订单的跟进进度。具体文件及派发部门如下所述。

①外协加工的生产合同（表3-9）：需发给外协加工厂、总经理办公室、船务部、财务部等相关部门。

表3-9 生产合同

买方：＿＿＿＿＿＿商业海外有限公司	
地址：	电话：
传真：	电邮：
卖家：＿＿* * *＿＿服装贸易有限公司	PO No❶：K-11200
	Mo.No❷：5852
地址：	日期：2014.03.11
产品描述：女装休闲裤　　　　97%棉3%人造丝 　　　　　　16坑灯芯绒梭织面料（51×134/16×16）	
洗水方式：成衣普洗+硅油	
卖家：J.C.Penney　　　　卖家订单（PO.）：82771J-C	
款式编号　　　　总数量　　　　单价　　　　尺码 CLF4538　　　　2700件　　FOB USD 8.00/件　　12-18（4个码）	
总金额：　FOB USD 21600.00	
颜色/尺码分配：按5283制单内容	
付款方式：　* * *　商业海外有限公司　转开不可撤销信用证	
交货期：　2014.09.21 交青岛 仓　　　2014.09.25离开中国	
备注：	
接受确认 ＿＿＿＿＿＿＿＿ 制造商印章及授权人签名	作为代理 ＿＿＿*** 商业海外有限公司 授权人签名

②色码分配表（表3-10）：需发给外协加工厂和物料采购部。

③生产制单（表3-11）：需发给外协加工厂和驻厂QC。

④订单成本预算表（表3-1）：需发给开发部、总经理办公室、船务部、财务部等相关部门。

---

❶ PO.No：Purchase Order No，采购订单编号。

❷ Mo．No：Manufacture Order No，生产制单编号。

表3-10 色码分配表

单位：打

颜色＼尺码	S	M	L	XL
白 色	100	300	500	100
深灰色	200	200	300	100
枣红色	300	400	100	100
合计	600	900	900	300
共计	2700			

表3-11 生产制单

本厂/样板编号_____　　销货合同号_____　　货品名_____　　制单号_____
买家款式/样板编号_____　　买家订单号_____　　交货期_____　　签单日期_____
款式描述_____　　数　量_____

用料	面料	里料	衬布	捆条	缝纫线	纽扣	拉链	主标	尺码标	护理标	搭扣	松紧带	其他
成分/规格													
颜色/色号													
样卡													

尺码表							图 样	缝制工艺指示	
尺码＼部位	36	38	40	42	44	46		前片	
领围								贴袋	
肩宽								后片	
前胸宽								坎肩	
胸围								侧缝	
后衣长							色/码分配表	衣摆	
袖长								衣领	
袖口宽								袖子	
袋深								袖口	
袋口宽								袋盖	
前筒宽								前筒	
摆围								其他	

续表

包装物料	纸盒	箱头招纸	瓦楞纸箱	拷贝纸	胶袋	衣架	挂牌	针/夹	领托	内领条	外领条	其他
规格												
颜色												
样卡												

装潢指示	摺衣方式与要求	摺衣尺寸	包装要求	装箱要求/箱唛资料	其他要求

制单员：_____　　　生产跟单员：_____　　　生产经理/厂长：_____

⑤营业利润损益表（表3-12）：需发给开发部、总经理办公室、船务部、财务部等相关部门。

表3-12　营业利润损益表

序号	款式编号	客户P/O	加工厂	交货期	数量（件）	买家价	工厂价	辅料费用	佣金	每件净利润	总净利润
描述											

_____年_____月_____日　　　　　　　　　总计：_____USD$

⑥订单交货期安排表：生产跟单部资料，编制跟单周期、生产周期与船期表。

⑦船期安排表：需发给开发部、总经理办公室、船务部、财务部等相关部门。

⑧订单合同编号登记表：总公司存档管理。

⑨业务通告编号登记表：总公司存档管理。

⑩物料计划控制表（表3-13）：需发给物料部、裁剪部、生产部或外协加工厂、包装部。

表3-13　物料计划控制表

客户名称		客户订单号		客户款号		订单日期	
品名		订单编号		订单数量		送货日期	
季节		目的地国家		价格条款		付款方式	
加工厂		加工单价		加工总价		加工结算方式	
洗水方式		洗水要求		印花方式		印花要求	
染色方法		染色要求		运输方式		交货地点	
物料	组织结构	纤维成分/缩水率	颜色/色号	款式/图案描述	规格/幅宽	计划用量	供应商
面料							
里料							
填充物							
黏合衬							
拉链							
绳带							
吊钟							
护理标							
尺码标							
吊牌							
缝纫线							
领条撑							
订单详细要求：				质量要求：			
业务员签名：_____ 日　　期：_____		审核签名：_____ 日　　期：_____			工厂签名：_____ 日　　期：_____		
注意：1. 请工厂在收到此工艺单后三个工作日内将尚不明确的细节告知我司！ 　　　2. 原样收到后一周内需交确认样给我司。 　　　3. 大货样开裁前所有面辅料必须经确认，大货样生产前必须先交产前样确认。							

⑪客供面辅料卡：需发给加工厂生产车间与物料部，并存档保管。
⑫包装物料细目表：交给加工厂，并存档使用。
⑬货运通知单（表3-14）：需发给开发部、总经理办公室、船务部、财务部等相关部门。

表3-14 货运通知单

订单号				客户名称			
订单数量				产品名称			
交货期限				交货地点			
批次	数量	入库时间	交货期限	出库时间	送抵时间	交货地点	收货人
1							
2							
3							
4							
5							

填　表：_____　　　复　核：_____
审核主管：_____

⑭年度订单登记表：需定期发给开发部、总经理办公室、船务部、财务部等相关部门。

资料分发给各部门时，做好详细的分发记录（表3-15），以便资料跟踪资料的发放情况。

对于无法备齐或仍需修改的资料，为了不耽误工期，可以先分发已确定和审批的部分，同时在缺失资料栏目标注"待定"字样，后续及时补发。

3. 订单加工资料的存档与管理

订单加工资料分发至各部门后，与记录资料分发表一起归档管理。

常规文件与实物样卡（包括辅料卡、布板等）可以按照部门或客户的方式分类收纳到文件夹里保存。

文件资料的存档管理应做好以下几点。

（1）文件夹的第一页为目录清单，需注明文件类型和所属部门。

（2）订单量比较大的长期客户或者是比较重要的客户文件，包括客户的邮址、合同、价格、交货期等资料，必须分开文件夹独立存档。

表3-15 订单加工资料分发记录

合同编号		客户名称		款　号	
订单编号		订单数量		交货期	
编　号	资料名称	分发部门	签收人	签收时间	备注
1	生产合同				
2	生产制单				
3	成本预算表				
4	物料计划控制表				
5	面料卡				待定
					待定

（3）本部门派发的文件必须在派发清单上注明已派发的文件名称和发往的部门、签收人员等相关项目，以便控制文件的传递过程。在文件上传下达的过程中如果出现沟通偏差或生产问题，能及时查找问题的根源且提出改进措施。

（4）辅料卡、布板等实物样板同样可以装订成册，但需另立文件夹归档管理。文件夹的编号必须与相应的客户分类和订单编号相一致。

（5）订单落实以后，与订单有关的文件根据其重要性和可追溯性确定不同的保存期限，通常完成订单交易后2~3年为期限。

（6）每个季度整理一次桌面的订单加工资料并装箱封存，封存箱上注明跟单组别、客户名称、订单编号、文件种类、资料名称与归属部门等资料。

（7）已封存的文件每两年开箱处理一次，以免影响资料查找效率，同时也避免过期文件占用空间。

（8）已过期的重要性文件必须销毁后才能丢弃，非重要性文件可以留作复印或草稿之用，既节约又环保。

订单加工资料管理流程如图3-4所示。

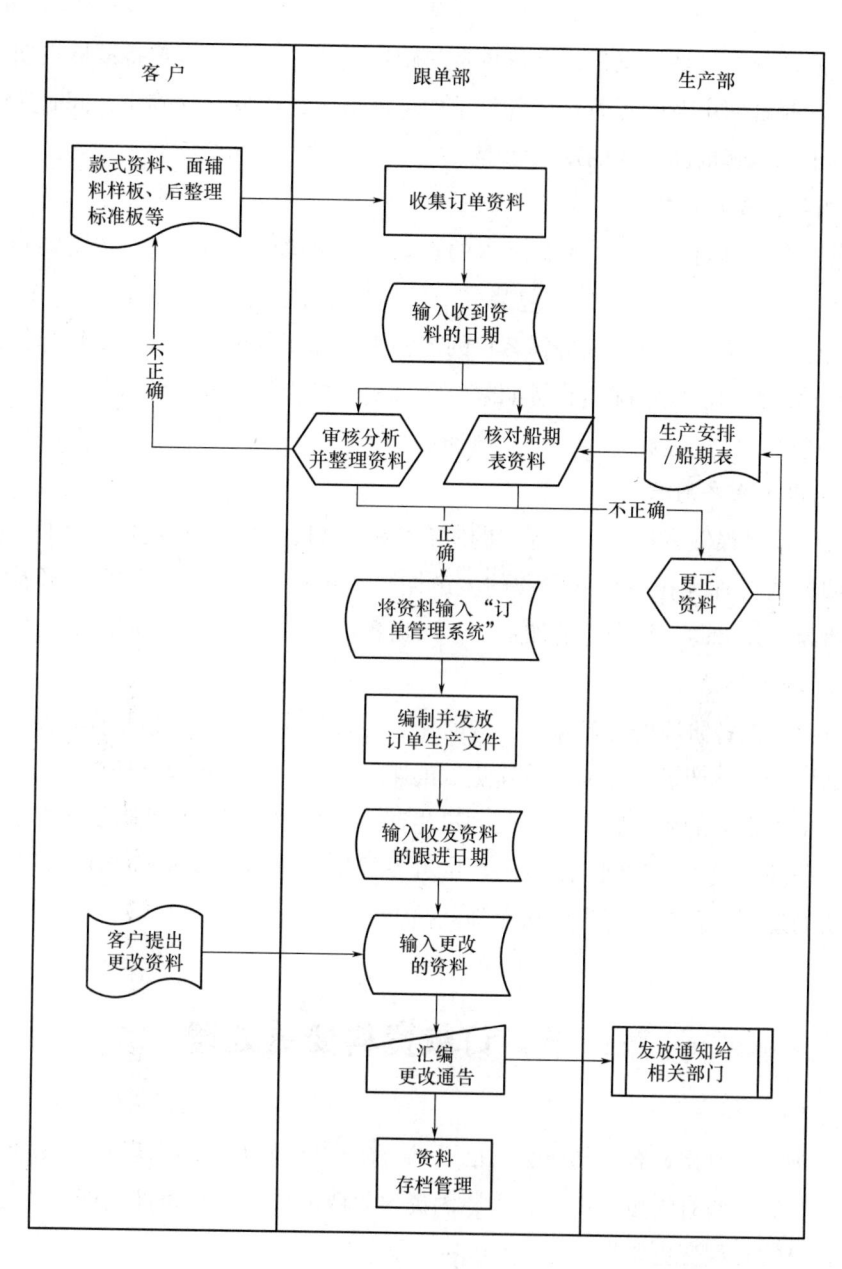

图3-4 订单加工资料管理流程

三、资料跟单注意事项

1. 及时录入资料

跟单员应养成良好的工作习惯,一旦收到客户提供的资料,无论多少,均应及时输入电子文档系统中,包括文件名称、收到日期、客户、产品、地址等,方便下载、分发、查阅、修改或编印生产制单、产地来源证等资料。

2. 准确记录收发日期

为了更好地跟进订单的生产进度和交货期,跟单员无论收到或发放任何订单资料,都应把收到日期及分发日期详细记录在订单资料跟进表格中,包括客户批复样板期以及订单签订日期。这些日期可及时提醒自己各订单的进展情况,以便跟催到位,同时还能减少客户疑虑,防止部门间推卸责任的现象发生。

3. 准确提供各种资料

在确保所有订单内容清楚、准确无误的基础上,跟单员应将所有订单资料和数据,包括尺寸表、品质要求、生产规格、包装分配等尽快提供给加工厂及各部门,以便安排生产。此外,还应尽量向厂方详细解释客户的各种需求和工艺标准,为加工厂提供订单的详尽数据,包括物料的供应情况与到货期限、需批复的样板、修改确认资料、交货期与船期安排,生产进度与质量等资料。

4. 紧凑编排生产期限

跟单员应及时跟催客户和相关部门的所有订单资料,根据客户提供的资料和数据,以前紧后松的模式合理编排订单各阶段的生产期限,包括交板期、采购期、开裁期、洗水期、发货期等,并协助寻找合适的加工厂,以免各部门随意浪费生产时间而延后交货。

5. 及时跟催到位

跟单员应根据各阶段的生产排期,及时跟进与控制生产进度,包括样板制作的跟进、复板期限的跟进、生产进度与船期运输进度的跟催等。此外,跟单员还应保持与加工厂的密切联系,了解最新的生产状况,及时跟进生产,包括现存订单资料和数据是否充足、各种物料有无备齐、能否及时到位、新订单的开发情况与资料接收进展如何等,尽量减少加工厂不必要的遗漏、差错和延误,从而降低损失。

第四节　订单资料变更处理

由于市场千变万化,客户随时会对已下的订单做出相应的变更,以适应市场需求的变化。加工厂和供应商有时也会由于客观原因提出更改的要求。在条件允许的情况下,应该尽量满足客户的合理变更要求。

一、临时变更的内容

在跟单的过程中,订单内容经常会因多次打样确认而重复更改,例如头板款号为00-123,批板款号会出现00-123A、00-123B……直到客户满意才能生产大货的产前板。通常要求临时变更的内容如下。

1. 款式变更

(1)款式细节及颜色的变更:例如增加绣花、明贴袋改成嵌线袋、短裤改为中筒裤、塑胶纽改为金属扣、蓝色明线改为橘红色明线等。

(2)制作工艺与要求的变更:例如袋口单线改缉双线、接缝位由平缝改为翻缝、袋口尺寸增大等。

（3）后整理工艺的更改：包括洗水、漂染、印花、绣花等工艺方式的调整。

（4）熨烫与包装的更改：包括熨烫手法、折叠方式与规格、装箱比例与颜色的分配等。

2. **面辅料变更**

（1）面料变更：包括纤维含量、织造工艺、颜色、图案的变更等。

（2）辅料变更：包括纽扣、拉链、衬布、商标等辅料的规格、颜色与品种的变更。

3. **数量与尺码变更**

（1）订单数量的变更：如增加或减少订单的数量。

（2）色/码分配比例的变更：调整颜色、尺码与生产数量间的比例，或更改产品颜色、尺码的入箱数量等。

4. **交货期变更**

（1）交货地点的变更。

（2）交货期的变更。

①交货期推后的变更：客户根据其市场运作策略，提出延迟接收货品的更改。

②交货期提前的变更：在订单生产提前完成的情况下，跟单员征求客户能否提前交货的变更；在订单生产尚未完成的情况下，客户要求提前交货的变更。

5. **其他变更**

例如天灾人祸导致的不可预计的变更；因质量问题、交货期延误等引起的交易条款变更，甚至客户拒绝收货而取消订单的变更等。

二、允许变更的条件

订单在生产中出现临时变更时，跟单员需要考虑能否接受变更的条件有以下几个。

1. **生产进度是否允许**

国外客户在国内采购服装时，订单从接单到交付，跨度时间一般在半年到一年左右，时间一般都比较长。客户提出订单的更改事项时，跟单员必须考虑该订单处于哪一阶段，以此衡量能否满足客户的需求。

（1）订单初期：在接单的初期，由于还没有安排生产，无论是款式工艺、面辅料的变更对生产没有太大的影响，应尽量满足客户的要求，配合做好订单的更改，但必须跟进有关事项，例如与加工厂商议协调合同条款的变更、款式的变更需要试制、测试和复核样板；面辅料的变更需复核新的标准样卡，并跟进采购合同条款的变更事宜。

客户提出订单数量的增减、尺码与颜色分配比例的变更，以及交货期的变更，对生产计划的影响会比较大，必须考虑当前订单的容纳能力，以及生产计划的弹性能否调整变更。数量与尺码的变更需追加合同补充协议的签署，作为后续工作的凭据。

（2）订单中期：在订单的中期，客户提出更改时必须权衡各方利益与意见，以及能否实现的可操作性和难易程度。尤其是订单完成面辅料的批复和核准板的确认以后，已经开始进入生产阶段，关于订单款式、工艺、面辅料基本上不允许更改。

对于不能实现的变更，必须坚持原来的合同条款。对于有可能更改的条款，必须根据订单的具体进度与客户、加工厂、供应商等多方进行协商，跟进解决，例如订单数量的减少将使面辅料剩余过多，此时，跟单员需与客户协商剩余面辅料的处理事宜。

（3）订单后期：进入订单生产的后期，产品基本完成生产，款式与用料等已不能再更改，允许客户在包折方法、交货期、运输方式和交货地点等方面提出更改要求。

如果客户提出延期交货，跟单员应与客户协商成品的仓储费用、运输订金等由客户承担，并协商具体的交货日期。同时，跟单员要协调加工厂做好产品的仓储、保管工作，如果产品已经出厂，可安排在物流机构或港口的仓库暂时储存。

如果客户要求提前交货，跟单员需协调加工厂，能否加班赶工完成全部或部分订单生产，提前交货的加班费用由客户支付。同时，需与客户商讨物流方式、接货地点和新的交货期。

为了便于安排生产，一般会要求在大货生产前一周内不允许再修订合同内的款式资料。

2. 生产成本是否允许

客户提出变更时，必须分析客户的变更要求对加工成本是否有影响，如面辅料、款式的复杂性等变更，会影响用料成本与加工成本，必须与加工厂核算出有关费用后，再跟客户协商更改合同单价，或由客户另行支付费用，才能接受变更事项。

3. 制作工艺是否允许

客户提出生产工艺、款式细节、洗水后整方式等的变更时，需了解工厂能否接受变更要求。在订单初期，如果工厂反复试板以后，仍不能满足客户的变更要求，可以考虑另选加工厂。如果已经进入订单的中后期，可以由工厂提供复板测试，再回复客户能否更改。

三、资料变更处理步骤

（1）跟单员收到客户的更改通知以后，确认更改的细节与要求。

（2）细致评估更改后的生产难度，有些款式更改可要求加工厂重新试制和复审样板，然后准确计算因更改而产生的额外费用。

（3）向客户提供更改评估报告，并要求客户确认承担费用。

（4）获得客户的反馈信息。如果客户接受更改，要求客户提交合同补充协议，或正式的书面更改通知，并向客户获取明确的付款方式。

（5）所有订单资料的修改，都必须做好更改记录（表3-16），并及时存档或录入系统，以免引发更改资料的混淆和生产错误。

（6）发出业务通告（简称MEMO，表3-17），通知各部门做相应的修改，以便后续的生产顺利进行。

表3-16 订单资料更改记录

合同编号		客户名称		签单日期	
订单编号		订单数量		交货期	
制单编号		款式描述			
资料名称	收到日期	1次修改/日期	2次修改/日期	3次修改/日期	4次修改/日期
合同细则					
款式要求					
布板					
尺寸表					
生产规格与容差值					
辅料样品					
……					
客批资料	1次更改/日期	2次更改/日期	3次更改/日期	4次更改/日期	最终核准日期
初板					
报价					
合同签订					
面料小色板					
大货布板					
辅料卡					
试身/放码板					
核准板					
……					

资料跟单员：_____

表3-17 业务通告

订单编号		客　户	
款　号		更改日期	
更改项目与细节要求： 1. 2. 3.			
更改前效果图		更改后效果图	

跟单员：_____

第五节 案例分析

案例1：张张订单是新单

某款牛仔裤订单的客户要求追加订单生产，服装款式没有修改，仅要求将裤外缝所用的金色铜扣改为银色装饰扣，扣子的规格与款式均不改变。但本订单的生产跟单员仍沿用原订单的方式跟进生产，既未询问客户追加订单后的更改细节，也没有详细查看追加订单生产通知的要求。

结果：

致使大货仍按原款式生产而使用了金色铜扣配件，导致整批货物直接经济损失达30万元。

分析与建议：

跟单员切勿粗心大意，或凭着模糊印象决定细节，自以为是。应细致谨慎地反复查阅、核实生产资料。记住：张张订单是新单，件件事情从头跟。

案例2：文档管理是关键

某客户要求更改订单资料。由于该单货期长，跟单员收到传真资料后记录跟单内容和进度，然后将资料搁在办公桌并继续忙碌紧急的跟单工作。

结果：

三日后复查跟单记录，猛然想起丢失的传真资料。而跟单员的办公桌上堆满了密密麻麻的文件夹、资料袋以及面辅料色卡。为了寻找这份传真，把整个办公桌弄得翻天覆地，急得满头大汗。

分析与建议：

跟单员一般都同时跟进多份订单，而且所跟订单的生产进度各不相同，工作任务重，头绪多，所以做好文件资料管理工作，做事才能事半功倍。

跟单员每次收到文件和传真时，应马上用一粘贴纸片注明收到日期，然后贴到文件的表面，再设一个专门收集最新传真和文件的文件夹，按时间顺序夹起来。待通知或跟踪到位后再把所有文件分门别类地进行归类整理和存档管理，既方便文件整理，又可以随时提醒自己哪些是急需解决而还没有完成的事情。

此外，每天下班前花十分钟时间整理桌面，清理杂物，文件及时归位，同时总结一天的工作，找出比较紧迫的文件与传真放于桌案，以便第二天上班能马上解决。如此做事严谨又利落，可使繁杂的工作变得有条不紊，轻松而高效。

案例3：细节习惯成就一个订单

将近年关，一位跟单员习惯性地整理今年联系过的所有合作客户和潜在客户，同时把潜在客户进行分类，针对不同国家和以往所交谈的内容进行了归类。归类完毕，针对一些对本公司价格上有优势的产品重新发了邮件。

出乎意外，第二天一个潜在客户就回复了，让马上报价。30分钟后，让做PI，价值将近5万美金。

客户档案的整理对我们非常有必要。说不定整理邮件，就能整出一个大客户。因为每个公司制度在更改，产品价格也会根据市场变化有所升降。这次生意不成没关系，起码让客户了解了本公司的产品和报价信息。

案例4：有效沟通是保障

客户要做测试样板时，跟单部只有杏色和卡其色的面料，杏色料有可匹配的拉链，而卡其色面料找不到合适的拉链，但由于杏色面料的颜色太浅，并不适合做"干湿磨"测试样板。请问如何才能使客户选用或接受"卡其色面料配用近色拉链制作样板"的最佳方案？分析如下。

结果1：

如果跟单员向客户询问："卡其色面料的测试样板能否选代用拉链制作？"客户往往会回复："那就选杏色面料做吧。"此时，跟单员再解释："能否不选用杏色面料制作样板？面料颜色太浅，做'干湿磨'杏色测试色牢度效果不明显。"此时客户一定会回复："不行。"

结果2：

如果跟单员用这种方式询问："我们只有卡其色和杏色两种面料，如果选杏色面料做测试样板，'干湿磨'测试会没有效果，但如果选卡其色面料，则无法找到全配色的拉链，请问选哪种颜色的面料做测试样板？"此时客户就会选卡其色面料制作样板，同时，客户还会鉴于板期紧迫的原因而选用相同型号、颜色相近的拉链做测试样板。

分析与建议：

跟单员要学会与人沟通。如果跟单员叙述不清楚，客户无法完全了解情况就下决定，或者由于沟通不当而导致客户误解，都会把事情办砸，甚至还会由于一点小事而争吵。沟通得当，可以顺利完成起到意想不到的效果。

案例5：客观判断客供资料

按常规使用面料时，会将平整光滑的一面作为面料正面，粗糙的一面作为反面。

跟单员到裁床交资料，与裁床师傅闲聊，师傅无意中说道："某制单上的布板贴错了。"跟单员说："我待会儿向客户咨询清楚。"裁床师傅说："没必要，以我二十多年的工作经验担保，肯定是光亮面为正面，不会有错的。况且交期逼近，还是及早开裁为好。"跟单员该如何处理？

结果：

跟单员回办公室后，为保险起见，仍致电询问客户。客户答复："布板没有错，此款成衣就是要追求一种与众不同的粗犷风格。"跟单员庆幸自己的多疑，即刻通知裁床。

分析与建议：

服装设计与成衣生产没有常规可循，有时为了追求新意，往往打破传统的理念和常规做法。跟单员应秉着谦虚客观的工作态度，勤学多问，切勿以个人经验决策办事。往往一个小疑问就是潜伏着大问题的导火线。

案例6：恰当处理客户投诉

刚送走一批4000多件的休闲女装裤，一段时间后收到客户投诉：拉链拉合不顺滑，顾客购买后退货现象严重，客户只有打五折清货，所有损失要求服装企业承担。

结果：

首先要求客户退回几件样品再做细致的检查，并检查存档拉链样板的顺滑度、拉头锁紧度、抗撕裂强度，有无脱色，经重洗水后有无起铜绿等情况，找出是否有客户所说的问题存在，必要时，可把拉链样板送往ITS等机构做相关测试，如果测试结果合格，并没有客户描述的那么严重，只是刚拉的时候有点涩，多拉几次就顺畅，则有理由拒绝任何赔付要求。且应与客户沟通，调查是否拉合手势不正确，观测客户有无提起拉手的弹簧，或是拉链牙打磨得不够圆滑。有必要的话，可以由服装企业派专人到客户处给予相应指导，或对拉链进行打蜡、擦油处理。

分析与建议：

客户有投诉时，应注意仔细调查具体的情况和真实的原因，同时要注意缓解矛盾，尽量消除客户的不满情绪，设法把损失降到最低程度。此外，订单合同上应注明产品问题投诉与退货的期限。跟单员在订单投入大货生产前，切记要将拉链样板和常规测试结果一并寄给客户批复，并将客户确认的样板妥善保管，同时保存好已通过客方验收的客户签收货单。与客户谈判时，这些资料都是有力的凭据，这样跟单员就有理可依，有据可寻，不会处于被动状态。

如果是洗水整理的成衣，注意在订购拉链时应向供应商交代清楚，由供应商在拉链出货前进行上光油、洗水测试等相应处理。成衣洗水时，用小布块包住拉链头，防止石磨磨损严重。

思考题

1. 合同评审主要包括哪些方面的内容？
2. 试述合同评审与修订的工作流程。

3. 详述有效管理订单资料的工作流程。
4. 作为一名合格的跟单员，如何发放订单资料才能减少后续问题的发生？
5. 当客户提出更改订单资料时，跟单员应如何处理？
6. 订单资料种类繁多，跟单员应如何进行文件管理才能使跟单工作有效开展？
7. 请针对童装品牌的客户设计一份合理的客户满意度调查表。
8. 试述客户投诉处理的步骤和技巧。
9. 如果你是一名跟单员，被公司委派与阿拉伯某投诉客户进行赔偿谈判时，你会如何应对？

订单生产前管理与实践应用——

服装样板跟单

课题名称： 服装样板跟单

课题内容： 服装样板简介
服装样板的制作与管理
样板跟单管理
案例分析

课题时间： 8课时

教学目的： 通过本章的教学，让学生了解服装样板的作用与分类，清楚各种服装样板在整个生产过程中的制作顺序，掌握板单的编写方法，明确样板用料的供应途径与制作要求，熟悉样板存储的方式和要求，重点掌握服装样板的跟单流程与核板方式，懂得记录核板资料。

教学方式： 以课堂讲授、案例分析相结合，注重课堂实践性演练互动环节，运用企业实用表格和样板进行教学。

教学要求： 1．了解服装样板的含义、作用与种类。
2．清楚服装样板的获取途径与采购跟单流程。
3．掌握板单的编写与发放要求。
4．熟悉样板生产的跟单流程与注意事项。
5．掌握样板的审核与尺寸测量的操作方法。

第四章　服装样板跟单

企业为了开拓订单业务，会直接为客户或生产部门提供实物样板，或根据客户的要求进行样板制作，作为接洽订单的有效桥梁。所以，服装样板是企业赢得客户订单的有效工具。做好样板跟单的管理工作，能快速达成订单的签订，并为大货生产提供准确的指引。

第一节　服装样板简介

一、服装样板的含义

服装样板是服装企业用于反映成衣设计效果或服装加工质量的实物样本，是服装生产部门重要的工艺技术文件，是工艺生产的依据和检验生产规格质量的衡量标准。

二、服装样板的作用

为客户提供服装样板，主要目的是让客户进一步了解服装设计的效果及制作工艺标准，为生产部门提供清晰的加工方法与要求，从而尽快获得客户订单的过程。服装样板主要有以下四方面作用。

1. *检验设计效果的可行性*

任何设计作品都要通过实物样本的检验。一件成功的设计作品，必须通过技术、经济和资源三大指标的评价。其中技术指标包括面料和辅料的可成型性、可生产操作性、品质指标和等级、尺寸精确度和容差值、成品后整理的效果等。经济指标包括加工时间、成本、生产效率等。资源指标包括物料的需求种类和数量、加工设备的种类和数量、辅助工具、工人技术水平、管理水平和质量控制水平等。

只有实物样板才能直观清晰体现各个指标的最终效果。例如，服装开口位置和开口长度是否恰当？辅料搭配是否协调？切割线是否合理？生产工艺是否简捷？每个工序的生产时间和工价是否合理？许多设计人员无法想象或容易疏忽之处，都能通过实物样板的试制和反复修改达到合理的效果。

2. *缩短开拓期，减少开发费用*

订单接洽前期，向客户提供满意的实物样板，可以加快订单合同的签订，尽快获得客户订单，缩短产品的开拓期和产品的开发费用，也减少了后续订单生产中对产品的反复修改。这就要求开拓部和制板部非常了解客户的需求和市场动态,同时制板部还能完全按照客户的要求来生产样板。

3. 设置最佳生产组合要素

服装企业通过试制新产品,给客户提供一个检验本企业生产能力的平台。

试制样板可对订单款式的设计,进行修整和生产工艺的改良以及设备和辅助工具类型和数量的确认、设备的摆放、车位的分工、生产线的编排等生产要素的合理运用,设法找到生产要素的最佳组合方案,并使之处于受控状态。

生产要素的稳定性并非恒久不变,为了使生产能顺利展开,试制样板和反复修改就是对生产要素重新组合的试验和确认。例如,能否接洽订单、客户要求能否顺利达成、生产成本是否太高、工人的技术水平是否需要重新培训、应如何改良繁复的工艺而不会改变原有的生产外观效果、怎样的生产方法更快捷方便、如何能减低工价并降低生产成本、如何减少次品的数量、如何避免或减少生产问题等。

4. 服装大货生产的重要依据和质量标准

服装样板的制作是确保企业生产顺利进行和质量控制不可缺少的标准模板。

客户的要求,最终都通过实物样板来体现,所以服装样板是服装生产和品质检查的重要依据之一。前一阶段的样板既是后一阶段样板的生产依据,又是后一阶段样板质量检验的审核标准。投产前制作的服装样板是查找生产问题点,及时寻找对策,减少正式投产后问题的发生,确保生产顺利完成。

三、服装样板的分类

服装企业在整个生产运作过程中涉及的样板主要有两大类,一类是报价用的开拓板,一般在指定的工厂制作,开发部直接跟进;另一类是生产用的生产板,一般在签订合同以后和大货生产以前,由加工厂制作,跟单部跟进生产样板。

根据不同的生产阶段以及样板在不同阶段承担的不同作用,可将样板划分为以下几种类型。

1. 开拓板(Developed Sample)

在没有确定客户订单以前,由企业设计部按照市场的流行趋势,以及针对各个客户的区域性习俗和爱好设计开发并制作成型的一系列季节性服装款式样板,主要是ODM[1]企业用于吸引客户或服装买手,开拓业务,提高接单能力的有效工具。

2. 客供板(Consumer Sample)

由客户直接提供服装样板给OEM[2]企业承接生产。客供板能够反映订单的要求,包括

---

[1] ODM(Original design manufacture):是指具有设计能力的制造商。厂商根据服装销售公司的规格和要求设计产品,并根据修改后的样品进行生产。这类型企业更加注重与客户的深度合作。
[2] OEM(Origin Entrusted Manufacture/Origin Equipment Manufacturer):是指只是承接加工的企业,俗称"定牌加工"或"贴牌加工"企业。

产品款式、设计效果、各部位尺寸参数及工艺制作方法、质量要求等。

3. 初板（First Sample）

初板又称为头板、仿制板，是与客户第一次沟通的款式确认用板，多数客户只是提供设计图样或个别部位的参考模型，要求服装企业做进一步完善，以使客户的初步构思得以体现。

初板通常由OEM、ODM企业的制板部根据设计部或客户提供的设计款式图样、样板等制作而成，直接影响到客户是否接受订单以及订单后续的生产品质。

4. 修改板（Amending Sample）

客户审核完初板以后，通常会要求针对款式、选料、附件搭配和工艺制作做出相关的调整和修改。初板后根据客户的最新要求和修改意见进行第二次、第三次翻造修改的样板称为修改版。

修改版的目的是为了与客户沟通并确定订单的最终款式效果和制作工艺，所以可以选用相近的替代料。在选用拼接面料和辅料时，与主面料的配色效果要搭配适宜。

5. 试身板（Fit Sample）

试身板简称Fit板，是按照设计部或客户所提供的尺寸要求制作的样板。一般每个码制作1~2件样板，供模特试身用。放码板是齐色齐码地制作样板，通过模特试穿样板来确定每个尺码的成品合体度，明确服装各个部位的工艺参数，所以制作尺码板时，对各部位的结构尺寸都很严格。尺码板的规格和工艺必须完全按照客户的要求进行制作。

6. 推销板（Salesman Sample）

推销板又称为行街板，是供客户时装表演、时装发布或展销会推销新产品、落实具体订单量用的样板。初板或尺寸板得到客户的首肯后，就可以将客户确定下来的每个款式都制成实物样本，供客户进行时装发布或展销会推销用，方便客户依据发布会或展销会的反应确定各个款式的具体订单数量，从而尽快与服装企业落实订单。销售板比较注重模特的着装外观，所以在制作销售板时应注意面辅料的色泽搭配和板型设计等实物的最终效果。

通常在工艺单下达以后即可安排做齐色齐码的推销板，不容易寻找的辅料可用接近的物料代替。推销板寄给客户批复以后，在等待客户信息反馈时，就可以准备报价核价工作。

7. 广告板（Advertisement Sample）

广告板也称摄影板、推广板，是订单确定后，大货生产前，客户用于摄影，以便制作宣传画报、邮购刊物或推广产品的专刊，以便推广产品、扩大宣传、增加销售量的服装样板。

通常广告板都必须提前制作完成，不能临近推销期才备样。由于是用于广告摄影的样板，比较注重衣料的质地、颜色搭配及款式细节，外观效果要完全按照客户的要求进行样板制作。

8. 核准板（Approved Fitting Sample）

核准板也称批板、大板、合格板是大货开裁以前，用大货生产的面辅料按照大货生产要求制作后，交给客户批核款式、生产工艺、面辅料以及合体度的最终确认板。核准板经客户确认以后，才能开列生产制单和投入大批量。

核准板根据不同的功能可以细分为以下几种样板。

（1）复板（Counter Sample）。供客户复核资料、款式、尺寸或合体度，用于大货投产的标准样板。

（2）存板（Keep Sample）。供客户代理商或贸易总公司办事处存放的样板。比如贸易企业接收货品以后，需要重新核查产品品质时，会用存板核对产品质量。

（3）技术板（Technical Sample）。供客户确认生产技术和工艺制法的样板。

（4）色板（Colour Matching Sample）。又称齐色板，供客户确认所有颜色最终效果的样板，用于服装生产和后整理校对货品颜色的样板，以防阴阳色差。

由于核准板是下达生产通知的依据，是服装品质验收的标准，所以制作核准板时的款式和制作要求都非常严格，所有物料、合体度、工艺方法、洗水、包装等均需依照大货要求和客户最后确认的更改指示进行制作，否则客户有权拒收大货，严重者还会提出赔偿。

核准板一经客户批示以后，需将相关资料交给生产部，此后不再轻易做改动。如果确实需要改动，必须生产一件货前板交给客户再次审核，直至收到客户的最终修改意见以后，才能开裁大货。

9. 测试板（Lab Test Sample）

测试板是抽取大货生产用的面辅料制作样板，或在大货生产过程中抽取成品进行测试的样板。测试项目主要依据客户要求和产品款式的复杂性而定，常见的项目有：缝道拉伸断裂测试、缝道纱线滑移测试、洗水测试、染色测试、合身测试、缩水测试、色牢度测试、面辅料纤维成分测试等。其中，洗水测试通常需要在大货生产前做好前期的面料缩水率测试和样衣洗水测试，目的是为了测试服装洗水后的尺寸变化，以保证成品洗水后的规格、手感、花色效果达到客户要求。

10. 产前板（Pre Production Sample）

产前板俗称PP板，是使用大货生产所用的面辅料，模拟大货生产的形式在生产线上进行制作的样板。产前板是代表大货生产水平的生产样板，可确保大货生产的正确性，所以必须符合客户所有要求，并与制单资料完全相符，以免大货生产时出现误差。

如果核准板已顺利通过客户的审核，则产前板无需给客户批复。

11. 货前板（Bulk Sample/Top Sample）

货前板又称Top板，是将核准板与产前板合二为一，交由车间按大货生产流水线的方式制成，并交给客户审核确认的综合样板。通常收到货前板的客户修改评语以后才能开裁大货。货前板跟进得当，可以减少企业与客户间的认知偏差，减少生产问题的产生，使后续的大货生产更加顺利。

12. **生产板（Production Sample）**

生产板是在大货生产中抽取，用于确认大货产品的款式、工艺品质及尺寸是否符合要求的样板，以确保大货生产质量的准确性和生产进度。

13. **验货板（Quality Control Sample）**

验货板是在大货生产中抽取，提供给客方QC到工厂里查验产品和确认能否出货的标准样板。

14. **船头板（Shipment Sample）**

船头板又称装船板，是在大货生产中或货品装运前抽取数件，测量并记录各部位尺寸后，挂上记录吊牌并分别交给客户、贸易公司及工厂品检部存档备用，供客方在其码头收货的标准样板。

以上样板需要反复修改、批复的主要有开拓板、初板、测试板、尺码板、核准板、存板、技术板、色板等。

第二节　服装样板的制作与管理

服装样板的制作简称"备样"或"打样"。服装样板制作的关键在于交板期及质量的保证，因此，跟单员必须确保订单资料准确无误，并与客户的要求相一致，才能减少样板重复修改的工作，才能缩短样板制作的流程和进度。

一、需板阶段

在接单和生产的每一个阶段，都需通过制作各种不同的样板与客户进行沟通，同时，还要根据客户的不同需求和流行趋势，对样板进行多次修改，直至客户满意为止。

服装样板的制作应根据不同的接单过程和生产阶段来确定样板的类型与制作要求。需要制作样板的各个生产阶段如图4-1所示。

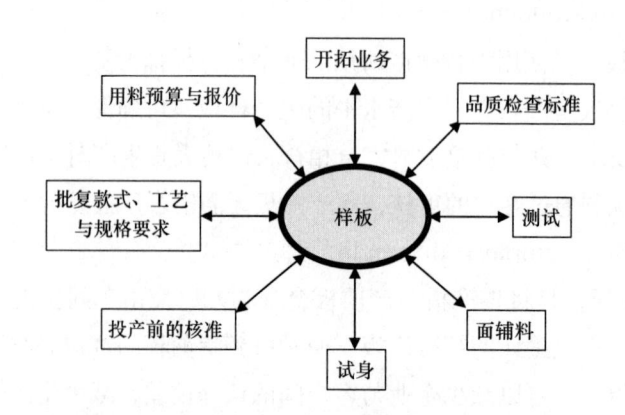

图4-1　制作样板的各个生产阶段

在订单贸易过程中，开拓业务需要开拓板，用料预算需要报价板，批复款式工艺需要技术板，投产前的核准需要产前核准板，复核板型需要试身板，面辅料采购和领料生产需要面辅料样卡，产品检测需要测试板，品质检查需要大货板，货品交接需要船头板，每张订单所需制作样板的数量和种类各有差异，主要是根据客户的需求而定。

二、制板顺序

大多数服装企业都有专门的制板部，俗称板房。设计部的设计被客户接受以后，由设计部提供板单，或营业跟单部开出制板通知单，委托制板部制作样板。制板部根据客户、设计部或营业跟单部提供的设计资料和板单要求，以及以往下单的惯例制作服装样板，由跟板员跟进样板的制作进度和质量，并负责处理客户对样板返修的意见跟踪。

在整个接单和生产过程中涉及十多款类型的服装样板，各种类型的样板在实际接单和生产运作中的制作顺序如图4-2所示。

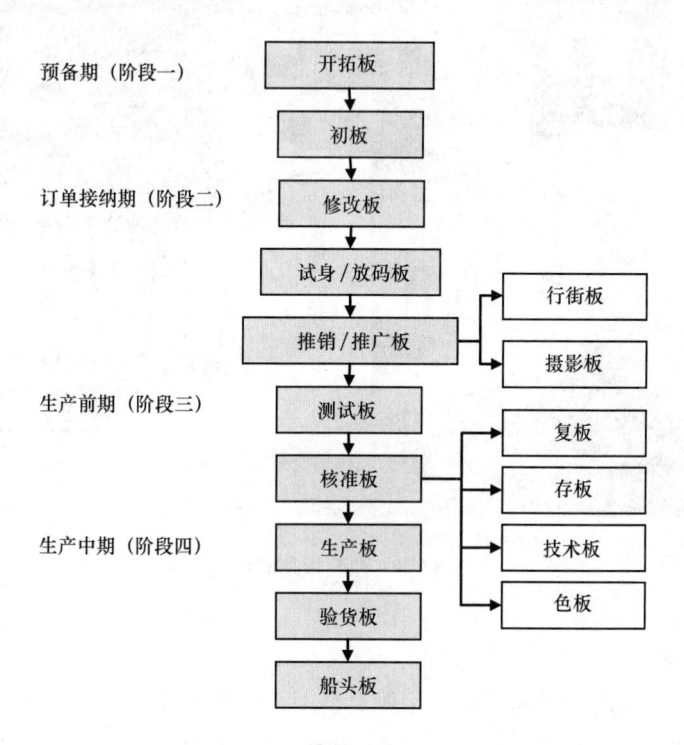

图4-2　各种类型样板的制作顺序

并非每一份订单都需要制作全部种类的样板，一般是根据客户的不同需要和生产进度，有所选择地制作样板，例如追加数量的订单生产，由于是直接进入生产前期的准备阶段，只需制作核准板给客户确认后即可进入大货生产。

三、样板管理

为了方便对各种样板的查询，应加强对样板的分类和存档管理，要求分类清晰、编号简明、资料齐全,以便日后按需复查或重新调用。例如开拓板、生产板等均会在不同阶段反复使用。

1. 样板分类

一张订单涉及的所有样板(包括初板、试身板、产前板等)都应收集起来,并按订单、客户、款式等进行分类,然后建册登记。开发部的开拓板通常存储在陈列室,是客户了解服装企业、挑选样板和下订单的资料来源库,可用挂式或人台展示的方式陈列存放,如图4-3所示。其余样板可折叠存入柜子或箱内。

图4-3 挂装板存储范例

2. 样板封存

为节省空间,应定期整理样板。一般会留下一件船头板,其余样板均按客户、款式及出货期的先后顺序进行封箱存储,箱外贴上样板存储登记表(表4-1),登记资料包括箱内样板数量、服装款式、客户、订单编号、订单日期与封箱日期等,以便日后查找。

存储样板还应注意做好防火、防潮、防蛀、防盗等工作,确保样板完好无损。

3. 样板流通

样板保管部应建立样板的收发、借用、报废等管理制度和相应的登记表格,完善样板的管理手续,以便复查或跟踪每一款样板的流通情况。

4. 样板清查

对于存储时间较长或已经过期的样板,由专人负责定期开箱清查,报相关部门主管同意后，进行外售、赠送、赈灾、销毁等处置，使板部腾出更多的空间存放新订单的样板。

表4-1 样板存储登记表

封箱日期：_____

客户名称		订单编号	
生产厂家		板单编号	
样板类型		样板数量	
订单交货期		样板尺码	
备注			

封箱负责人：_____

第三节 样板跟单管理

专门负责跟进服装样板制作的跟单人员称为样板跟单员，简称跟板员。制板任务下达给板部以后，跟板员要对服装样板所需要的面辅料、加工质量、生产进度等进行密切跟踪和管理，保证样板能按质、按量、按期完成，以期尽快获得订单的落实和大货生产如期进行。服装样板跟单流程如图4-4所示，样板跟单中各项工作内容细则如下所列。

一、样板跟单流程

1. 整理客供资料

服装企业接到客户提出的制板要求时，首先，跟板员应要求客户提供详细的制板资料和实物样品，以免制作的样板与客户的要求有偏差。

其次，要分辨客户要求制作样板的类型、目的、方法、数量、交板期、交板地点以及客户的特殊要求。不同的样板类型，其制作要求有所差异。例如初板注重款式搭配及外观效果，尺码板主要是观测模特试身后的板型和细节部位的规格要求，核准板则全面关注面辅料的手感、色泽、装配部位、工艺质量、规格、洗水效果等所有品质，产前板则只是了解流水作业的工艺难度、产品质量以及完成后的规格偏差等问题。针对不同的样板，给客户提供不同品质的成衣，能减少沟通障碍，促使订单尽快完成。

然后，将客户提供的所有资料进行翻译并分析、整理，以便提高样板制作的准确性。

如果客户只提出设想，委托服装企业开发，可由设计师详细了解客户的想法，设计出效果图给客户初审后再进入初板的制作流程，也可以直接开发制成开拓板，再由客户挑选适合的样板下单生产。

2. 选择制板厂

需要外协生产的订单，可根据服装生产的品种和款式要求，在本企业或客户认可的外协单位中选择合适的加工厂，或选择获得第三方机构认证的生产企业制作样板。

目前，许多海外客户尤其是欧美客户对外协加工厂要求较高，只有通过BSCI（商业社会行为规范标准）、WRAP（负责任的全球成衣制造）或SA8000（社会责任标准）等社会责任国际认证体系的生产企业才能获签出口订单。

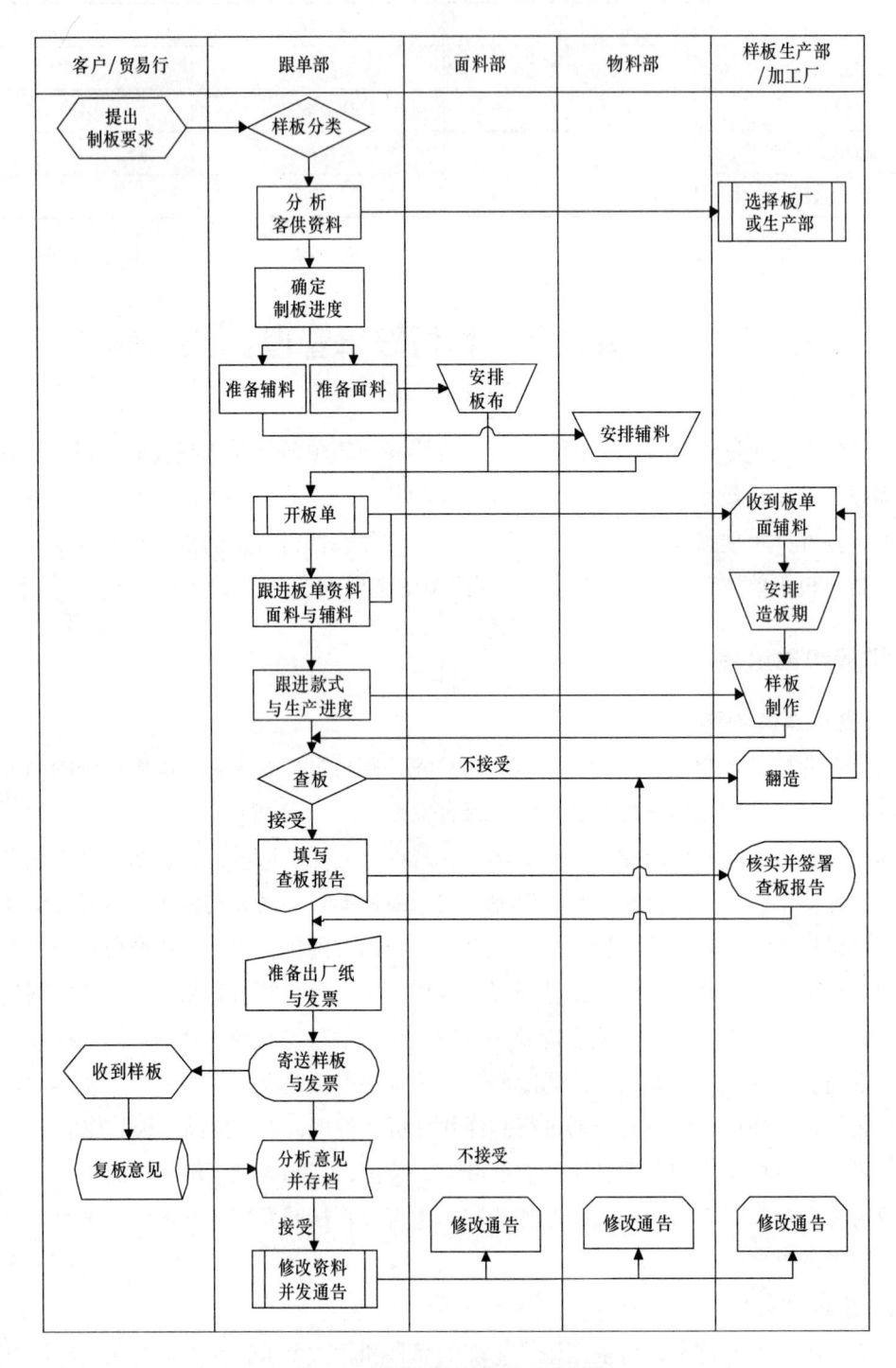

图4-4 服装样板的跟踪工作流程

3. 准备样板用料

样板用料是制作服装样板时所使用的面辅料。服装样板用料的途径采集得当，可以为大货物料的采购做好准备。

（1）样板用料的获取途径。根据客户的要求，样板用料可以从以下四个途径获取。

①客供物料。直接由客户提供或客户代购的物料，是制作初板比较常见的一种物料供应途径。虽然客供物料免去了采购上的许多工作，但跟单员必须特别关注客供物料的到货日期，此外，还要在面料订购栏注明面料的来源是"客供"。收到客户提供的面辅料以后，需认真做好验货的交接手续，检查物料的数量、规格和质量是否和订单资料以及客户发货单相符合。

②提取仓存料。订单早期的样板如初板，按照客户的要求，可选用与客供样板相似的面辅料。通常先到仓库或生产车间选用与客供样板用料一致或相近的面辅料。选配的指标包括组织成分、质感、重量、悬垂性、色泽等，要确保所选用的代用料制成服装后的最终效果与客供板相一致。例如，同样是牛仔面料，选用不同重量的面料会使整件服装在后整理以后的效果发生变化。

如果有符合要求的物料，跟单员填写样板用料申领表（表4-2），经跟单部主管审批后，向物料部申请领用。物料部按要求复查仓存物料，物料部主管审批后，填写物料出库单给由跟单员到仓库提取所需面料。

③抽取大货生产用料。在大货生产用料已经运送抵达的情况下，常抽取大货生产用料制作核准板、测试板、产前板等。首先由跟单员填写样板用料申领表（表4-2），经主管审核后转交物料部主管审批，再填写物料出库单，交由跟单员到仓库抽取大货生产面料，用于样板制作。

表4-2　样板用料申领表

日期：_____

客户名称		样板类型		
样板款式描述		样板生产数量		
面料种类与名称	面料1：	里料		
面料组织成分	涤棉混纺	羽纱		
面料颜色/色号				
需要数量（m）				
辅料种类	拉链	带扣	橡皮筋	……
辅料用量				
需料日期				
物料部查仓情况				

查仓人：_____　　申领人：_____

跟单部主管审签：_____　　物料部主管审签：_____

④向供应商订购。跟单员根据客户的要求，详细填写样板用料订购申请表（表4-3），并附上面辅料实物样板和颜色编号，经部门主管审批签字后，交给物料部向供应商订购物料。如果样板用料的量太少，也可由跟单员直接向供应商订购。无论由哪一方购料，跟单员都应密切跟踪面辅料的交货进度和运送时间，确保物料适时适地送达制板部。

表4-3 样板用料订购表

初板：□ 试身板：□ 销售板：□ 核准板：□   客户：_____ 日期：_____ 款式编号：_____

物料种类	型号	尺寸规格	颜色/色号	数量	供应商	需料日期	复核日期	送交部门	实物样卡	备注

申购人：_____   物料部：_____   样板生产部：_____

（2）样板用料采购跟单。

①索取面料样板。无论选用哪一种面料供应途径，跟单员都应先向客户索取正确的面料样板和相关的文字描述（客供料除外），清晰了解合同和后续增补资料对面辅料的要求。

②计算用量。样板用料的计算以开样排料的预算为参考。超出用料预算部分，需列明原因和实际用料数量，并经部门经理核实后，作为特殊案例处置。

开发样板的面辅料费用一般由企业自己负责。其他类型的制板费用由客户承担，一般在订单还没签订以前由客户提前交制板费，也可以在以后的大货订单中补足费用。

③清查仓料。样板跟单员按客户的制板要求或设计部的要求开出板单，并传给加工厂跟单员。厂部跟单员列出制板所需的面辅料，交给物料协调员检查仓存物料的情况。

如果仓库有可用的物料，则将板单和清查库存的结果交给板部，并要求物料部留下已选好的物料等待跟板员来领料生产。如果仓库没有适合的物料，厂部跟单员应通知物料部准备采购工作。

④制作样板用料卡。样板用料卡是通过表格的形式详细列出需要订购的面料规格和要求，同时，附上面料的实物样板，以供订购者了解情况，防止出现订购错误或偏差现象。

样板用料卡格式如表4-4所示。

表4-4 样板用料卡

日期：_____

板单编号	M—B—725	合同编号	SC—21589—01
面料名称	磨毛斜纹料	客　户	JEPY（女装）
面料编号	DO2017/18	组织成分	100%棉
颜色	卡其色、蓝色、黑色	组织结构	108×56/16×12
色号	61#、16#、19#	洗水方式	酵素石洗
布板：			

客户接受/复核日期：_____
制 卡 人：_____　　　复核签名：_____

并不是所有样板用料的订购都需要制作面料卡，一般根据所需样板用料数量的多少来确定。通常齐色齐码的推销板或核准板用料，都需制作一式二份的面料实物卡给样板厂。

⑤订购板料与检查。跟单员确认客供面料样板的颜色和质地与合同内容没有偏差后，将面料样板与板单一起交给物料部订购样板面料或抽取大货面料。此时，跟单员还应跟进购料进度，以免生产期太长而影响样板的交付期限。

物料部将采购回来的物料交给生产部跟单员复查物料数量及质量情况，查核无误以后，在物料上注明板单编号。

⑥交接物料。检查完毕的面辅料，与板单、客供洗水/染色实物标准一起交给制板部或加工厂清点签收并生产样板。

样板用料采购跟单流程如图4-5所示。

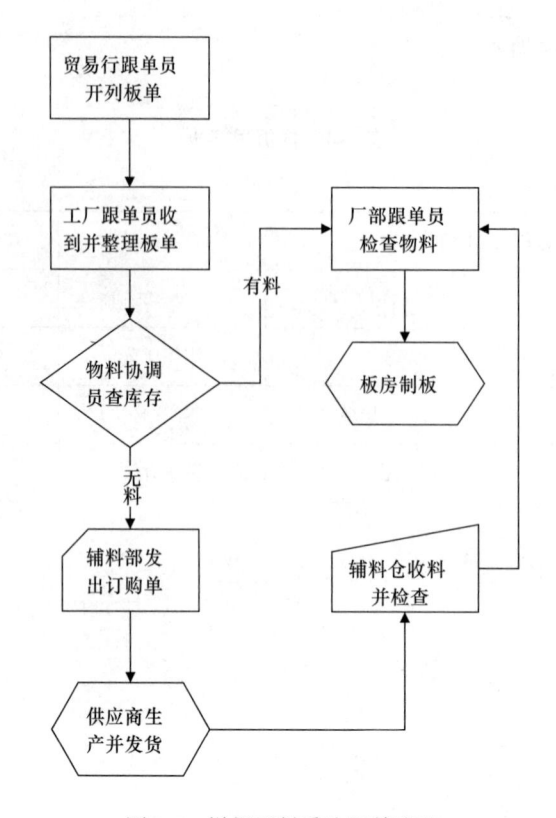

```
          贸易行跟单员
            开列板单
               │
               ▼
        工厂跟单员收        厂部跟单员
        到并整理板单  ──有料──→  检查物料
               │                  ▲
               ▼                  │
          物料协调          板房制板
          员查库存
               │
              无料
               ▼
          辅料部发        辅料仓收料
          出订购单        并检查
               │              ▲
               ▼              │
          供应商生 ─────────────┘
          产并发货
```

图4-5　样板用料采购跟单流程

（3）样板用料跟单注意事项。

①尽量用仓存代用料。可以在库存物料中寻找代用料的样板，如初板、修改版、推销板等，跟板员应及时查询物料仓存情况，尽量使用仓存物料，切勿盲目发出请购清单。

②集中采购。准确计算物料的用量，做好同一季度样板物料的起订量和损耗量统计，并尽量将类型相近的物料集中采购，以获取采购优惠。

③跟进采购物流。无论是哪种获取途径，跟板员都应仔细跟进物料的整个流通过程和细节要求，包括订购价格、运输方式、到货日期、各种物料的颜色及数量等。

④协商采购问题。详细了解客户需求和物料市场的供应情况，并尽快预订所需要的物料，防止供应问题影响板期。如果物料生产期太长，或物料抵达时间有延误而影响板期，应及时询问客户能否更改其他物料或者延迟交板期限。

如果数量、颜色有偏差，应及时查找问题的原因并及时解决，无法解决的事项应及时与主管或客户协商，尽快达成共识。遇到疑问或不清晰之处，也应及时向客户咨询。

4．汇编与发放板单

板单全称是样板制作工艺单，它是制作服装实物样板的工艺技术依据，是通知制板部进行服装样板加工的指令，也是服装样板生产的标准和依据。它涵盖了服装样板加工过程中所需要的基本生产技术资料和制作要求，包括样板用料、饰物、比例、技巧、各部位尺寸要求、接缝处的缝份大小、贴边宽度、钉扣位置、商标位置和方法等的技术要求，是服装企业的重要技术资料。

（1）准备资料。编写板单以前，资料跟单员首先应清晰了解客户所有的细节要求，包括款式、规格、工艺、物料种类与颜色、搭配效果、后整理方法等，并对样板资料进行细致的分析、整理、翻译和优化款式图。

其次，跟单员应从各个相关部门（如资料部、工程部等）或加工厂（制衣厂、洗水厂、绣花厂、印染厂等）中了解与样衣生产有关的资料，包括面料缩水率、洗/染后整理效果等，做好周全的准备工作。调查样板的制造方法能否配合加工厂的生产，如果有疑虑，应该马上征询上级主管部门和有关生产部门的意见。

然后，跟板员还应了解纸样结构，预算出样板物料的用量和损耗量，为编写板单做准备。

（2）汇编板单。确定面料、辅料已到达样板生产部以后，根据工厂的实际情况开列板单。板单分为面单和底单。

面单是根据客供资料的提炼，汇编成简明扼要的样板生产指南，引导制板部制作样板的说明书。面单包括以下内容。

①样板的种类、颜色等。

②款式图。

③服装规格与尺寸表。

④制作数量。

⑤面料资料，包括面料的种类、成分、颜色等。

⑥辅料要求，包括种类、规格、颜色、数量以及生产注意事项等。

⑦制造规格与要求，如单明线、双明线等工艺要求。

⑧后处理方法与要求，如洗水、印花、绣花等。

⑨注意事项：主要针对容易出现的错误与更正要求等。

填写面单时，要求简单明了，款式工艺图清晰直观，工艺方法适合大货生产。服装规格原则上先用M码尺寸制作样板，客户另有要求者除外。板单的格式和包含的内容如表4-5所示。

底单主要是客户提供的资料，每个客户提供的资料形式会有所不同，没有固定的标准。底单包括以下内容。

①客供尺码。

②客供样板。

③客供资料、图表、制造方法等详细资料，以及翻译后的中文版。

④样板更改记录等。

底单格式没有严格的规定，要求样板跟单员收齐客户资料后，进行翻译、归类、整理后，绘制成板单的附件，与客供的实物样板一起提供给板部，也可以用工艺生产图样、实

表4-5　板单

制单编号		客　户		款　号		填单日期	
样板类别		款式说明		产　量		交板期	
面　料		组织/成分	规格/幅宽	用量/打	颜色	供应商	实物样卡
辅料	类别	衬布	缝纫线	纽扣	拉链	饰带	松紧带	商标
	规格							
	颜色							
	用量							
	供应商							
	实物样卡							
尺寸表				款式图样			后整理
测量方法与允差值							
制造规格与要求							
注意事项							

制 表 人：＿＿＿＿＿＿＿＿＿＿＿＿　　跟单主管：＿＿＿＿＿＿＿＿＿＿＿＿
承造部门：＿＿＿＿＿＿＿＿＿＿＿＿

物扫描图来指示生产规格和细部要求。另外，底单还需记录客户每次更改样板的意见和要求，以便跟进样板。

在编写过程中，如有疑问或不明之处，应及时与客户联系，咨询清楚。如果由客户提供实物样品，则应在工艺单的相应栏目注明"有附板"。

（3）发放板单。板单开列好以后，核对所有生产资料无误并经主管审批签字，方能生效分发。复印一式三份，跟单部和客户各执一份，以便跟进和检验样衣时有统一的标准。一份板单与样板用料、客供板一起交给制板部安排生产。样板制作完毕，再与客供板一起返回给跟板员。

5. 跟进样板生产

制板部领取样板制作所需的各种物料后，进入样板制作阶段。

（1）制板数量与时间。开拓板、初板、修改板一般只制作1件M码，推销板、尺码板、核准板的制板数量则根据客户的要求、款式、颜色、尺码的数量来确定。

制板时间从开裁之日起计算交板期。以下是常见样板的生产进度参考时间。

①初板：4~5天。

②尺码板：一周内。

③特急板：2~3天内（需部门经理签字方可作特殊加急板处理）。

④复板或广告板：5天内。

⑤推销板：2~3周。

⑥核准板或产前板：25天内。

⑦生产板、船头板：在大货生产开始后从大货中抽取，无须另外制作。

生产核准板前，跟板员必须先制作面辅料实物样卡，给制板部或加工厂领取物料和开裁对料用，实物样卡上还应注明本次样板所对应的板单编号。

（2）制板跟进工作。样板制作期间，跟板员要跟进样板制作的全过程，具体工作有以下几点。

①定期向制板部提供样板的月生产数，以便制板部提前做好生产计划。

②跟踪样板生产所需的资料、面料、辅料是否已经按时交到制板部。

③提供物料实物样卡、洗水或染色后的标准样卡给制板部，以便制板部核对领料和开裁生产。

④了解样板制作的工艺流程和容易产生的问题，为后续的大货生产做好预案记录。

⑤每天定时到现场或通过电话、传真、邮件等形式查询样板的生产进度和生产过程中遇到的突发事件，并及时跟进解决，确保样板制作按照客户的要求进行，督促样板按时完成。

⑥协助制板部解决制作过程中的疑难问题。如果制作工艺无法达成客户的要求时，应将生产部提供的具体工艺做法或尺寸修改意见汇总后，及时与客户联系，商讨修订的意见，征得客户同意后，按照客户新的要求做相应的修改。

⑦做好跟板的记录和资料存档工作，以便客户评审样板时有据可查。

6. 评核样板

样板制作完毕，由制板部的质检员检查合格后，交给跟板员进行全面评审，确保样板与客户的要求无偏差。

样板的核查评审工作主要有以下几个步骤。

（1）收集评审资料。在评审样板之前，跟板员需先收集相关的资料，包括订单合同、客供设计草图、开发部提供的审板评语、客户对样板制作的修改意见、客户提供的质量要求与生产标准、样板实物卡、面辅料的相关资料、板单、尺码表、质检员的质检报告等。

（2）抽查数量。样板检查的数量视样板制作量而定，一般样板制作量为1～15件，则每种颜色抽查2件。如果样板制作量超过15件，则每种颜色抽查3件进行样板评核。

如果样板评核时尺寸有问题，只需再从样板中按照每种颜色多抽查2～3件，检查剩余的样板是否有同样问题，若问题仍然存在，则必须仔细检查所有样板的尺寸是否合格。如果抽查的样板由于手工、面辅料或洗水等质量方面出现问题，则必须认真检查剩余的所有样板是否有同样问题。

（3）评审样板。样板的评核是对样板进行全面检查，包括工艺质量检查、尺寸测量、款式细节核对等，并对样板的整体质量做客观评价，以期获得客户对订单签订或大货生产的认可。核查评审样板的主要工作细则有以下几点。

①核对制板资料。跟板员收到板部发来的样板后，首先要核对所收到的样板是否正确，检查板单的副本与样板是否相符等，以便展开样板评审工作。

②尺寸测量。由于每个人的手势不同，尺寸测量的结果会有很大差异，所以客户、企业、加工厂应共同建立一套合理的测量标准，包括使用同一个尺码表、同一种测量方法、每个测量部位用相同的允差值等。

尺寸测量的基本要求包括以下几项。

a．测量前必须仔细阅读生产制单或客户批核评语的要求，了解各个部位的测量方法与要求。这是获取准确尺寸的关键点。

b．为确保测量的准确度，服装必须铺平在桌子上，测量部位要摊平呈纸样外形的自然状态，不能用手带紧需测量的部位。

c．对尺寸测量进行专业培训，包括测量的方法与手势。

d．测量弧线部位时要将尺子竖起并沿弯线测量。

e．做工复杂或款式特殊的成衣要按严格板单或客户评语的要求进行测量。

f．遇到不明白或制单上对测量要求的描述不清晰时，要及时与产品开发部或客户联系，直至弄明白所有要求才能继续复核样板或生产大货。

g．成衣烫后需静置8小时（T恤）或24小时（毛衫）后才能测量。

按照板单测量方法，测量服装样板的各部位尺寸，与尺码表对比，并记录误差值。不同的客户对尺寸的误差有不同的要求，尺寸误差超出客户允差值规定的范围，则视为不合格样板。如果客户没有这方面的特殊要求，可参考表4-6～表4-9所示的允差值范围。

表4-6　梭织上装衣物常用尺寸的允差值

上装衣物 样板类别	初板/广告板/摄影板	尺码板/核准板/产前板
前胸宽	±1.5cm	±1cm
肩宽	±1cm	±0.5cm
后衣长	±1cm	±0.5cm

续表

样板类别 上装衣物	初板/广告板/摄影板	尺码板/核准板/产前板
袖隆宽	±0.6cm	±0.3cm
衣摆围	±1.5cm	±1cm
袖长（长袖）	±1.5cm	±1cm
袖长（短袖）	±1cm	±0.5cm
领围	±0.5cm	±0.5cm

表4-7　梭织下装衣物常用尺寸的允差值

样板类别 下装衣物	初板/广告板/摄影板	尺码板/核准板/产前板
腰围	±1cm	±0.5cm
臀围	±1.5cm	±1cm
前裆长	±0.6cm	±0.3cm
后裆长	±1cm	±0.6cm
裤腿/膝/筒围度	±0.5cm	±0.5cm
裤内缝长	±1cm	±0.5cm

表4-8　针织衣物常用尺寸的允差值

下装类	所有样板	上装类	所有样板
橡皮筋腰围(放松测量)	±3.5cm	胸围	±2.5cm
臀围	±3cm	衣摆围	±2.5cm
前裆长	±1cm	肩宽	±2cm
后裆长	±1cm	后中衣长	±2cm
裤腿/膝/筒围	±1cm	袖长	±2cm
裤内缝长	±1.5cm	袖级深	±1cm
		袖隆深	±2.5cm

表4-9　针织毛衣常用尺寸的允差值

测量部位	3、5、7、9针	测量部位	12针
胸围	±3.5cm	胸围	±2.5cm
衣摆围	±3.5cm	衣摆围	±2.5cm
后中衣长	±2.5cm	后中衣长	±1.5cm
肩宽	±1.5cm	肩宽	±1.5cm
袖长	±1.5cm	袖长	±1.5cm
袖口宽	±1.0cm	袖口宽	±1.0cm
袖隆宽	±2.5cm	袖隆宽	±2.5cm
衣摆脚高	±0.5cm	领围	±0.5cm

如果尺寸变化比较大，远远超出尺寸的允差值，则应检查纸样尺寸是否存在问题。

③质量核查。样板质量检查通常以客户的要求作为检验标准，以客供板或客户前期已确认的样板为依据对样板进行全面细致的检查，检查样板是否按照设计人员或客户的要求进行修改。样板的检查包括以下内容。

  a. 衣领、袖窿、衣摆等各部位试穿效果与合体度。
  b. 面辅料及饰物使用是否正确。
  c. 面辅料是否有断纱、抽纱、少经少纬、结节、色差等现象。
  d. 款式和工艺方法是否符合工艺单要求。
  e. 工艺质量上是否有跳线、断线、起皱、破洞、披散爆裂、漏针线等问题。
  f. 商标、绣花、印花或小饰品的位置是否正确。
  g. 熨烫效果、折叠和包装方式是否正确。
  h. 洗水后的颜色和手感，样板洗水后是否有洗水痕、白斑、色差等问题。
  i. 染色后的颜色和手感，染色是否有色点、色花等染色不均的现象等。

跟单员应注意按各个客户的不同要求，有针对性地进行评审。初入门的跟板员可以请设计师或资深的生产师傅一起检查样板是否已经达到客户要求的标准。对样板上出现的问题要做出客观的评价，较典型的生产问题如缝道起皱或油污严重等，需与有关技术部门商讨解决。如果问题较多或较严重，必须交回板部修改或重新制作。

对于客户没有提供的细节质量，可由跟单部或加工厂订立检验标准。自行订立的检验标准通常会比客户的标准稍低，但如果把质量准绳尽量提高一些，则能尽快提高本企业的综合实力。

④填写质检评语表。样板核查完毕后，需填写质检评语表，记录评审样板的相关资料，对样板是否合格做定论，并提出修改意见。样板评核表见表4–10。

样板评核表经技术评板员、跟板员签名确认，以及跟单主管审批后，分别送交跟单部和制板部，作为评定样板是否合格或修改的依据。

⑤样板修改与重做。不符合要求的样板需退回制板部返工，要求制板部对照质检评语表的修改评语和结论进行修改或重新制作。需要重新制作的样板，需经部门经理签署做特急板处理，以期尽快交给客户复核。

对于问题较突出或难以解决的样板，跟板员需与制板部共同研究解决。如果由于制板部的工作疏忽而导致样板重做，则重新订购的面辅料费用一律由制板部承担。

⑥记录评核内容。跟板员应将样板检查的内容，包括各个部位相差的尺寸及出现的问题详细填写在"查板报告"中，并由跟板员及制板部负责人双方签字确认。如果样板需要重查或重做，应把复查的结果写在同一个报告中，以便日后核对。同时将各项检查结果记录在吊牌上，并将吊牌悬挂于样板上，以便客户审核批示。

跟板员还应将每次样板重做的项目和原因记录在案，汇编成"问题样板总分析"，为以后的样板制作提供参考。同时，还应定期召开跟单会议和样板生产会议，总结经验，防

表4-10 样板评核表

客　户		款式编号	
生产季度		面　料	
样板类型		洗水方式	
样板尺码		试衣模特	
样板生产部		交板期限	
评板负责人			

评语 1. 来板拉链请改用尼龙细牙拉链； 2. 来板后裆过紧，请适量放松； 3. 来板腰围偏大2cm，请改善； 4. 来板裤脚缉线不平顺，请注意； 5. 来板左右裤长尺寸偏差了0.5cm，请改善； ……
图示
注：样板随附后面。
核板人：＿＿＿＿＿＿＿＿　　　评核日期：＿＿＿＿＿＿＿＿

止同类问题的发生。

7. 寄送样板

样板经过跟板员和跟单主管评审通过后，需及时将样板寄送给客户审阅批核，获取客户的批板意见，然后与制板部一起对样板做出相应的修改，直至客户满意为止。具体工作主要有备齐资料和寄送样板。

（1）备齐资料。样板核查无误后，点清每个款式、每种颜色的样板数量，在样板上挂上吊牌，吊牌内列明客户名称、板单编号、款式编号、样板类别、样板尺码、面料颜色与质地、交板日期、款式描述等资料，备注栏注明样板的特殊细节及注意事项，将测量的实际尺寸和客供尺寸明细表记录在吊牌背面，同时附上跟单员对样板评审结果的评语，并在吊牌上签字确认。

此外，还需填写"出厂纸"并请主管签署批准，才能通过保安的验收，将样板顺利带出企业大门。

投寄给境外客户的样板需要准备进出口文件，包括发票、出口证、入口证、转口证、客户邮址等证件。

（2）寄送样板。将样板寄送到相应客户手中的常见送板方式有直接运送、速递和平邮投寄。

样板寄出后，应将样板寄出的时间、投单编号、样板款式代号、数量等资料告知客户，以便客户查收。

此外，还应保存与客户、面辅料供货商、加工厂等各种样板的邮寄凭单，以便随时复查和验证整个跟板过程，也为财会部做好收发样板费用的凭证。

8. 分析客批意见

客户仔细评核样板后提出的修改或变更细节，不仅是对样板制作时出现的差错改正，也是客方设计人员根据市场行情变动而做的相应修改和调整，有时也可能是根据服装企业提出的工艺要求而做的变动。

跟板员收到客户批复的样板和修改意见后，要做好分析和处理工作。

（1）批复样板存档。跟板员应将客户批复的意见以及批复样板进行整理并存案备用。同时将每次样板更改内容和更改日期用简单的语言描述，记录在样板修改意见表中，与客户的批复意见一起归类存档，以便日后查核。

（2）分析客户批复报告。跟板员要仔细整理客户批复与修改意见，详细填写样板修改记录表（表4-11），然后与制板部一起分析客户修改意见的合理性、成本变动情况和生产的可操作性。对于难以达成的修改要求，或修改导致成本增加等方面情况，应向客户耐心解释，并协商新的可行性修改方案。

表4-11 样板修改记录表

生产季度		客户		款式编号	
板单号		样板类型		交货期	
样板厂		面料			
更改日期		更改资料			负责人
2014-4-3		前袋口的加贴工艺更改为与袋布运反处理			XXX
2014-3-31		更改衬布颜色（色号：5211#）			ZZZ
2014-3-28		加长袖长尺寸1.5cm			XXX
2014-3-25		更改款式，详见款式图			YYY
2014-3-21		更改……			XXX
2014-3-18		更改……			XXX

（3）处理客户批复意见。跟板员应及时向主管递交客户样板修改意见表，经主管审批后，与实物样卡等资料一起分送相关部门负责人，如面辅料采购员、纸样师傅、制板部主管、生产主管、质检员等。

收到样板批复意见的负责人应根据客户样板的修改意见，对样板进行逐项核对和修改，以免下一阶段的样板制作或大货生产时发生同样的错误。

对于需要重新制作的样板，跟板员应马上将客批意见和相关资料一起交给样板生产部门重新安排样板的生产，跟板员也需重新跟进样板的生产进度。有些样板需要通过数次修改，才能得到客户的最终确认。

9. 后续工作

（1）做好跟板记录。跟板员要做好跟板的工作记录，将每个季度或每半年所完成的样板按照客户名称、制板部门、样板交货期、尺寸核实情况、质量达标率以及复核修改样板的次数等资料汇编成样板跟单综合评核总表，作为评核制板部和加工厂的依据，为日后重新选定样板加工厂提供参考。

此外，跟单部还应定期召开相关部门的工作会议，进行客户评核样板的分析与改进。

（2）结算制板费用。"出厂纸"上如果有注明"向客户收回现金款项"，样板制作完毕，及时向客户发出样板制作费用结算单，详细列明样板制作的各项费用，以便向客户收回制板费用。特别是样板制作数量较多时，跟板员更应敦促客户及时结清款项。对于信誉良好的老客户可以考虑在大货生产完成后一起结算，只需获得客户盖印签收后，再转交财会部处理等。

此外，还应按时与制样板加工厂进行结算，及时付清样板加工费用。目前，根据各个企业的实际情况，许多服装企业的做法是专门给样板加工厂一定数量的资金定额。

二、样板跟单注意事项

服装样板跟单工作是获取客户订单的重要前提和基础条件，样板跟单做得好，可以大幅提高签订的成功率，再麻烦的客户也会变得容易应付。同时，成功下单后的样板是大货生产的依据和标准，做好样板跟单工作，能减少大货生产时的许多问题，生产流水线也更顺畅快捷。

为了实现成功接单和大货生产达到质量、成本、交货期三方面的要求，减少各种问题的发生，在服装样板跟单的过程中要注意以下几个方面。

1. 提高综合素质

跟板员对面料的基本特性应有所了解，对服装生产的备料开裁、缝制工艺、后整理、检查、包装等整个生产过程的运作情况和每个程序潜在的问题及其可能影响的因素都要掌握，以便正确回答客户的咨询，帮助生产部解决生产问题，使样板能尽快获得客户的确认。

由于跟板员需要直接与海外客户打交道，所以，除了要掌握全面的服装生产专业知识外，还应具有较好的外语会话和书写能力，以便能直接与海外客户对话，回答客户的咨询，准确表述服装专业方面的术语，正确领会客户的设想和要求，减少中间翻译的误差。

跟板员应熟练掌握外语会话能力和专业知识，以及沟通能力、解决问题与应变能力，提高自身的综合素质。

2. 控制成本，预算准确

在客户批复初板后，就应开始准备产品的报价。报盘、还盘工作通常主要由经理负责，跟单员向客户报价须经主管审批，并由主管直接负责后续的还盘、定价工作。

如果报价出错，会对整个订单的生产带来损失，所以跟单员可以要求纸样师傅在绘制纸样时，准确算出所有面辅料的用量及其损耗量，收集物料部采购面辅料的价格，并获取工程部测定的各工序的标准工时，作为成本核算的基本资料。

给客户报盘时，应把主要的生产成本向客户列明，使客户对订单的生产成本和报价的准确性更为信服。同时，所有成本核算和报价资料完成报盘以后都要进行归档管理。

3. 细心总结客户的特点与喜好

制作初板时，通常客户只提供设计图稿或某些关键部位的参考模型，客户的初步构思需要跟板员做进一步的了解。由于每个客户都有一定的习惯和喜好，所以应细致了解客户的设想构思以及对生产工艺、款式细节的要求，例如裤筒外形、商标固定的方法和位置等，最好建议客户提供清晰的文字说明或修改提示。

同时，还应耐心倾听客户的意见，细心分析客户所在地的民俗习惯和地域特色、客户对服装的个性化喜好等，学会总结不同品牌的风格、不同客户的特点和对服装的个性化喜好，才能更好地迎合客户的需求，提高客户满意度。

4. 制板前应准备充分

服装原料成分和组织特性直接影响服装的外观、手感、服用性能及价格，所以采购板料时，除了要求面辅料的颜色与款式图或客供板相一致以外，还应考虑面料对服装生产加工的影响程度、大货生产的可操作性和采购的方便程度、交货时间以及成本等因素。

开样前，应召开生产说明会议，向承担制板的生产部门清晰讲解客户的要求、款式细节和注意事项。样板试制所涉及的所有生产方式和工艺规格、使用的设备均要得到制板部的认可，同时做好跟板的详细记录，保证样板的质量。

5. 降低制板成本与流程

跟单员应尽量控制试制的样板数量，减少开发成本，同时可以防止试制效果不理想而需要长时间返修。对于款式简单或已经生产多次的样板，可以使用原有样板或纸样，简化生产程序。

制板时要考虑制作工艺与客供原样的一致性，还应考虑样板的生产工艺能否适用于本工厂的批量流水生产，同时要尽量改良工艺，在不影响服装外观的前提下，将做工繁杂的工艺尽量简化，提高生产效率，降低成本。

6. 协同审板及时改进

每次跟踪样板时，跟板员均应首先亲自检查一次样板，然后，再陪客方质检员一起检查样板。

在整个跟板过程中碰到的每一个细微问题、注意事项和查板时出现的问题均应详细记录下来，及时与跟单部主管和制板部主管共同商讨，确定合理的改进方案，再将改进措施记录在板单上，避免日后制作大货时发生同样的问题。

7. 预测大货生产的难度

样板能否适合大货生产，是企业在制作样板时特别需要注意的一个问题，有些样板虽然制板部能按客户的要求制作出来，但由于制作工艺难度太大或品质要求过高，投入大货生产时出现生产成本大幅提高，大货的品质水平也比样板低，从而导致延迟交货的现象。因此，跟板员在核查样板时，要考虑以下几点。

（1）样板用料及款式能否匹配，是否按客户要求制作。

（2）该样板是否适合该厂大货生产。

（3）大货生产时可能产生的问题。

跟板员要注意对照生产部门的技术水平和生产能力，预测生产中可能会出现的问题，尤其是样板中某些制作难度较大、工艺较复杂部位的制作方法，要向板部了解清楚，详细做好记录，并向生产部门主管咨询是否适合大货生产，预测产品投入大量生产以后的效果能否达到客户要求，各个部位制作工艺的繁简程度以及能否尽量降低工价等。这些问题都会影响到日后大货生产时企业能否赢利和按时交货，所以跟板员应准确评估企业的生产技术水平和生产能力，及时解决问题。

如果企业的生产现状受限制，无法达到客户的工艺质量要求，必须明确通知客户，与客户共同寻找既能保持样板质量又适合大货生产的工艺改进方法，确保大货顺利生产。同时注意以后接洽订单时，及时发现生产上可能出现的问题，引导客户制订既有独特风格又适宜大货生产的服装产品。

8. 耐心跟进样板的修改

每一种样板的制作都可能需要多次反复的修改。这就要求跟板员耐心跟进样板修改和资料的更正，不能因此而产生厌烦情绪。在客户提出修改意见时，既要注意听取客户的要求，细致跟进每一次样板的修改细节，及时更正工艺要求，减少样板修改次数，又要积极提出专业性的建议，给客户提供有价值的参考，争取客户的认同。

此外，对客户每一次的批复修改意见，都要及时清晰地传达给制板部和其他相关部门，务必使各负责人员都了解清楚。

9. 严格控制用料与板期

制作样板时，一定要本着"节约成本，降低消耗"的原则，提高物料的使用率，为客户提供质优价廉的样板。比如，可以使用相近物料的样板，应尽量调用仓存物料；相近似的样板尽量选用同一种物料，以便集中采购；类型相近的样板安排在同一季节生产，以便所用的物料能集中订购等。

准时交货是衡量一个企业是否守信的重要标准。跟板员要根据样板的交货期，及时催促制板部尽快完成制作。催收样板时要注意讲究技巧，此时与相关人员的沟通就显得格外重要。

有缺陷的样板如果交到客户的手里，不仅给客户留下不负责任的印象，样板也会被要求重新返工，如此来回递送所浪费的时间只有从工厂后续的生产时间中挤压，客户并不会延后交货期。所以，这就要求跟板员把握不同客户的品质水平，懂得如何节省时间、提高效率，以期能尽快获得客户的确认。

由于制板部需要制作大量的样板，如果跟板员不及时跟进所需要的样板，就会被其他订单插队，尤其是特急板，交货期限都比较短，跟板员应及时与制板部联系，提前排期，尽快把齐全的资料交给制板部开裁制作，以免延误交板日期，影响企业的信誉。需要重新制作的不合格样板，跟板员要直接与制板部负责人沟通，避免不必要的延误和错漏。

样板寄送客户后，跟板员要做好寄送时间登记，一定时间以后还要及时催促客户回复确认结果和批复评语，以便再安排下一次样板制作。特别是产前的核准板，要明确通知和提醒客户批复的时限，以保证大货生产有足够的时间。

总之，样板制作的时间是由跟板员控制的阶段，跟板员要严格控制样板的生产过程和审批进度，以免延误交板日期，造成不必要的损失。

第四节 案例分析

案例1：西裤样板的检查项目

某加工厂关于男式西裤样板的检查方法与要求如下所列。

（1）前插袋要求左右对称，袋口圆顺，线迹平直美观，无跳线、打结等现象。

（2）后袋袋形要左右对称，袋形中正不倾斜，袋角无高低不平、起皱、爆裂等现象。

（3）前裤裆平顺无折皱，前门襟要求平服不反光，线迹圆顺，线距宽度均匀。

（4）固定于裤腰上的主商标位置要求中正不倾斜，裤襻长度要求一致，左右对称。

（5）西裤左右侧缝长度要求一致，不能出现左右裤脚长短不齐的现象。

（6）裤脚围卷折的缝份要均匀，左右对称，不能出现走空针（俗称"落坑"）线迹或缝边爆裂的现象。

（7）所有露在正面的线迹均要求美观平直，无搭接现象，工艺方法要完全按照客户和制单的要求。

为避免大货生产出现问题，加工厂在大货生产以前一定要将产前板交给贸易公司批核以后，才能正式开裁投产。

案例2：各公司试制样板的顺序

不同的公司对样板有不同的称谓、定义和制作要求。下面以几家公司常用的样板为例，说明各个公司对样板的不同要求和常见的样板生产顺序。

（1）A客户要求制板的种类和制板顺序。

①初板（含多次修改的复板）。

②尺码板。

③头缸洗水板（含测试板）。

④核准板（含技术板、色板、修改复样板等）。

⑤产前板。

⑥大货洗水板。

⑦船头板。

（2）B客户要求制板的种类和制板顺序。

①初板。

②推广板。

③尺码板（含多次的修改复样板）。

④核准技术板。

⑤存板。

⑥产前板。

⑦测试板。

⑧船头板。

（3）C公司试制样板的种类与预售过程。

①初板（含多次修改的复板）。

②款式终审板和国际服装测试板。

③核准板（含多次修改的复板）和试身板。

④全体市场会议或区域市场会议或董事市场会议。

⑤国际预售或美国预售。

⑥销售板1，销售板2，销售板3。

⑦尺码板。

⑧洗水测试板。

⑨产前板。

（4）D公司要求制板的种类和制板顺序。

①初板（含多次修改的复板）。

②预售板。

③媒体发展板。

④试身板。

⑤估价板（QRS）。
⑥洗水测试板。

案例3：巧妙采购板料

跟单员采购样板辅料。

结果：虽然辅料容易找齐，但由于订购量太小，无法达到供应商的起订量，供应商拒绝接单生产，怎么办？

分析与建议：

（1）采购前详细了解辅料以往供应情况、订单生产数量和所有辅料的特点、规格、颜色、价格，以及供应商提供的辅料样板资料、目前需采购的数量等。

（2）客户一般都以销售板或产前板所用的辅料作为大货生产辅料标准板，所以制作前期成衣样板时，尽量寻找容易找到、替代和制作的辅料，减少采购和生产上的麻烦。

（3）汇总近期所有订单的采购清单，类似辅料集中采购。

（4）平时多收集辅料样板和供应商资料，以便寻找到更乐意配合的合作伙伴。

案例4：减少样板生产与大货生产的差异

有一间加工厂的仓库积压了许多产品，而且需要返工的服装堆满了整个生产现场。于是，全厂动员加班加点，工人怨声四起。

结果：

经了解，发现是由于客方QC人员检验产品时，样板与大货产品质量相差甚远，导致几批订单无法正常出货。

分析与建议：

实际上产品的质量并没有太大问题，按理应该能顺利出货。原因是新来的跟单员早期提交给客户的核准板、船头板的质量水平过高，导致大货生产的水平也必须跟着提高。造成成品与客户要求相差很大。由于忽视了客户的接受底线，精雕细琢的跟单只会造成最后交易的失败。

大货生产毕竟与样板生产有所差别，跟板员应全面了解客户的质量要求和加工厂的实际生产状况、质量管理水平等，再根据实际情况控制样板的质量标准。

只需满足客户目前的要求即可，切勿一味追求高标准。

案例5：细致解读客户的需求

一批牛仔裤的生产已进入包装阶段。客方获知生产进度后，要求寄船头板，跟单员便从大货产品中挑出一条牛仔裤，顺手对折后就将裤子装入塑料袋寄往客户所在地。

结果：

第二天，客户发来的传真指出裤子的折法有错误，要求特派他们的QC人员过来拆箱复查，并重寄船头板，否则不能交货。

分析与建议：

由于寄出的样板折叠和包装方式没有按订单要求进行。实际上，服装企业已经完全按照客户的要求包装好所有大货服装，但此时客户根本听不进任何解释。跟单员只好陪同客户QC人员拆包检验，再重新一一包装。

跟单员的一时疏忽，会导致企业不必要的资源浪费和经济损失。所以跟单员要认真解读客户在不同阶段的需求，尤其是后续的样板制作，应尽量按照订单内容和大货要求来提交样板，包括折叠、包装方式，要克服"没关系、差不多"的态度。

思考题

1. 简述服装样板在整个订单贸易与生产过程中的作用。
2. 简述服装样板的种类以及各种样板在整个生产过程中的制作顺序。
3. 请以一款牛仔裤为例，编制一份初板板单，并试说明初板与核准板在制作要求上的差异。
4. 简述样板用料的供应途径与采购流程。
5. 详述服装样板跟单的工作流程。
6. 请阐述尺寸测量的基本要求。
7. 请设计一份跟进各种样板进度的表格，以便有效地跟进样板的生产进度。
8. 作为一名样板跟单主管，应该怎样培训新到任的跟板员，才能减少后续生产问题的产生？

订单生产前管理与实践应用——

面辅料跟单

课题名称： 面辅料跟单

课题内容： 面辅料跟单概述
面辅料研发与供应商管理
面辅料样板跟单
面辅料采购跟单
案例分析

课题时间： 10课时

教学目的： 通过本章的教学，让学生了解面辅料基础知识，掌握常用面辅料的鉴别方法，清楚面辅料开发与供应商评估管理方法，熟悉面辅料样板种类与跟单方法，掌握面辅料样卡的制作，懂得面辅料用料预算，明确面辅料获供途径和采购跟单流程，并能灵活运用各种表格跟进采购工作。

教学方式： 以课堂讲学、案例分析相结合，注重实践性演练和课堂讨论，配合企业实际工作流程进行教学。

教学要求： 1. 掌握常用面辅料的鉴别方法。
2. 清楚面辅料开发与供应商评估方法。
3. 熟悉面辅料样板的种类与样板跟单流程。
4. 明确面辅料的获供途径。
5. 清楚面辅料的采购跟单流程。
6. 懂得运用各种表格跟进采购工作。

第五章　面辅料跟单

面辅料跟单是服装跟单的重要组成部分，其主要任务是跟踪、协调、组织管理订单生产所需的面辅料采购与供应，确保订单生产所需物料按规定的颜色、规格、数量、质量要求准时供应到生产部门。

第一节　面辅料跟单概述

面料质感与纤维成分、纱线品种、织物厚薄、重量、组织结构、染整工艺都有密切关系。对面料进行成分鉴别，可以确定加工工艺、熨烫温度、洗涤方式和印染后整工艺，确保服装生产顺利进行，减少生产问题的产生，从而控制成本。因此，面料鉴别是面料跟单的重要任务之一。

一、面料鉴别方法

鉴别服装面料的方法有：感观目测法、燃烧鉴别法、显微镜鉴别法、溶解鉴别法、熔点鉴别法、混纺鉴别法、系统鉴别法。此外，还有红外吸收光谱鉴别法、着色试验法、密度梯度法、双折射率测定法等。由于受条件限制，上述多数方法在服装企业中较少应用，而最简便、最常用的是感观目测法和燃烧鉴别法。下面详细介绍这两种鉴别方法。

1. 感观目测法

感观目测法是鉴别者通过眼观（色泽、肌理）、手摸（质感、厚薄）、耳听（摩擦声）来判断面料纤维种类的一种快捷简便的方法。

采用感观目测法无需任何设备，简便易行，但主观性较强，需要反复实践，积累经验，才能准确鉴定。

（1）感观目测法的鉴别步骤。

①首先观察织物颜色、光泽、表面肌理、平滑粗糙程度。

②接着用手触摸，感觉织物的柔软舒适性、弹性、光滑感、冷暖感、挺括感和含水程度。

③然后用手攥紧织物，感觉材料对手的作用力，再放松观察织物表面的褶皱程度。

④最后拆出织物纱线，观察是长丝还是短纤及其粗细、整齐程度。

（2）各种织物的感官鉴别方法。

采用感观目测法对常用面料进行鉴别的详细方法和内容如下所述。

①棉及棉混纺面料如表5-1所示。

表5-1　棉及棉混纺面料的特征

纯棉料	光泽柔和，手感柔软，弹性较差，易起皱褶。用手攥紧面料有一种厚实感，将手放松后布面上有明显折痕；从布边抽出几根纱线解散后观察单根纤维，可见纤维短且细，自然卷曲。普梳棉料是外观粗糙、有粗细节的中厚织物；精梳棉料是外观较平整、细腻的细薄织物；丝光棉料则经过丝光处理，表面细腻均匀，光泽较好
涤棉与腈棉混纺料	光泽明亮，色泽淡雅，布面光洁平整，有滑、挺、爽的感觉，手攥布面有一定弹性，放松后折痕少且回复快，腈棉料的蓬松感比涤棉料强
富❶棉与粘棉混纺料	色泽鲜艳，光泽柔和，手摸布面平滑、光洁、柔软，攥紧放松后布面有较粗折痕，粘棉料的湿强度低于富棉料
维棉混纺料	色泽稍暗且有不均匀之感，手感较粗糙，攥紧面料放松后，折痕介于富棉料与粘棉料之间

②麻及麻混纺面料如表5-2所示。

表5-2　麻及麻混纺面料的特征

纯麻料	色泽自然纯朴，光泽柔和泛灰黄，布面有不均匀感，常有疵点，较棉面料挺括，手感粗硬厚实
涤麻料	纹路清晰，布面平整，光泽明亮，手感较柔软，手攥放松后不易产生折痕
棉麻料与麻粘料	风格与外观介于纯棉与纯麻面料之间
毛麻料	布面清晰平整、色泽明亮、手感有弹性，手攥紧放松后不易产生折痕，随着麻纤维比例的提高，折痕增加

③毛及毛混纺面料如表5-3所示。

表5-3　毛及毛混纺面料的特征

纯毛料	布面平整、色泽均匀柔和，手感柔软滑糯，有温暖感，膘光足，丰满而富有弹性，不易起皱。用手攥紧放松后折痕很少且能在短时间内回复原状。拆解纱线可见纤维形态比棉粗长，且自然卷曲。精纺毛料平整柔和、光洁精细，纹路清晰，手感薄软、滑爽挺括、有弹性有糯性。粗纺毛料比较厚重，表面有绒毛，呢面丰满厚实
毛粘料	色泽较暗，外观与棉相似，手感薄软不挺括，攥紧放松后有明显的折痕
毛涤料	光泽较亮，但不及纯毛料柔和，织纹清晰，手感光滑、硬挺、弹性好，攥紧放松后几乎不产生折痕
毛腈料	布面平坦，色泽较毛料鲜艳，毛型感较强，手感蓬松，有弹性
毛锦料	有蜡般光泽，外观毛型感较差，手感硬挺而不柔软，攥紧放松后有明显的折痕
驼绒料	以针织物为底布，上面布满了短小的绒毛，绒毛浓密、平坦蓬松，手感柔软丰满
海虎绒	长毛绒料，俗称人造毛皮，表面绒毛耸立平齐，丰满厚实

---

❶ 富：即是富纤，是高湿模量粘胶纤维的简称，其特点是尺寸稳定，湿态时富于抗伸性,比普通粘纤耐腐蚀，能进行丝光，吸湿性接近于棉。（富纤与涤棉混纺，《上海纺织科技》，1974年06期）

④丝及丝混纺/交织面料如表5-4所示。

表5-4 丝及丝混纺/交织面料的特征

蚕丝料	绸面光泽柔和、明亮悦目而不刺眼，色泽鲜艳均匀，手感柔软平滑、轻薄，富有弹性，以手托起时能自然悬垂，干燥的丝绸相互摩擦或捏抓时会发出瑟瑟的"唑鸣"声。手摸绸面有凉意、轻拉手和油润之感，用手攥紧放松后，绸面稍有细皱纹，褶皱较人造丝少。柞蚕丝（即野蚕丝）在吸湿、拉伸度方面优于桑蚕丝（即家蚕丝），但柞蚕丝表面粗糙，粗节较多，吸色能力较差，易产生水渍
粘胶人造丝料	绸面光泽明亮刺目似金属。手感比较粗硬，身骨柔软而带沉甸甸的感觉，不及蚕丝绸柔和、轻盈飘逸、挺括，并有湿冷感。手攥紧放松后折痕多且深，不易回复，拆解长丝后，将其中间润湿，用力拉时会在此处断开。把水滴在面料上，用手揉搓人造丝易破，真丝则较牢固
涤纶丝料	光泽淡雅，色泽均匀，手感滑爽、平挺、弹性好，用手攥紧放松后，无明显的折痕，回复原状较快
锦纶丝料	光泽较差，绸面犹如涂了一层蜡，色泽暗淡鲜艳，布身较软，用手攥紧放松后有一定的折痕，但能缓慢回复

⑤化学纤维面料如表5-5所示。

表5-5 化学纤维面料的特征

涤纶（聚酯）面料	颜色淡雅，光泽明亮，手感滑爽，弹性好，强度大，硬挺，有凉感。手攥紧放松后几乎不产生皱纹，有仿毛、仿丝、仿麻、仿棉及仿麂皮型等面料。仿毛料纹路清晰，外观滑亮，手感干爽。仿丝料质地轻薄，刚柔适中，较爽滑。仿麻料外观粗犷，形态逼真，手感挺爽。仿棉型、仿麂皮型与仿桃皮型面料外观细腻，质地轻薄
锦纶（聚酰胺）面料	俗称尼龙，有仿毛型与仿丝型两种。颜色鲜艳，光泽有蜡状感，质轻较软，但不如丝柔软，不易拉断，有弹性，光滑。手攥紧放松后有明显折痕
腈纶（聚丙烯）面料	仿毛型面料，俗称人造毛，颜色鲜艳，光泽柔和，手感蓬松柔软，有粗糙感，毛型感强，保暖性好，强度大，比棉轻。手攥紧放松后不易产生皱纹，但一旦产生折痕较难消失
氨纶（聚氨酯）面料	俗称莱卡，颜色丰富，光泽较好，手感平滑，有较大的伸缩弹性，不易起皱，也不易产生褶裥
维纶（聚乙烯醇）面料	俗称维尼龙，近似棉布，光泽暗淡，颜色不鲜艳，且布面有不均匀感，不够挺括，不如棉柔软，回弹性不好，易皱。用手攥紧放松后有明显的皱纹
丙纶（聚丙烯）面料	颜色单一、光泽有蜡状感，手感较粗糙。新的超细丙纶面料有较大改善
粘胶（再生纤维）面料	手触光滑、柔软中带生硬感，手攥紧放松后有较深的折皱且不易回复，在水中比干态时有明显的膨胀并变硬。仿棉料外观似棉，表面光泽比棉强，手感比棉柔软，但牢度欠佳。仿丝料外观光泽比蚕丝稍亮，带刺眼感，手感较丝料软。仿毛料有一定的仿毛效果，但光泽呆板，手感比毛料软

（3）常见织物的感官差异。熟练掌握各种纤维不同的特点，有助于识别不同的织物。以下是几种常见织物的感官差异。

①手感：麻手感较硬；蚕丝、羊毛、粘胶纤维、锦纶很软；棉、涤纶则手感适中；羊毛有扎手的感觉。

②重量：比丝轻的是锦纶、腈纶、丙纶；比丝重的是棉、麻、粘胶纤维、富强纤维（简称富纤）；与丝重量相似的是维纶、毛、醋酯纤维、涤纶。

③强度：用手拉伸至断裂，强度较弱的是粘胶纤维、醋酯纤维、毛；较强的是丝、棉、麻、合成纤维等；沾湿后强度明显下降的是蛋白质纤维、粘胶纤维、铜氨纤维。

④伸长度：用手拉伸时，感觉伸长度较大的是毛、醋酯纤维；较小的是棉、麻；适中的是丝、粘胶纤维、富纤及大部分合成纤维。

2. 燃烧鉴别法

燃烧鉴别法是依据面料燃烧时呈现不同的现象来鉴别面料种类的一种简单鉴别法，适用于纯纺面料与交织面料的原料鉴别。

（1）燃烧鉴别法的鉴别步骤。

①从面料的4个不同部位选择有明显差异的纱线并拆出几根，使纱线散成絮状纤维。

②用镊子夹住纤维或纱线慢慢接近火焰，仔细观察纤维在接近火焰、燃烧时和离开火焰的变化。例如接近火焰时纱线有无收缩熔融现象；燃烧时火焰的颜色、纤维的状态；离开火焰时纤维是否续燃及纤维散发出来的气味等。

③观察燃烧后灰烬的颜色、形状的软硬程度。

④根据纱线在燃烧过程中发生的变化。

（2）燃烧鉴别的方法和内容。根据纱线在燃烧过程中发生的变化，对照表5-6所示，可以判断面料的纤维种类。

表5-6　各种纤维燃烧状态

纤维名称	接近火焰	在火焰中	离开火焰	燃烧气味	燃烧后残渣特征
棉	不熔不缩	刚近火焰即燃，燃烧迅速，火焰呈黄色	继续燃烧，冒蓝烟	烧纸气味	少量絮状物，呈灰色，细软
麻	不熔不缩	刚近火焰即燃，燃烧迅速，火焰呈黄色	继续燃烧，冒蓝烟	烧枯草味	细柔的灰白色絮状粉末，细软
毛	卷缩	不易燃烧，遇火冒烟，燃烧速度较慢，并起泡、卷缩，有火焰窜出	慢慢熄灭	烧毛发焦臭味	有光泽、不规则的黑褐色块状颗粒，松脆，一压即碎
丝	卷缩	遇火缩成团状，燃烧缓慢，伴有咝咝声	缓慢熄灭	烧毛发焦味	黑褐色球状灰烬，松脆，手捻即碎
粘胶纤维	不熔不缩	易燃，燃烧速度很快，火焰呈黄色	继续燃烧	烧纸味	光滑扭曲带状灰白色细粉末
醋酯纤维	熔缩	熔融燃烧	继续燃烧	醋味	硬而脆黑块
人造蛋白	熔缩	燃烧缓慢并有响声	自熄	烧毛发味	脆而黑的小珠状
涤纶	收缩熔融	易点燃，燃烧时边熔化边冒黑烟，滴液，黄色火焰	继续燃烧	特殊芳香味	玻璃状黑褐色硬球，用手指可捻碎

续表

纤维名称	接近火焰	在火焰中	离开火焰	燃烧气味	燃烧后残渣特征
锦纶	迅速熔缩成白色胶状	熔融燃烧，滴落并起泡，燃烧时没有火焰	难继续燃烧	芹菜味	玻璃状淡褐硬球，不易研碎
腈纶	软化熔缩	熔融燃烧，有火星，冒黑烟，火焰呈白色	继续燃烧，冒黑烟	火烧肉的辛酸气味	不规则的黑色硬块，可捻碎
氨纶	熔缩	边熔边燃，火焰呈蓝色	缓慢熔燃并熄灭	刺激性特臭味	软蓬松黑灰胶状物
维纶	熔融收缩	不易点燃，燃烧时顶端有一点火焰，待纤维都融成胶状火焰变大，有浓黑烟	继续燃烧	特殊甜香味	黑色不规则小珠粒，可手指可压碎
丙纶	熔缩	易燃，熔融燃烧，有滴液滴下	燃烧缓慢，冒黑烟，火焰上黄下蓝	烧石蜡或石油味	硬圆浅黄褐色颗粒，手捻易碎
氯纶	熔缩	难燃烧，火焰呈黄色，下端绿色白烟	离火即熄	刺鼻辛辣酸味	黑褐色不规则硬块，不易捻碎
碳素纤维	不熔不缩	像烧铁丝红	/	辛辣味	呈原状
氟纶（萤石纤维）	熔化	难引燃，不燃烧，边缘火焰呈蓝绿碳化	/	气体有毒	硬圆黑珠
虎木棉（铜氨纤维）	近火焰即燃烧	燃烧速度快，火焰呈黄色	/	醋酸味	灰烬极少，仅有少量灰黑色灰

3. 其他鉴别法

用感观目测法或燃烧鉴别法鉴别混纺面料纤维的类别及含量会有一定的难度，此时只有显微镜法、溶解法或相对密度法，根据各种纤维的纵/横截面显微形态特征或熔融情况、溶解性能等，对面料成分作精确分析，才能准确鉴别纤维种类和含量。显微镜法、溶解法面料鉴别准确性高，适用于各种面料的定性鉴别，特别适合从未接触过的新型面料。

总之，鉴别面料纤维的方法有很多种，这需要鉴别者灵活应用，积累经验，遵循从简至繁的原则，以便更准确、更快捷地鉴别面料。

二、常用面料使用性能

跟单员要做好生产跟单，必须掌握各种面料的服用性能、物理特点、使用限制等信息，以便恰当地选用原材料，有助于合理确定生产工艺和后整理处理方法，并能根据面料的特点向客户和加工厂提出有建设性的意见和建议，更好地跟进订单的生产。常用面料的性能比较如表5-7所示。

表5-7 常用面料的性能比较

面料名称		特点描述
棉	优点	吸汗透气、柔软、保暖、穿着舒适、防敏感、容易清洗、不易起毛球、耐碱
	缺点	易起皱、易缩水、易变形、易褪色、耐用性差、不易打理、不耐酸
麻	优点	舒适、轻便、透气
	缺点	易皱、不挺括、弹性差、穿着时皮肤有刺痒感
羊毛	优点	保暖、毛质柔软、舒适、隔热性强。鲜艳而无陈旧感，顺毛摸手感柔滑、逆毛摸有刺痛感。弹性好、不易起皱、能迅速恢复原状。耐酸
	缺点	易起毛球、易缩水、毡化反应。对皮肤有刺激感、易发霉后蛀虫。不耐碱
丝	优点	光泽柔和、光滑柔软、手感细腻。质感良好、色彩艳丽。耐酸
	缺点	不易打理、易皱、缩水，不耐碱
尼龙	优点	表面平滑、较轻、耐用、易洗易干、有弹性及伸缩性
	缺点	易产生静电
涤纶	优点	弹性好、有丝般柔软、不易软、毛质柔软、挺括、不用熨烫、易打理
	缺点	透气性差、易产生静电、易起毛球，不易染色
人造丝	优点	金属光泽
	缺点	手感粗硬
仿毛料	优点	光泽较暗或有闪色感
	缺点	不宜水洗。欠柔软或过于柔软松散，并有发粘感。抗皱性较差，容易留有较明显的褶皱痕迹，复原缓慢

三、面辅料跟单总流程

面辅料跟单工作主要包括：面辅料开发与供应商管理、面辅料样板试制与跟进、大货面辅料采购跟单与管理三方面的内容。

面料跟单总流程如图5-1所示。辅料跟单总流程如图5-2所示。

四、面辅料跟单的职责

面辅料种类繁多，跟单工作任务繁杂，跟单员只有明确职责，认真做好面辅料跟单各项日常管理工作，才能确保面辅料采购跟单不出差错，确保订单生产顺利完成，避免因面辅料问题而影响订单生产，同时，这也是争取更多客户订单至关重要的前提条件。

1. 面辅料跟单工作职责

（1）面辅料开发与供应商信息建档与评估。

（2）为客户或生产部提供物料报价服务。

（3）整理需订购的物料品种并分类记录。

（4）预算、核对面辅料用量，并协助清查仓库的存货情况。

（5）填写并发出"物料订购清单"给物料部，并协助物料部订购物料。

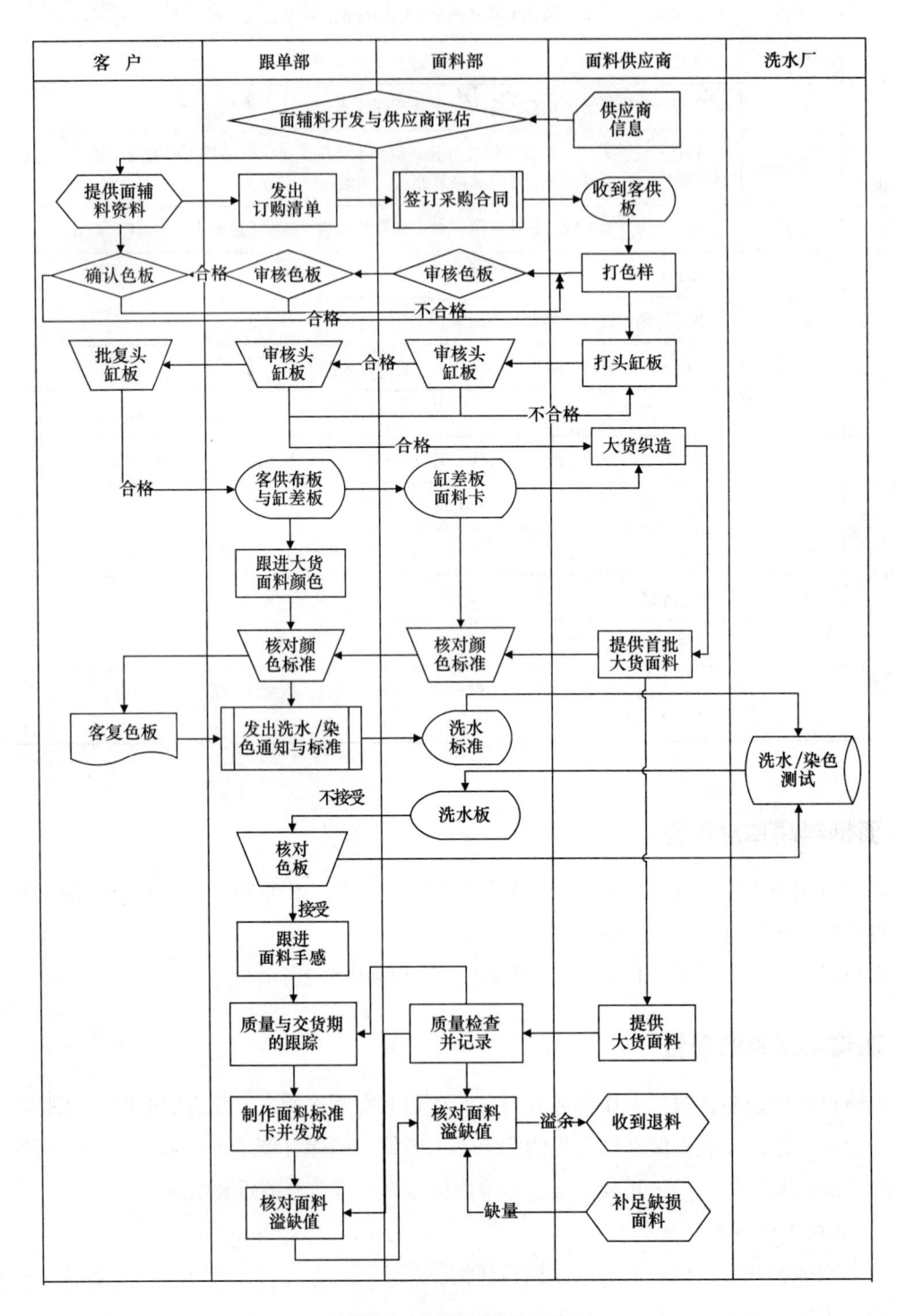

图5-1 面料跟单总流程

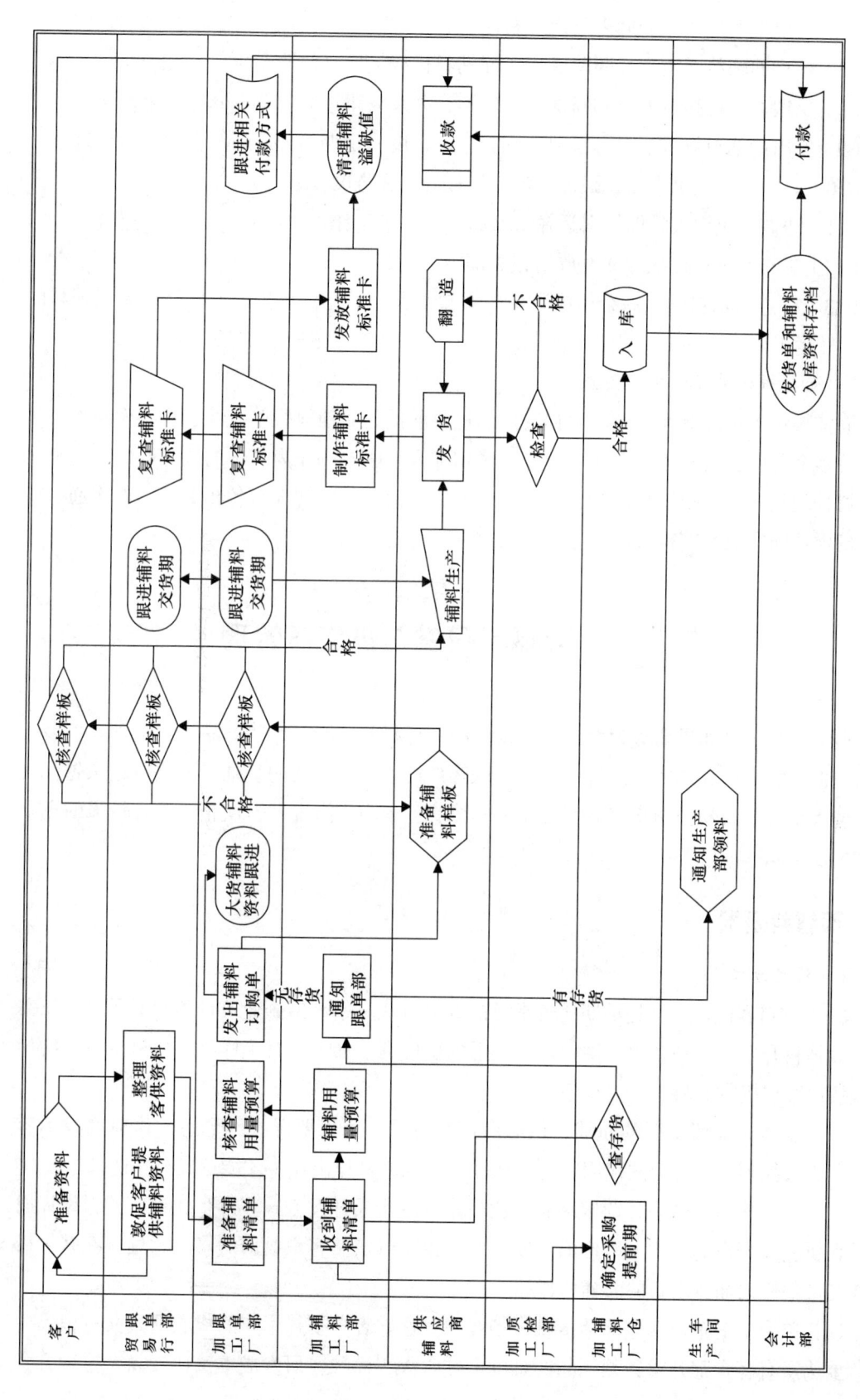

图5-2 辅料跟单总流程

（6）发出生产计划与船期表给面辅料部。

（7）核查面辅料样板，并跟踪客户对面辅料样板批核与修改意见。

（8）反馈客户批核意见给物料部或供应商，并及时跟进面辅料翻修的效果。

（9）发出面辅料订购清单，督促面辅料生产进度，定期检查质量，督促按时交货。

（10）联系面辅料供应商，跟进面辅料样板的制作进度。

（11）协调、组织大货面辅料运输、查验、点收等工作。

（12）制作面辅料标准卡并发放给相关部门。

（13）核查面辅料到厂后合格品数量的溢缺情况，做好订单生产完成后剩余面辅料的返还、转运工作。

2. 面辅料跟单管理能力要求

面辅料跟单是确保大货生产顺利进行的重要前提。面辅料跟单涉及客户、面料部、供应商等多个部门，需要各部门通力合作、密切配合。跟单部作为其中的统筹部门，对整个订购过程起到全面的跟进和监控管理作用，因此，跟单员要加强与各相关部门的沟通、协调，确保共同完成面辅料采购任务，为大货生产创造条件。

第二节　面辅料研发与供应商管理

服装贸易公司如果能够为客户提供良好的面辅料开发服务，使产品组合中含有更多的公司资源，能吸引高档客户的订单，为获取客户订单奠定坚实的基础。因此，越来越多有实力的大型服装贸易公司将产品开发作为其核心竞争力重点发展，使企业具有较强的竞争力和发展空间。

一、面辅料研发

1. 研发方式

（1）仿制客供板。这是早期比较常见的开发方式。中小型企业负责的并不是真正意义上的面辅料开发，只是按照客供板寻找合适的供应商或加工厂打小样给客户审批，有的甚至直接由客户提供面料。

由于服装企业所掌握的面辅料供应商信息有限，所以要寻找到合适的供应商并不容易，当无法找到完全符合的代用料时，往往需要双方都作出让步才能达成买卖协议。

（2）修改来板。这是目前服装企业比较常见的产品开发方式。许多新型面辅料设计通常是在供应商开发的基础上所作的研发工作，也可以按照客户最新的修改意见，在客供板上作相应的修改而得出新的面辅料作品。

以接单为主的企业每年都会接触许多客户，这些客户委托生产的成衣款式又有很大差异，要为所有客户都开发新型产品的难度会非常大，而独立研发成本又比较高。这种方式正好弥补了企业研发能力有限和资金不足的缺陷。

这种开发方式如果能寻找到更多更新的开发商，则能带来更多新型面料，更有利于产品研发工作的开展。

（3）与客户共同研发。有研发能力和固定客源的服装企业，会直接参与到大客户的产品设计中，与客户共同开发面辅料，使新开发的面辅料更符合客户的要求。这种方式既能降低开发费用，又能更快获得客户的认可，加快订单的签约成功率，研发能力强的企业甚至还是行业中时尚潮流的引领者。

2. 研发流程

无论哪种研发方式，面辅料的研发流程主要包含以下几个环节。

（1）获取信息。面辅料跟单员不仅要具备较好的面辅料知识，还要收集大量前沿的面辅料市场信息，才能辅助设计部开发出客户满意、市场效应良好的新型流行面料。

收集面辅料信息的常用途径主要有以下几种。

①参加布展。设计师和跟单员定期到国内外参加各种大型面辅料展览会，了解最新面辅料流行趋势，以及服装行业新材料新技术的研发应用，并收集新供应商的信息。这种途径对企业后续开发工作具有很好的参考价值和引导作用。

②了解客户需求。营销部成功获取订单的关键是所提供的面辅料能否满足客户的需求，所以每个计划接单季节均应详细了解客户所在市场的行情变动，以及客户的需求，并针对客户的品牌特点和审美喜好作相应调整，确保低成本和高成功率的面料开发。

③获取客供板。通过客供板，进一步了解客户的最新需求。

④其他途径。在高科技日益发展的今天，面辅料信息的获取还可通过各种新闻媒介广泛收集市场信息，包括国际时尚节目、最新服饰杂志、报刊、广告、网络、媒体等，这为面辅料的成功开发提供了广阔的信息渠道。此外，还可通过加工厂已建档在案的供应商群、同行间的供应链与信息交流平台、客户推荐等途径进行供应商资料和面辅料信息的收集。

对通过各种途径获取的信息，跟单员要妥善加以整理，平时应多收集各种面辅料实物样板，根据客户订单的需要，建立适合自己的供应商群和档案系统，随时为客户提供有价值的参考。

（2）确定研发方向。在进行面辅料开发前，应召集所有面料开发人员一起开会。会议首先汇报上一年度/季度客户所用面辅料的市场反应情况、客户反馈意见及同行公司近期开发意向等，然后依据前期收集到的资料和客户意向，确定下一年度/季度的面辅料开发方向。

（3）筛选研发资料。确定最新开发意向后，面辅料开发人员应将前期收集到的资料筛选出与开发方向相符的资料。如果出现资料不足的情况，还需有针对性地再次收集资料，包括新型布种、流行颜色、新的开发商等信息。

另外，可以向有长期合作关系的供应商传达开发意向，寻求他们的协助，并要求供应商提供合适的面料样板作为开发参考资料。

（4）面辅料研发。面辅料设计部根据企业最新开发意向，结合市场行情和最新流行趋势、客户品牌特点、客户所在区域的习俗，以及客户对面辅料色泽、图案、肌理、手感、组织等特性的订单要求等，开展研发工作。

（5）审核研发作品。设计初稿完成后，由设计师、跟单员、生产技术员等共同研讨并确定面辅料设计方案。

会议内容先由面辅料设计师汇报设计构思和设计依据，包括主题思想、表面肌理、特性、颜色与手感等。然后根据往年客户下单情况和本公司准备开发的主要品种，与市场、设计、营销、生产等部门共同研讨方案的可行性，预测常见的生产问题与限制条件，并对各个细节提出详细的整改意见，再由设计师按照各方建议重新修改设计方案。

（6）试制样板并改良方案。确定的设计方案经生产部经理签署后，与织造要求一起交给面辅料供应商试制样品，并指派跟单员跟进面辅料样板的客户批复和报价事宜。

新开发的面辅料通常要进行各项专业的测试检验，以确定其物理/化学性能和使用过程的质量水平，例如拉链测试中的负荷拉次测试、拉合轻滑度测试、金属牙洗水锈蚀、拉齿横向强力测试等，根据测定结果可以对设计方案进行修正改良。经多次修改后，试制成功的面辅料样板应及时写上编号，然后按照研发技术含量和面辅料种类进行分类存档和管理。

二、供应商开发

新型物料的开发，需要合格的供应商作基础。新供应商的开发可以给企业提供更多的选择。供应商开发的五个基本条件是：适时、适质、适量、适价、适地，这也是采购面辅料需遵循的五个原则。

掌握供应商开发与管理技巧，可以提升企业供应商管理水平，降低采购成本和风险，促进企业可持续发展。供应商开发流程如图5-3所示。

下面详细介绍供应商开发的主要工作内容。

1. 市场分析

通常需采购的物料分为面料、辅料、包装物料三大类。在供应商开发过程中，首先要确定需购物料的技术标准。

一般由企业技术部提供样板和参数，然后对特定的市场进行竞争分析，了解市场发展趋势、主要供应商及竞争对手特点、目前各供应商的物料供应能力是供过于求还是供不应求、该行业的供应市场主导者是谁、各大供应商在市场中的定位如何等，只有这样才能对潜在供应商有初步了解。

2. 获取供应商信息

仔细分析市场后，通过各种信息和渠道获取供应商相关资料，包括信誉度、社会评价、联系方式等。获取供应商信息的渠道与面辅料信息获取的途径基本相似，可以与收集面辅料信息同时进行。

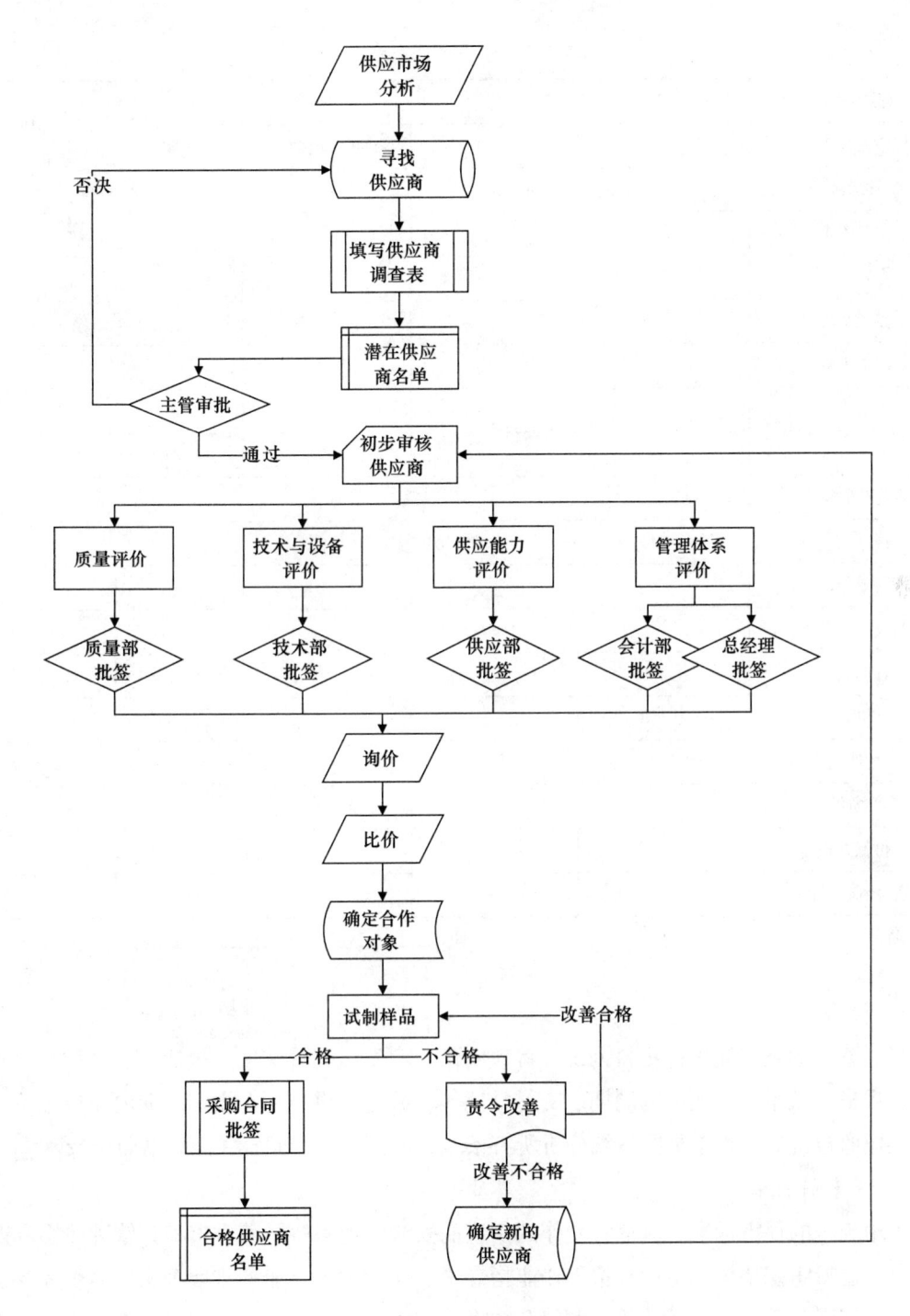

图5-3　供应商开发流程

此时物料跟单部应建立供应商调查表（表5-8），并对供应情况做出相应的产品分类与比较，做出初步筛选，剔除不适合的供应商，得出一系列供应商考察名录并进行分析。

表5-8 供应商调查表

供应商			公司全称	
法人代表			联系地址	
注册地			联系人	
注册资金			电话	
主要产品			传真	
完税情况			E-mail	
职员人数			主要客户	
主要产品			设备状况	
通过认证			同行评价	
企业获奖情况				
年签单情况				
签单公司				
成交金额				
订单品名				
订单数量				
生产地				
交货期				
付款方式				
资金到位情况				

填表人：＿＿＿＿＿＿＿＿＿＿ 日期：＿＿＿＿＿＿＿＿＿＿

3. 询价

对有意向的供应商进行物料询价。首先向供应商发出询价文件，包括样品名称、物料图样、规格、数量、大致采购周期、交付日期等，并建议供应商在指定日期内完成报价。收到供应商报价后，跟单员要仔细分析所有条款，澄清所有疑问，并做好书面记录。

4. 评审供应商

运用统一的评审标准，对适宜合作的供应商安排实地考察，着重审核其管理体系和产品质量，包括组织架构、生产日报、作业指导书、质量记录、船务排期等文件是否完善。为使审核客观公正，可以邀请质量部门和技术工程师一起参与审核，同时也有助于公司内部的沟通和协调。

5. 比价议价

在价格谈判前应做好充分的准备，坚持货比三家的原则，设定合理的目标价格。小批量产品谈判的核心是交货期，一般要求供应商具备快速反应能力；大批量流水线生产的产品谈判核心是价格。价格谈判是一个持续的过程，每个供应商都有其对应的价格曲线，供货一段时间后其成本会相应下降。跟单员在议价时不能一味地压价，应确保供应商有合理的利润空间。

6. 确定供应商

比较不同供应商的评审结果和报价谈判结果后，做出合理性的选择。一般同一品种选择2~3家供应商作为采购对象。

合格供应商的确定，必须通过以下评价指标进行综合衡量。

（1）供应商生产能力的评价。

（2）供应商品质保证体系的现场评价。

（3）产品样品的质量评价。

（4）对比类似产品的历史成交记录。

（5）对比类似产品的检验与试验结果。

（6）对比其他使用者的使用经验。

选择供应商时，还要考虑采购周期、库存、运输等隐性成本，例如，能够适时送货的供应商可以减少存货，降低公司总成本。为减少材料运送成本和缩短交货期限，应尽量在生产所在地附近选择合适的面辅料供应商，或将生产安排在优秀供应商所在地。

7. 准入通知

确定采购对象以后，采购部开具试样通知，技术部负责跟进试样结果。样品试制合格后，由技术部发出"准入通知"，最终确定供应商名录，以便采购部进行正式采购。如果样品试制不合格，则由技术部出具报告并通知供应商改进，或另外寻找候选供应商，并修订合格供应商名录。

有长期合作供应商的企业，通常会按照订单要求直接向合作伙伴发出订购需求。如果客户有指定的物料供应商或原材料来源地，签订合同时应注明面料来源和供应要求，并要求客户提供供应商的联系方式。

三、供应商管理与评估

1. 供应商建档管理

供应商是指直接向服装企业提供商品及相应服务的机构，包括面辅料制造商、服装加工厂、洗水厂等外协厂中介商。

企业应对供货厂商进行问卷调查，定期进行实地评核，问题改善回馈等全方位管理，掌握供货货品的质量状况，对供货产品进行定期评级，为企业选择合适的供货商提供依据。与优秀的供应商达成策略联盟并参与设计开发，可以促进供应方案的改进，建立更强健的企业。

跟单员应对供应商资料进行收集积累和分类整理，并为每个供应商都建立一系列资料档案，形成一个系统完整的供应商信息资料采集库，方便供应商管理和物料采购。面辅料供应商资料建档如表5-9、表5-10所示。

表5-9 面料供应商资料建档表

供应商				公司全称					
联系地址				联系人					
传真				电话					
面料种类	色号	单价	交货量（打）	交货期	合格率（%）	付款方式	资金到位情况	售前售后服务	
弹力牛仔布									
牛津布									
粗帆布									
棉坯布									

填表人： 日期：

表5-10 辅料供应商资料汇总表

供应商	联系人	电话/传真	邮箱	供应辅料品名	颜色	规格	单价	付款方式

2. 面辅料供应商评估项目

为了能采购到最合适的面辅料，跟单员不仅要掌握各个供应商的详细情况，还应定期对面辅料供应商进行全面评估，为选择供应商提供参考依据。

评核供应商较常用的基本评估准则是遵循"QCDS"四个项目，即质量（Quality）成本（Cost），交付（Delivery）与服务（Service）并重的评估准则。对于新的供应商，还要了解其规模和市场占有率。

（1）质量。质量评估是检查供应商有无建立一套稳定有效的质量保证体系，是否具有生产特定产品所需的设备和工艺能力。一个质量控制体系完善的供应商，才能够持续供应质量稳定的产品。质量评估常用的指标有以下三种。

①批退率：根据某段时间内的批退率判定产品品质水平，如上半年某供应商交货50批次，判退3批次，其批退率$=3\div50\times100\%=6\%$。批退率越高，表明产品品质越差，得分越低。

②平均合格率：根据每次交货合格率计算某段时间内合格率的平均值，以此判定产品品质水平，如1月份某供应商交货3次，合格率分别为：90%、85%、95%，则其平均合格率$=(90\%+85\%+95\%)\div3=90\%$。合格率越高，表明产品品质越好，得分越高。

③总合格率：根据某段时间内的总合格率来判定产品品质水平，如某供应商第一季度

分5批共交货10000件，总合格数9850件，则其总合格率＝9850÷10000×100%＝98.5%。总合格率越高，表明产品品质越好，得分越高。

（2）成本与价格。根据市场同类材料的最低价、最高价和自估价，对供应商供应产品的价格与其他供应商进行对比分析。通常价格越高，得分越低。

（3）交付能力。确定供应商是否拥有足够的生产能力，人力资源是否充足，有没有扩大产能的潜力。同时观察供应商承诺的交货周期，并检查它实现及时交货的手段和交货量是否准确，如供应商仓库的大小，是否备有原材料库存等。交付能力评估常用的指标有以下两种。

①交货率＝送货数量÷订购数量×100%，交货率越高，得分就越多。

②逾期率＝逾期批数÷交货批数×100%，逾期率越高，扣分越多；逾期造成停工待料，则加重扣分。

（4）售后服务。售后服务是指供应商售前、售后服务的水平，以及供应商的配合度和应变能力。服务越好，得分越多。

规模大的供应商会忽视小型企业的订单，虽然产品质量有保障，但价格、交货期以及配合度通常都比较难达成。而与具有强大开发能力的供应商合作，往往意味着也需承担供应商的开发成本。所以选择供应商时应综合考虑，无需选择开发能力过强或规模太大的供应商，只要适合本企业即可。

3. 面辅料供应商评估步骤

对面辅料供应商评估工作通常一个季度或每个月开展一次，对各个供应商的供货质量、规格、价格、交货期，以及生产能力、服务水平等做全面的对比评估，具体步骤如下。

（1）记录供应商每次供货的情况，包括采购价格、产品质量合格率、实际交货期、客户使用面辅料后的意见反馈、相关部门（生产部、质检部、物料部）对面辅料的质量报告、生产报告与异常情况反映等资料的汇总，并编制面辅料供应与使用情况记录表（表5-11），以便进行细化评估和以后选用同类物料做参考。

表5-11　面辅料供应与使用情况记录表

供应商				公司名称				
联系电话				联系人				
面料种类	面料编号	单价	订单编号	交货准确性	质检情况	生产部意见	客户意见
弹力牛仔布	047			准时	合格	—	弹性不足
牛津布	124			提前3天	竹结纱较多	缩率超标	有色差
棉涤斜纹布	153			延迟2天	不良接头	轻微纬斜	

制表人：_____　　　日期：_____

（2）根据记录表计算面辅料OTD❶和FPY❷，填写供应商评估表（表5-12），对供应商进行量化评分，评分标准见表5-13。

表5-12 供应商评估表

供应商		联系人		
电话/传真		E-mail		
评估时间	_____年___月至_____年___月			
供应品名	使用客户		供应数量	
面料1				
面料2				
面料1评估水平	优秀	良好	一般	差	总分
品质（25分）					
颜色（25分）					
交货期（20分）					
交货数量（10分）					
合同履行情况（10分）					
服务与应变能力（10分）					
备注					
面料2评估水平	优秀	良好	一般	差	总分
品质（25分）					
颜色（25分）					
交货期（20分）					
交货数量（10分）					
合同履行情况（10分）					
服务与应变能力（10分）					
备注					

总体供应评估表现值=（面料1总分+面料2总分+面料3总分）/3
其中：OTD=
　　　FPY=

总结语：
1.
2.
3.

评估员：_____　　　审查员：_____
　　　　　　　　　　　　　日　期：_____

---

❶ OTD：On Time Delivery，订单按时发货的供应准时率。
❷ FPY：First-Pass Yield，一次性检验合格率。

表5-13 评分依据与标准参考表

评分标准	优秀	良好	一般	差
品质（25分）	QC检查没有疵点，没有投诉	个别货品有疵点	存在许多次品，但已作了必要的补充	有许多次品且没有补充合格货品的意向
颜色（25分）	能与客户的颜色标准一次匹配成功	经过2次试样，能与客户的颜色标准匹配	经过3～4次试样，能与客户的颜色标准匹配	难以找到客户的匹配色，无法认可的情况经常发生
交货期（20分）	能按排期依时发货	货期延误2天，但能迅速行动作出补救措施	部分面料延期超过3天	大部分面料延交期限超过4天以上
交货数量（10分）	能按照订购数量准确交货	个别面料缺少3%的量，但能尽快补足	部分面料缺少7%的量，能尽快补足	大部分面料均缺少10%以上的量，补足行动迟缓
合同履行情况（10分）	能保证按合同上的所有承诺行事	大部分承诺能保证完成	一些承诺无法实现	根本无法满足所承诺的条款
服务与应变能力（10分）	服务态度极佳，对特殊要求能尽快满足	个别环节服务欠佳，部分特殊要求能予以满足	没有售后服务跟踪，灵活度低，较难满足变更要求	服务不到位，无法及时满足客户的各种需求

$$OTD = （总订单量-延迟订单量-提前订单量）\div 总订单量 \times 100\%$$

其中：提前订单是指订单从供应商中发出的日期比计划交货日期早7天以上；

迟延订单是指订单从供应商中发出的日期是合同中的最后期限或更迟；总订单量是指当月收到的订单总数量。

$$FPY = 一次性检验合格的订单量 \div 总订单量 \times 100\%$$

其中：一次性检验合格的总订单量是指第一次检验可接受并获得保险单的订单数量。

OTD和FPY的评估数值适用于评核所有供应商的服务水平。如果供应商的发货数量和准时率不能按订单上的要求进行，即使外协加工厂的日期可以被接受，都应当做延期订单处理，除非经双方协商同意变更。

以上几项分数相加得出的总分为最终考核评比分数，以此衡量供应商的供应能力、产品品质和服务水平。

（3）跟单部定期召开供应商评估总结会议，结合面辅料品质分析报告、OTD与FPY的价格评估数据，分析各个供应商的综合表现，总结供应商的优点和不足之处，甄选出优良的供应商。

（4）将评估结果反馈给各个供应商，向部分供应商发出改善建议，要求供应商提供改进措施报告，并准备做下一步评估，以便督促他们提高服务质量，为后续供应工作打好基础。

4. 外协厂评估步骤

当产品无法在本厂独立完成时，需要通过外协单位按本公司提供的原材料、图纸、检验规程、验收准则等进行产品的生产和服务的提供，并由本公司验收的过程，称为外协加工。外协厂主要包括制衣厂、印花厂、绣花厂、洗水厂、染色厂等。对外协厂进行定期的评估，以期客观选择优秀的合作伙伴，为后续订单的顺利进行提供坚强的后盾。评估步骤包括以下几点。

（1）到初步选定的外协厂进行实地考察，审查厂区的设备、技术、卫生等现状及管理水平。

（2）试制样品，对比各厂的技术质量与外观效果。

（3）综合评估外协厂，填写"外协厂评估报告"。洗水厂评估报告范例见表5–14。

（4）建立外协厂信息资料档案管理系统，选定数家洗水厂以备应急之需。

（5）跟踪外协厂的综合表现，并对需要整改的外协厂开展改善后的二次评估。

5. 评估注意事项

一个企业在创业和发展阶段希望得到的支持会有差异，这必然影响企业选择供应商的标准。一定规模与市场占有率能说明供应商的供货能力，但并不能说明该供应商是否适合本企业。而企业在选择供应商的同时，供应商也在选择客户。所以为使评估客观，防止偏颇，在评估供应商时应注意以下几点。

（1）不同物料的供应商应使用不同的审核标准进行评估。

（2）确定合适的供应商或外协厂以前，必须清晰了解客户的需求，明确订单的内容。

（3）诚信是建立长期合作关系的基础，供应商的态度和应变能力是采购能否圆满完成的保证。所以应了解清楚供应商的合作态度，包括接洽采购合同后的改进措施、货款结算、供货准时率和紧急事件的配合度，以及供应次品的态度和处理方法等，勿被供应商现有的设备、厂房、仓库和配送手段所迷惑。

（4）深入了解供应商的主要竞争对手，可以保证公司竞争优势长盛不衰。

（5）随着国际化采购的拓展，选择外地供应商时，还应考虑地域和文化的差异，以及配送时间、运输成本费用等问题。

（6）每次采购过程中均应注意对供应商的时、价、质、量、地五个方面做好详细记录，以便定期评估。

（7）注意所选定的供应商生产能力必须大于订购厂家的服装生产能力，才能确保供应准时到位。

（8）每个供应商都是所在领域的专家，多听取供应商的建议，可以提高生产的可行性，降低成本，提升产品质量。

表5–14 洗水厂评估报告

厂名：_____ 电话：_____ 传真：_____
地址：_____ 面积：_____m² 网址/邮址：_____

评估项目	评估内容								备注
	1. 厂区概况（10%）				2. 设备分析（15%）				
	主要产品	现有客户	每月产量	员工数量	洗水车间（间/m²）	化验室（间/m²）	查货部（间/m²）	干衣车间（间/m²）	洗水板机（台）	洗水大机（台）	脱水机（台）	干衣机（台）	反裤机（台）	蒸汽焗炉（台）	其他（台）	
现状																
得分																

评估项目	现状评估内容						备注
	3. 卫生环境（25%）				4. 品质控制（20%）		5. 技术控制（25%）			6. 合作态度（5%）
	物料仓库	化验室	烘干车间	查货车间	成品仓库	部门检查人数	部门检查记录	检查制度与流程	抽查结果	试板	化验室	洗水	烘干	尺寸	
现状																
得分																

评语：

评核结果：

厂方代表：

备注：总分100分。其中：（1）卫生环境必须在15分或以上；（2）品质控制必须在12分或以上；（3）控制技术必须在13分或以上；
（4）任何项目不能低于2分；（5）不合格工厂三个月内不再评估。

评核员：_____ 评核日期：_____年____月____日

第三节　面辅料样板跟单

面辅料供应商确定以后，都需要试制面辅料样板给客户审核确认，简称打样。通过合格的样板试制和审核，才能确保供应渠道和采购价格的合理性，才能确保购进的面辅料规格、颜色、品质与订单要求相符合，确保顺利完成订单生产。

一、面辅料样板种类

在整个面辅料跟单过程中，需要跟进的面辅料样板有以下几种。

1. 色板

面料颜色样板俗称"手掌样"或"Lab Dip"，是面料供应商按照客户或服装企业要求，专门针对所选定的颜色第一次织制的样板，主要用于确定面料的颜色，简称色板。色板的织制要求快捷、准确，通常由客户指定需打样的色号，色号的来源通常由供应商提供色卡，或从Pantone CNCS❶色卡系列丛书中挑选色号。Pantone色卡如图5-4所示。

2. 纱卡

纱卡也称线卡，是为了确定面料组织成分、手感、特性的纱线样板，如图5-5所示。在面料报价时，跟单员向纱线供应商获取纱卡并寄给客户，选出合适的纱样作为产品的最终标准，确保成衣的生产质量。

图5-4　Pantone色卡　　　　　　　　　图5-5　纱卡

---

❶ Pantone CNCS：即应用色彩体系，是以我国原有国家色彩标准为基础建立的纺织业专用色卡，由中国纺织信息中心与美国Pantone公司合作推出，以"时尚与家居"取代了"纺织色彩系列"，所有色彩以色彩组别进行分类，并按照色谱顺序排列。

3. 确认板

确认板又称为核准板，是面辅料正式投产前，由客户对面辅料整体效果最终确认的样板。确认板需要确认的项目包括：质地、成分；厚薄、重量、幅宽、规格；颜色、图案、纹路、肌理；手感、弹性、悬垂性；色牢度等测试；后整理效果；产地、供应商。

此外，还应包括大货生产厂商、起订数量等资料的审定。面辅料确认板经过客户的确认以后，供应商才能安排面辅料的大货生产。确认板根据确认内容的侧重点，又分为以下几种常见的样板。

（1）手感板。当客户对成品，尤其是各种加软洗水以后的成品有特殊的手感要求时，跟单员应向客户索取最终的手感板，并将手感板和标准要求等资料一起交给面料部或加工厂。面料部或加工厂在进行大货面料生产或洗水时严格核对手感标准，尽量使面料的软硬程度达到客户的手感要求。

（2）印花/绣花板。印花/绣花板是按照客户的要求，在已经织好的面料色样上使用颜色正确的底料、印花料、绣花线，准确的颜色搭配、花型、质地，以及准确的位置和规格统一的图案等，由外协跟单员检查确认样后，寄给客户批复图案效果的核准板。只有客户通过确认的样板，才能进入大货生产。

一般制作印花/绣花确认板的时间为3日左右。外协跟单员要做好印花/绣花板的交接记录，包括外协厂的名称、联系方式、印花/绣花价格、质量等资料，以便以后同类加工业务的查询与联系。跟单员如果有疑问切勿主观判断，一定要及时向客户询问，同时争取缩短样板的确认周期。

（3）洗水板。洗水板是按客户要求进行洗水，检测面辅料洗水后的缩水率、手感、弹性及磨花、褪色效果的后整理样板。同一种面料用不同的洗水方式会出现不同的后整理效果，所以跟单时要注意洗水条件的准确控制。

4. 测试板

测试板是指将面辅料样板或成衣交给专业检测机构进行一系列专门的测试和检验的样板，以确保产品符合客户的标准。

（1）纺织品测试项目。纺织品测试主要分为面料测试与成衣测试两大类，主要测试项目包括以下几项。

①织物结构：织物密度、纱线线密度（原样）、织物幅宽、克重与厚度、针织物线圈长度等。

②成分分析：纤维成分、染料识别、靛蓝染料纯度、可萃取物质、填充料和杂质含量、淀粉含量、甲醛含量等。

③尺寸稳定性：缩水率、皂洗尺寸稳定性、机洗/手洗后外观、商业干洗稳定性与外观、熨烫后外观、热蒸汽尺寸稳定性、松弛及毡化、缝纫线稳定性等。

④色牢度：皂洗牢度、光照/日晒色牢度、摩擦牢度、耐磨洗测试、汗渍色牢度、干洗牢度、水渍牢度、氯漂白、非氯漂白、实际洗涤（水洗一次）、氯化水/海水测试、酸/

碱斑、水斑、印花牢度、臭氧、烟熏、酚类引起的黄化、唾液及汗液等。

⑤燃烧：普通织物燃烧性能、瑞典成衣燃烧性能、燃烧速率（45°角）、阻燃性等测试。

⑥功能性：防污、防尘、防水、阻燃、防风、抗静电、防辐射、夜光、香味、免烫、保暖性、凉爽感等测试。

⑦综合性能：拉伸强力、撕破强力、顶破强力、单纱强力、缕纱强力、钩接强力、涂层织物的黏合强力、纤维韧性、纱线韧性、耐磨性、抗起毛起球性、拒水性、抗水性、折痕回复力、面料硬挺度、弹性等测试。

⑧成衣试验：羽绒绒毛比例、蓬松度、含水率、面料防漏性、服装外观检验、色差评定、接缝性能、双层织物的结合强力、耐磨洗测试、护理标签使用试验与标签建议、成衣尺寸测量、硫化染料染色纺织品的老化等。

⑨绒面织物试验：摩擦色牢度、光照色牢度、水渍色牢度、毛束联结牢度、毛束经/纬密度、底布密度、重量、表面毛绒密度、起绒纱股数、割绒种类、毛绒或毛圈长度、毛绒或底部纤维成分测试等。

⑩环保纺织品：P.C.P重金属、甲醛、杀虫剂以及联苯胺、萘胺、卤素载体等芳香胺类有害微量元素含量等测试。纺织品测试与检查项目如图5-6所示。

由于成衣在高温烘干机的作用下，面料上的纤维容易变得脆弱，所以需要通过焗炉烘干的订单必须将成衣样板烘干后做一项抗撕拉强度测试，找出合适的烘干温度，或选用抗

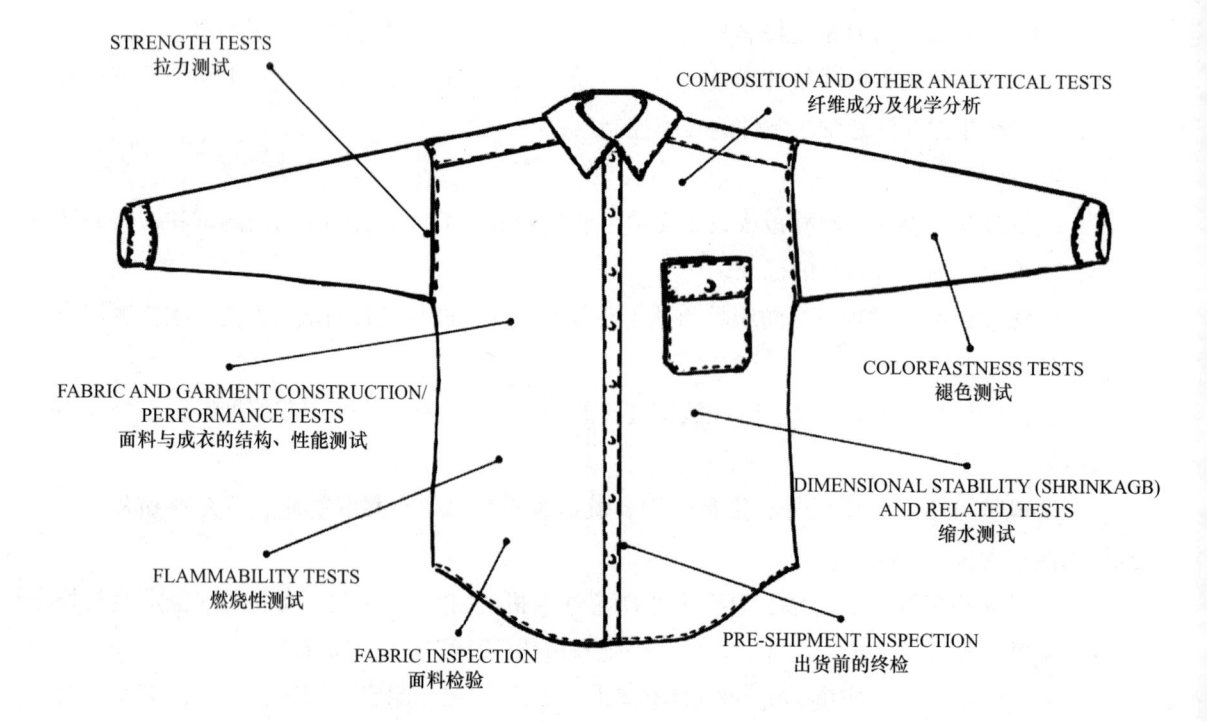

图5-6 纺织品测试与检查项目

撕拉强度大的面料。此外，在注重产品安全和环保意识的今天，产品原材料是否含有不利因素是进出口贸易监控的关键点。所以出口外贸成衣还要经过严格的阻燃测试、重金属微量元素测试等，以确保服装符合进口国检测机构或绿色环保司的标准。面料测试报告格式如图5-7所示。

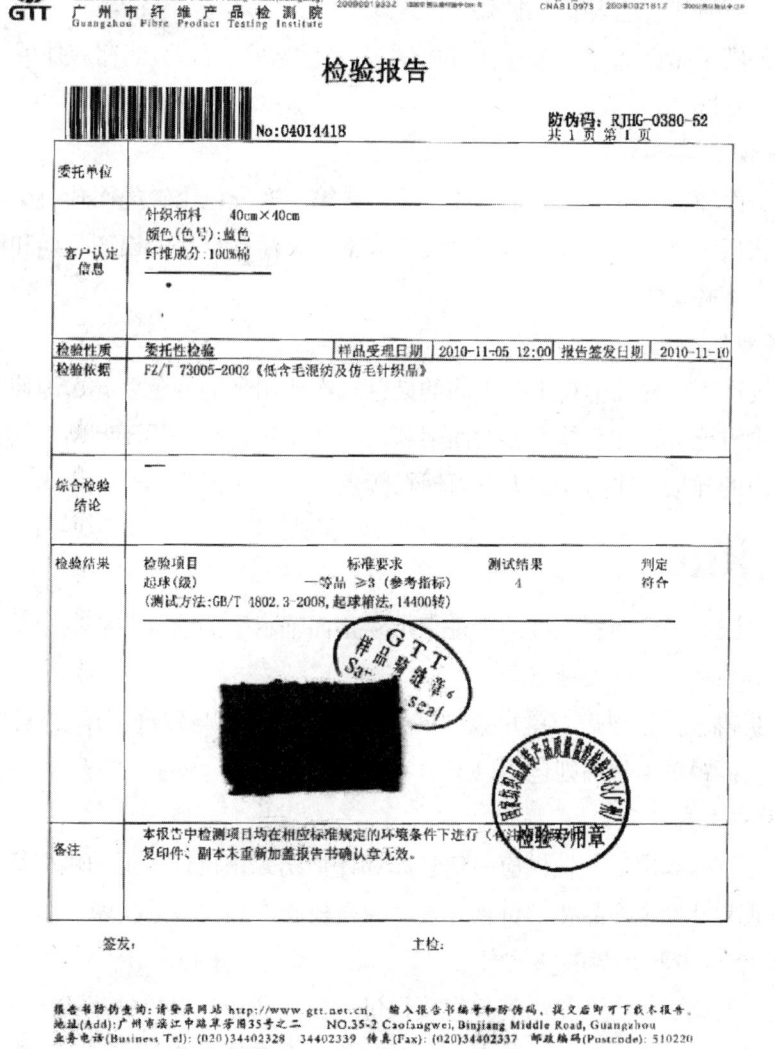

图5-7　面料测试报告样本

（2）辅料测试项目。

①里料：缩水率、色牢度、透气性、吸湿性、保暖性、凉爽感、防钻绒性等测试。

②黏合衬：黏附力、剥离强度、尺寸稳定性；黏衬后面料亮度、色泽、手感；黏衬后的起泡、渗胶现象，热缩率，水缩率；黏衬服装的耐干洗、耐水洗测试以及服装硬挺度等测试。

③填充料：重量、厚度、含绒量、蓬松度、阻燃性、透明度、异味等级、羽绒耗氧指数❶、清洁度❷、压缩与回复试验、皂洗尺寸稳定性、机洗/水洗后的外观效果等测试。

④纽扣类：色牢度、耐热度、撞击力、耐洗液/干洗溶剂腐蚀性、剥离强力、纽扣紧固试验、金属扣抗腐蚀性与防锈性等测试。

⑤拉链：轻滑度、平拉强度、折拉强度、褪色牢度、基布/码带缩水率及使用寿命、拉头往复/耐用性、扣锁性、金属牙抗腐蚀性与防锈性等测试。

⑥线带类：强度、色牢度、缩水率等测试。

⑦其他：魔术贴撕离力、金属扣件的锈蚀/变色试验、洗涤/储存后外观、耐烫性、装饰物附着力等测试。

5. 头缸板

头缸板是面辅料大货生产的第一件成品，或第一次染色出缸的面辅料交给客户批复的产前板。确认板一经客户确认后，跟单员就应密切关注头缸板的出产日期和产出效果，以减少后续生产不必要的失误。

6. 缸差板

缸差是批次不同的面辅料由于不同的染色缸次所出现的颜色差异，即使是同一缸次染出的面辅料也可能会存在色差而影响面辅料的品质。缸差板是用于判断面辅料色差是否在可接受范围内的样板，作为控制大货面辅料颜色标准的样板。

二、面料色板跟单

在面辅料跟单中，面料色板的跟进与批复是面辅料采购前最主要的跟单工作，也是确保大货面辅料顺利生产的关键点。

跟单员获得客供板以后，就可以开展面料色板的试制与跟进工作，具体流程如图5-8所示。面料色板跟单工作细则包括以下内容。

1. 确定供应商

客户提出打样要求后，在供应商信息库和评估结果中挑选合适的供应商，与供应商进行有效的沟通，并确定样品费和付款方式，为样板制作和大货采购做好前期的准备工作。

2. 确定色号与打样要求

早期色样的确定，主要是由客户直接提供布板。随着计算机的广泛应用，许多客户省略供色板的程序，而是直接指定Pantone CNCS色卡系列号，或者按计算机上的色卡标准进行对色分析。

---

❶ 羽绒耗氧指数：指100克毛绒中含有的还原性物质，在一定情况下氧化时消耗氧气的毫克数。耗氧指数≤10为合格，若超过，说明羽绒水洗工艺不够规范，会引起细菌繁殖，对人体健康不利。

❷ 清洁度：通过水作载体，经震荡把毛绒中所含的微小尘粒转入水中呈悬浊状，然后用仪器测定水质的透明度，以确定羽绒清洁程度。清洁度≥350mm为合格，未达到指标说明羽绒杂质多，容易产生背景吸收各种细菌在羽绒中，对人体健康不利。

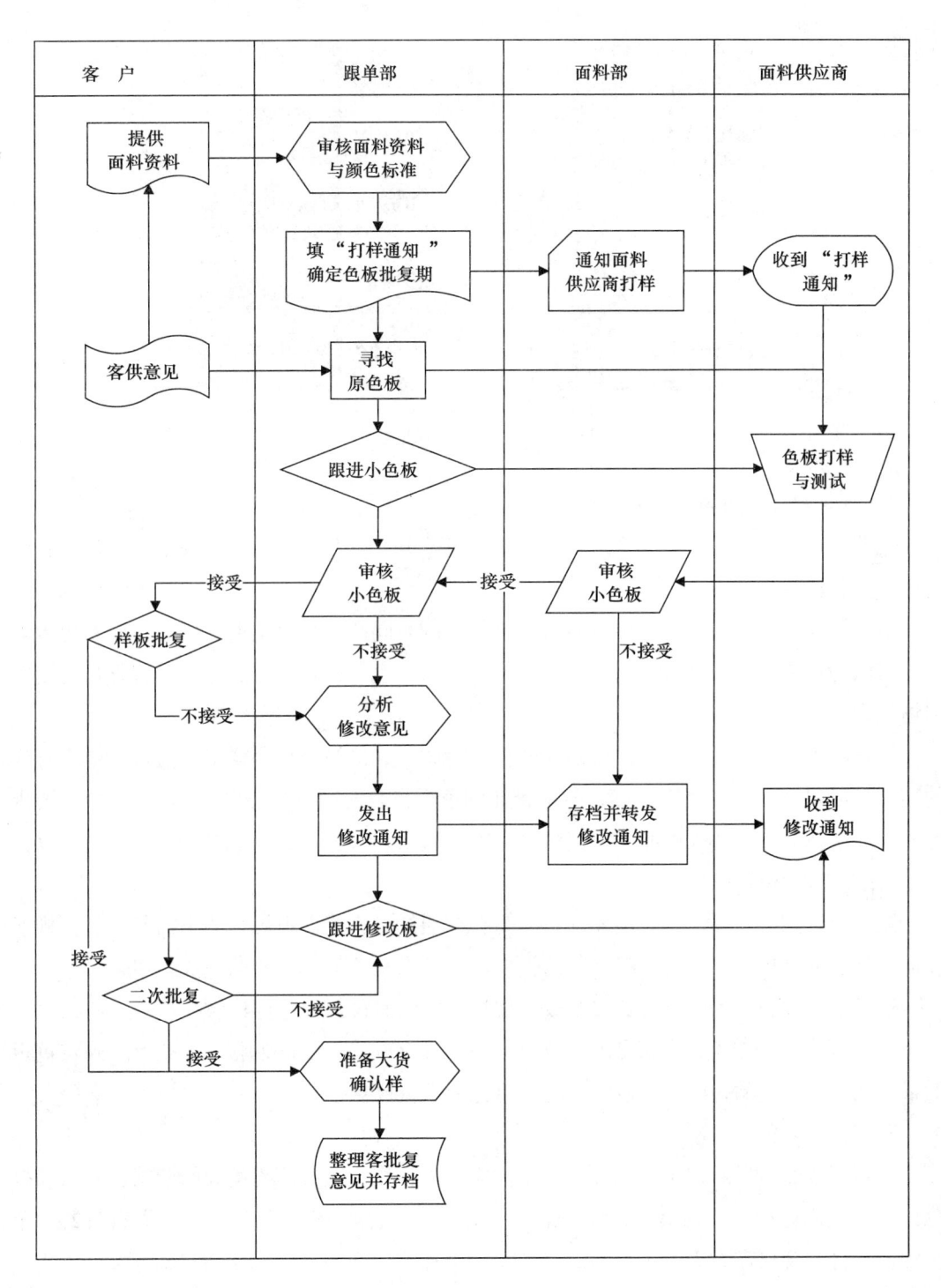

图5-8 面料色板跟进流程

也可以由面料供应商提供面料色卡，如图5-9所示，跟单员将色卡布样提供给客户，并敦促客户在供应商所提供的色卡或纱卡中选定所需色号，这样既可以节省打样时间，简化批复与修改工作，又可以方便面料采购，减少面料供应上的差错。

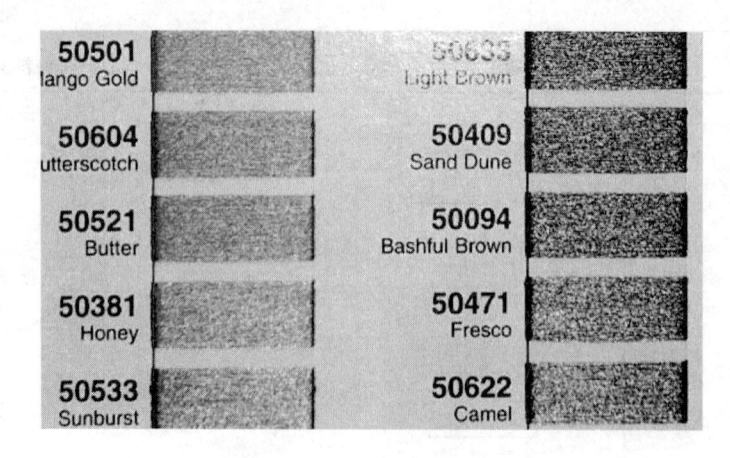

图5-9　某供应商提供的色卡

3. 确定打样费用与批复期

根据打样要求，与供应商确定打样费用与付款方式，并咨询或初步确定面料价格；然后向客户获取收款方式。

在打样前，跟单员应初步确定面料色板的试制时间和批复审核期。通常，面料色板的织造时间为：染色烧杯样3天左右，印花样8天左右，色织样10天左右，遇到特殊情况则需酌情处理。

客户收到色板以后，大概需要两周的批复时间。如果第一次小样未获通过，重新打样的客户批复时间约为一周。当然，各个企业的色板批复时间不尽相同，例如，A企业要求色板批复期在交货期90天以前必须结束，而B企业色板批复期则可在交货期150天前完成。

4. 填写打样通知单

跟单员按照客户提供的色板要求，填写打样通知，作为面料织造的书面要求。打样通知内容如表5-15所示。所有资料必须认真核对，检查是否与客户要求一致。

通常普通面料每种颜色打2~3个板，化纤类染色面料每种色打4个板。

附在打样通知单上的色板规格要求不小于6cm×6cm，并需随附纱线样板。固定色板时最好用双面胶粘贴，以便对色时容易撕离色板进行比对评定。

5. 通知打样

填写完毕的打样通知单送到面料部或供应商处，作为织造面料色板的依据，并通知打色样，即试制色板。原则上，化纤类染色布通常需要打4个样，其他类型的面料打2~3个样即可。打样规格需大于6cm×6cm，才能在灯箱或分光度计中进行准确的观察。

打样所用的坯布应与大货生产用的坯布一致，并按照大货生产特点和后整理要求进行相应的工艺处理，避免无谓的重复翻修。

6. 色板评核

（1）面料部跟单员盘点签收色板。如果出现尺码不足或缺少重量的现象，应确认缺少的数量，并向面料供应商追索不足的部分或适当的赔偿。

表5-15　打样通知单

客户名称：_____　　制单编号：_____　　款号：_____

面料编号		交板期	
组织成分		色号	
纱支要求		打样规格	
花色要求		打板数量	
对色光源		色牢度	
原样色板	新打色板			
	A	B	C	D
（贴板处）	（贴板处）	（贴板处）	（贴板处）	（贴板处）

申请部门：_____　　填表人：_____　　日期：_____

（2）对色。由面料开发部、跟单部、物料部与质检部QC共同审核色样，对比客供板间的颜色差异，并判断是否在可接受的范围内。确认色板时必须根据表格内的色名与色号，找到色卡上相应的颜色进行对色。固定色板时用双面胶粘贴，以便撕离并拿起色板进行评定。

面料颜色鉴别与外部环境、所选用的光源和光的质量有直接关系，同色面料在不同光源质量和亮度下会有不同的色泽偏差。同时，面料颜色的辨别还与照明强度有关，一般照明强度越大，对面料颜色辨别的准确度就越高。在弱照明条件下，暖色系接近红色，冷色系接近绿蓝色。在微光视觉条件下，除了天蓝色以外，其他颜色都比较难辨别出来。面料在各种色光下呈现的颜色如表5-16所示。

所以鉴别面料颜色前，首先应该清楚光源质量和亮度的变化。光源质量包括光线均匀性、稳定性和光色效果。光线均匀性是指光线照度和视野内亮度均匀，没有局部强或局部暗的现象。光线稳定性是指亮度保持不变，没有波动频闪的情况。光色包括色表和显色性。色表是光源所呈现的颜色，如高压钠灯灯光显示金白色。如果照明有颜色，面料显现的颜色也会发生变化，当不同光源分别照射到同一种颜色的物体上时，该物体会表现出不同的颜色，这就是光源的显色性。显色性由显色指数表示，通常以显色性最好的日光为标准，规定日光显色指数为100，其他光源都小于100。显色指数越小则显色性越差，如表5-17所示为常用光源的显色指数。

表5-16　面料在各种色光下呈现的颜色变化

面料原色 \ 面料显色	照明的颜色			
	红色	黄色	绿色	蓝色
白色	淡红色	淡黄色	淡绿色	淡蓝色
黑色	红黑色	橙黑色	绿黑色	蓝黑色
红色	灿红色	亮红色	黄红色	深蓝红色
天蓝色	红蓝色	淡红蓝色	绿蓝色	亮蓝色
蓝色	深红紫色	淡红紫色	深绿紫色	灿蓝色
黄色	红橙色	灿淡橙色	淡绿黄色	淡红棕色
棕色	棕红色	棕橙色	深橄榄棕色	蓝棕色

表5-17　常用光源的显色指数

光源	显色指数
高压钠灯	21
高压汞灯	22～51
金属卤化灯	53～72
白色荧光灯	55～85
日光色荧光灯	75～94
氙灯	95～97
白炽灯	97

图5-10　人工分色/配色箱

可见，面料颜色会随着照明条件的不同而发生变化，面料的本色只有在天然白色光的照明条件下才能真实地显示出来。因此在进行色板对色时，应正确选择光源。常见的对色光源有自然光和灯光两种，灯光又分荧光灯、白炽灯等。跟单员应根据客户指定的对色光源❶或打样通知书的规定，运用标准的验色灯箱❷进行色板对色，同时避免跳灯、炫光等现象，以提高对色的准确率。对于质量标准高、要求严的产品，色板对色应由专门技术员在指定地点进行。如图5-10～图5-12所示是常用对色仪器和工具。

---

❶ 对色光源：常见的有D65、U3000、TL84灯光、LD65中午日光等。
❷ 标准颜色灯箱：常见的标准灯箱有美国Machbeth Spectrum III 灯箱、英国BS950标准灯箱、ISO照明标准灯箱。

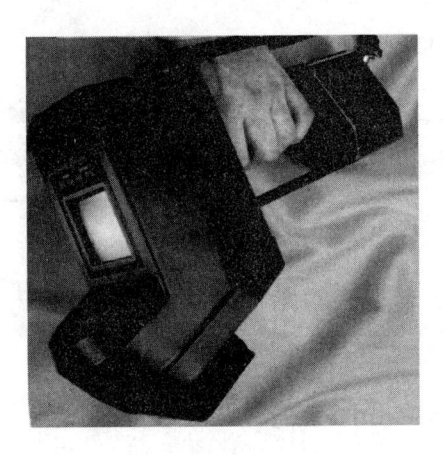

图5-11　便携式测色议　　　　　　　图5-12　电脑配色仪

（3）跟进客户批复意见。跟单员将色板和评定报告一起交给贸易行或客户批复色板；然后记录客户批复意见，无法通过的样板则通知织布厂修改，然后跟单员复核返修的样板，并再次交给客户最终确定大货面料的颜色。在客户批复样板的阶段，面料的成分与供应商应该基本确定，随时可以进行入大货面料的织造阶段。

7. 客批色板

面料色板对色合格后，跟单员将色板送交客户批复，回收并分析客户的批复和修改意见，以此确定大货面料的颜色。通常在客批布板的阶段，面料的原料成分和供应商均已基本确定。需要洗水的订单还应敦促客户批复洗水色板。

如果色板无法通过客户的审批，应提醒客户提出更正色板的具体要求，如"朝白色方向改浅些""朝色彩方向改亮些""朝黑色方向改深些"。也有用英文缩写批复评语，如"LG"（少绿：Less Green）；"AY"（多黄：Add Yellow）。同时，再次要求客户提供新的对照色卡，以便按要求进行修改。如果客户只确认了订单中的部分色板，跟单员应留意跟进其他色板的确认进度，并在跟单排期表内确认新的批复期，以便后续面料织造的跟进工作。

8. 分发与存档

色板经客户批复后，跟单员应详细记录每个客户对色板的批复意见，总结各个客户的不同特点和要求，以便日后改进面料色板的跟单。如表5-18所示是客户对面料色板批复情况的汇总表。

接着，跟单员应将最新确认的色板制作成一式三份的面辅料标准卡，分别送到面料采购部、供应商及跟单部存底，方便后续生产过程中核对大货颜色。

客户确认色板以后，就可以进行大货面料的生产，跟单员也开始准备跟进大货面料头缸板与缸差板的批复工作。

已经用完的色板应汇总贴在色板卡手册内，并根据打样通知书标明色号、色名、色样编号、送样日期等，以便随时翻查。注意妥善保管色板卡，防止褪色、潮湿、发霉或虫蛀

表5-18　客户批复面料色板情况汇总表

_____年_____季度

订单编号	客户	面料组织结构与原料成分	后整理	色号	颜色名称	面料供应商	客户评语记录	备注
KJ1730-Mb	JBR	20/1支单面平纹料（100%全棉）	石洗	571	蛙蓝色	TMO-东莞	1. 减少蓝色和灰色（22/8） 2. 需增加红色和些许弹力（25/8） 3. 石洗以后，应减低蓝色和黑色，弹力效果跟回25/8的板（28/8） 4. 可以进入大货布的生产（2/9）	

跟单员：_____

等现象，并定期清理已经过时的布板，将不用的样板作封存或丢弃处理，以便腾出文件夹和空间放置新的布板。

三、洗水/印绣板跟单

洗水/印绣板测试跟单是针对后整理有特殊要求的订单，如牛仔磨白洗、毛衣加软洗、裁片印花、绣花等，选择合适的外协厂，检测洗水后面料的缩水率、手感、弹性、磨花、褪色、印花、绣花等效果是否符合订单要求的跟进过程。

洗水/印绣测试板跟单步骤有以下几项工作。

1. 选择外协厂

不同的面料用同一种洗水/印绣方式会出现不同的后整理效果，这与外协厂的技术有直接关系。尤其是成衣洗水，同样的洗水方式和洗水配方，如果地域的水质（硬度、微量元素含量、pH）不同，洗水效果也会而有所差异。所以跟单员应根据外协厂综合评估的结果，选择适合客户要求的优质外协加工厂。

2. 填写并发送试板通知

跟单员根据订单的洗水/印绣的要求，填写试板通知，试洗水通知/报告范例如表5-19所示。

然后将试板通知单与客供色板一起、试板用的面料（每种面料各剪取长1m的布块）一起送交给选定的外协厂。如果客户没有提供样板，应将客户已经确认的成衣样板作为面料洗水/印绣测试的标准。

3. 填写洗水/印绣记录

外协厂接到试板通知和客供色板以后，按要求确定试制样板的方式。以洗水为例，洗

表5-19 试洗水通知/报告

洗水厂：_____　　　　　通知日期：_____

订单编号		订单日期	
客　户		款　号	
面料名称		交货期	
洗水数量		缸　数	
洗水方式			
洗水要求			
客供板	（粘贴处）		
洗水板	（粘贴处）		
洗水厂 洗水记录	洗水剂使用情况： 洗水方法： 洗水效果： 洗水厂负责人：　　　　日期：		
面料部 批核意见	面料部负责人：　　　　日期：		
跟单部 批核意见	面料跟单员：　　　　日期：		
客批评语	客户签名：　　　　日期：		

水厂要在洗水报告上详细记录洗水药剂的使用情况、洗水方法、洗水效果等。待洗水完成后，将洗水报告与洗水后的布块、客供色板、送货单一起送到面料部。

4. 查收并批核样板

面料部收到外协厂送回的样板和试样报告后，在送货单上签收确认，作为日后的付款凭据。然后认真检查测试板与客供色板是否存在误差，同时，在试板报告中做详细的记录，并签署批核意见；再将试制的样板、客供色板和试板报告送到跟单部。跟单员根据客户的要求，仔细核对试制样板的颜色、手感、缩水率、柔软度、褪色磨白效果、印花绣花图案的完整性、印花绣花的位置等，并送交客户批复。

5. 寄板并确认客批效果

跟单员将试制的样板和试样报告寄给客户进行审批。如果跟单员收到客户不接受的批语，首先应该与客户沟通，再与面料部、外协厂共同商讨更合适的加工方式，直至测试效果得到客户认可。如果多次测试仍无法获得客户的满意，则考虑更换面料、供应商或外协厂。

6. 制作并发放标准卡

面料洗水/印绣测试板获得客户的认可后，跟单员要剪取数份布样，洗水后的布样还需与洗水前的布片叠在一起，然后制成数份洗水标准卡，分别送面料部、资料部、营业部、加工厂等相关部门，作为核对大货面料颜色的标准板。客户批核评语和客供色板则由跟单部存档保管。洗水标准卡范例如表5-20所示。

表5-20 洗水标准卡

日期：_____

制单编号	WM—P/C—3495—461	合同编号	T—01628—5
款式描述	女式休闲长裤	客 户	GROT
面料种类	全棉斜纹布	面料结构	108×56/16×12
面料编号	D02017AC	布幅宽度	144cm
纤维成分	100%棉	面料供应商	NDP
颜 色	绿色	洗水厂	RTT
色 号	4669#	洗水方式	石磨加矽软洗

洗水前后对比样板：

客户接受/复核日期：_____

制 卡 人：_____ 复核签名：_____

需要测试特殊洗水效果的订单，可将洗水样板制成裤筒状半成品进行洗水测试，以检验洗水后裤缝间的磨白和雪花凹凸纹等效果。

四、缩率测试板跟单

缩率测试分为水缩测试和热缩测试两种。

1. 水缩测试板跟单

水缩测试的目的是为了确定面辅料的缩水率，一般由加工厂或面料部派专人负责。跟单员跟进测试情况，及时收取缩水测试报告，并将测试结果通报客户。

水缩测试主要分面料洗水测试与成衣洗水测试，通常是在批量织布之前完成第一次面料洗水测试，开裁前完成第二次面料洗水测试和第一次成衣洗水测试，成衣批量洗水前再完成第二次成衣洗水测试。

水缩测试方法和缩水率标准应严格按照合同规定或客户的要求，控制严格的企业通常规定同一批各种颜色面料的缩水率误差均不得超过±2%。

面料洗水测试与跟单步骤如下。

（1）剪布板。在每批面料中各剪取每色1.5m长的面料。同时，在每色面料中剪数份布片，每份15cm×18cm，用于制作洗水前后对比标准卡的洗水前样板。

（2）做记号。用油性笔沿着面料的经纬纱向作数个"十"记号，并记录两个记号之间的长度。特殊的面料直接给出一定的记号间距，如弹力牛仔面料因纬向缩水率高，所以用经向记号间距长80cm、纬向间距长13cm的标准。

（3）洗水。将布样拿到洗水厂，按照订单上成品后整理的方式进行洗水、熨烫。

（4）尺寸测量并记录。铺平洗水布样，分别测量经向与纬向记号间距的尺寸，算出平均值。并与洗水前的数据进行对比，将结果记录在水缩测试报告上。注意容易变形的面料切勿拉扯拖拽，以免影响测量的准确性。

（5）制作并发放洗水板。在洗水后的布样上剪下数块15cm×18cm的小布板，与洗水前剪取的布板一起贴在水缩测试报告上。然后，客观评价测试结果，形成完整的水缩测试报告，送交客户批复。同时，将洗水结果和布板送呈面料部、采购部、纸样CAD房、生产部、跟单部各一份。

2. 热缩测试板跟单

对于受热容易出现收缩的面料，如法兰呢、莱卡、斜纹棉布等，一般都需作热缩测试。

测试用的面料裁剪方式、尺寸和数量，与水缩测试法相同，采用熨烫加热法测试面料受热后的伸缩情况。测试报告内容与水缩测试报告大体相同，除了交给客户批复以外，还需分送面料部、采购部、纸样CAD房、生产部、跟单部各一份。已装配电子供应链管理系统的服装企业，只需将测试结果和评语输入管理系统，并通知各相关部门下载即可。

如果测试结果显示缩水率不符合要求，跟单员应通知面料部负责人重新选取面料作测试。若再次测试的结果仍不符合要求，则需联系面料供应商，商讨换货或退货的解决办法。

五、综合性能测试板跟单

对服装质量要求较高的客户会要求对面料性能作综合性的测试。面料性能综合性测试通常需要纺织品专业检测机构才能完成。许多客户在采购成衣时，都要求企业出示权威测试机构的检测报告，以保证产品符合国际通行标准。

测试板跟单步骤如下。

1. 提取测试样板

跟单员在每种颜色的面料中剪取3~5m/色作测试板。

2. 确定测试要求

根据客户的要求，清晰列出需要测试的技术指标。

3. 寄送检测样板

将测试板和检测要求寄往客户指定的机构进行专业检查和测试。伦敦ITS、瑞士SGS、法国BV和美国MTL是国际知名的四大测试公证机构，可提供纺织品类全面的测试、检验、认证及各类产品的其他相关服务，也有些客户只是认可部分机构的检测报告，如日本某客户指定要求香港KAKEN公司做面料样板测试。

4. 跟进客户批复意见

测试完成后，跟单员要认真查阅综合检测报告，验证测试结果是否符合客户的标准并送呈客户批复。如果测试结果不符合客户标准，则应立刻通知面料供应商和加工厂，并积极寻求解决方法。

六、辅料样板跟单

1. 收集并分析辅料资料

在进行辅料打样前，跟单员必须先将所有辅料分为客供辅料和厂供辅料，然后，收集和整理需要采购的辅料资料，包括客供款式草图（PDM）、客供板、辅料样卡、辅料供应商资料、销售订单、辅料采购清单、生产制单等。

2. 确定辅料起样与批复期

在打样前，跟单员需做好计划，初步确定所有辅料的批复审核期和辅料入厂期，并填入跟单排期表，以便控制辅料的到厂进度。

辅料打确认样的时间原则上要求交打样资料以后三日内完成。当然，具体批复时间应视实际情况而定。

3. 通知打样

由于打样需要收取一定的样品费，所以在打样前，先与辅料商谈妥价格，接着征得客户同意并获取收款途径和方式，尤其是新客户。

然后，根据客供板或打样要求填写打样通知单，并与客供板一起交给辅料供应商打样。

4. 辅料测试

需要进行洗水与熨烫测试的辅料有：线、衬布、里料、拉链、带条等。加工厂在制作成衣样板时会选用合适的辅料，与成衣样板一起进行洗水和熨烫等测试。

辅料的洗水与熨烫测试一般是由跟单员和外厂协调员配合负责跟踪，主要是检测辅料的热缩与水缩的缩水率、色牢度等，并与面料的测试结果相比较，经反复测试无误以后，才能确定辅料的采购种类。

5. 辅料样板评核

辅料样板制好以后，需陆续通过辅料部、跟单部、生产部等部门的评核，确保所有辅料都能获得客户的认可。辅料样板的评核要点包括以下几方面：

（1）数量、规格、颜色、质感。

（2）原材料的成分、质量。

（3）物理性能与化学性能（包括收缩率、色牢度、耐磨性能等）。

（4）与面料的搭配效果，与面料特性的匹配情况。

检查合格的辅料应及时寄给贸易行跟单员或客户评核。如果样板不合格，应马上通知供应商重新提供新的样板以便再次审核。

此外，跟单员还应审核供应商以往供应辅料的情况，以便最终确定大货辅料采购的供应商。

客供辅料无需跟单员审查和客户批复，只需接收客供标准板，并统一检查验收客户发来的原材料或代客购买即可。厂供辅料则需跟进辅料样卡的打样和评核事宜。客供与厂供辅料的跟单流程如图5-13所示。

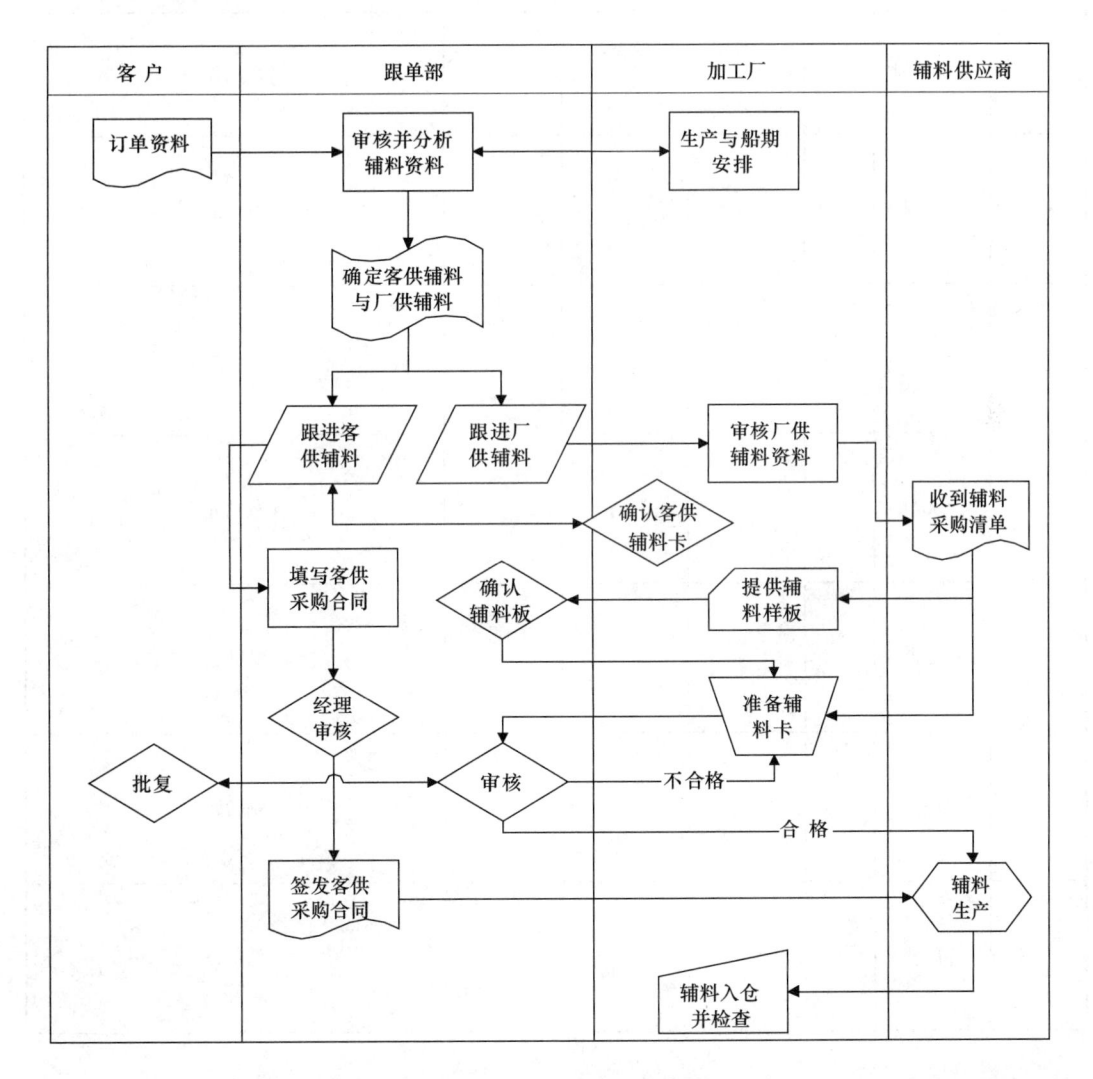

图5-13　客供与厂供辅料跟单流程

6. 制作辅料卡

客供辅料卡直接由客户或指定的辅料供应商提供给贸易行。

自购辅料样板经客户批复后,跟单员收齐客供辅料卡,与已经审核通过的自购辅料一起汇总整理,制作成完整的订单辅料卡,如表5-21所示。

表5-21 辅料确认卡

供应商			合同编号			生产订单号	
客户			款式			生产数量	
辅料种类		色号	规格	测试结果	客户批复日期	实物样板	
里料	塔夫绸					(粘贴处)	
衬布	非黏合衬					(粘贴处)	
衬布	黏合衬					(粘贴处)	
缝纫线	#603					(粘贴处)	
	#602					(粘贴处)	
饰带	窄饰带					(粘贴处)	
	花边					(粘贴处)	
拉链	6英寸					(粘贴处)	

续表

辅料种类		色号	规格	测试结果	客户批复日期	实物样板
商标	主商标					（粘贴处）
	护理商标					（粘贴处）
	成分商标					（粘贴处）
吊牌	含吊粒					（粘贴处）

填表人：_____ 审核人：_____

7. 发放辅料卡

辅料卡一式四份：一份与客户评语一起寄给加工厂采购部，作为大货辅料采购的标准，并通知辅料部准备订购辅料。另一份交给驻外协厂质检员，以便做好自购大货辅料进仓的检查工作。剩余两份和质检报告一起寄给贸易行跟单部和客户存档。

第四节　面辅料采购跟单

面辅料采购跟单是将生产订单所需要的所有面辅料从供应商处按质按量地移交到服装加工厂的管理过程，这是服装企业供应链管理中的基本活动之一。面辅料采购的准确性与产品的质量、成本、交货期以及企业库存都有着直接关系，因此采购跟单员必须切实做好面辅料采购跟单工作，确保面辅料适时、适质、适地、适量、适价采购到位。

一、面辅料采购前期跟单

在面辅料正式采购以前，需要开展预算用量、确定采购种类、采购数量与采购时限等许多准备工作。采购前期的准备工作开展得当，能防止采购品种和数量的偏差，确保后续采购工作顺利进行。

面料采购前期的跟单工作包括以下内容。

1. 收集面辅料资料

（1）收集采购资料。跟单员应敦促客户提供面辅料样板和订购要求。采购前需要收集的面辅料资料包括以下内容。

①实物样板：客供色板、面辅料手感板、客户确认样（头缸板、缸差板、测试板、辅料卡、成衣款式与辅料搭配效果板等）。

②订单基础资料或销售合同复印件：包含设计款式图与生产图样、订单数量、交货期等。

③面辅料资料：包括面辅料名称、面料幅宽、组织结构、纤维成分、面辅料价格、用量预算、质量要求、款式图案、规格、色号、颜色分配、包装用料等。

④生产资料：包括生产制单与工艺要求、印花/绣花图样、洗水后整理方法、客户特殊要求、生产排期表、船期表等。

⑤其他相关资料：客户批复评语与更改意见、合同补充协议、供应商资料等。

（2）审查资料。跟单员备齐上述资料以后，需核对上述资料有无前后矛盾；仔细查阅由开发部转来的客户确认样是否齐全；与客户提供的原色板是否相符；制作工艺和生产细节是否完全统一、有无遗漏之处等。有疑问或标示不清晰之处应及时咨询相关部门。

（3）资料存档。资料收集完整以后，所有资料输入订单资料管理系统，并将面辅料明细表（含面辅料尺码分配、规格、颜色与色号、款式要求、实物图样等）分发给有关部门。

如果客户指定面辅料供应商，则应要求客户提供供应商的详细资料，包括供应商名称、联系方式、面辅料种类等。如果面辅料是由客户提供或负责订购，则跟单员必须在面辅料订单管理表上注明"客供"字样，并与客户确认到货日期、交货方式、交货地点等。

2. 确定面辅料获供途径

贸易行跟单员首先应确定不同面辅料的来源途径、种类和数量，整理出订单中需要订购的辅料品种。面辅料获供途径主要有客户提供、贸易行购买和加工厂采购三大途径。

（1）客供料：主要是指品质要求比较高的，工厂难以采购，需要到海外采购的特殊原材料，包括商标（品牌商标、成分商标、尺码商标等）、吊牌、腰卡、价钱牌、衣架、尺码贴纸、包装胶袋等生产后期和包装用物料。

这是来料加工中最简单的一种面辅料获取途径，在与客户签订成衣生产订单的同时，签订面辅料供应合同，由客户直接提供或由客户代购面辅料。

（2）贸易行购料：是指客户有特殊要求的物料，可通过贸易行中转采购，由供应商供货给加工厂，例如面料、纽扣、拉链等具有特殊效果的客户指定面辅料。

（3）厂购料：主要是常用的面料、里料、袋布、缝纫线、衬布、普通纽扣、拉链、带条、罗纹条、松紧带等生产前期使用的面辅料。通常贸易行先预付部分资金给加工厂，由加工厂根据订单与客户的需求，直接向供应商采购的原材料。

由于不同的客户对面辅料的要求各有差异，许多客户会根据贸易公司所能提供的面辅料品种、质量和价格的实际情况，来决定自供料的品种和数量，剩下的物料再由贸易行或加工厂负责购买。

确定由工厂采购的面辅料资料，应及时发给工厂跟单员，并督促厂部跟单及时提供辅料实物样卡给贸易行审核批复，以便尽快确定厂供料能否顺利采购。

3. 面辅料用量预算

面辅料在服装成本中占比非常大，所以采购前做好用量预算，能达到适量采购、降低成本的目的。由于面辅料用量预算存在不确定的因素，所以进行用量预算时既要有认真细致的责任心，又要有丰富的经验，统筹考虑订单生产的各个环节，尽量减小用量预算与实际用量的误差。

（1）梭织成衣面料预算。

①单件样衣用料预算。通过制板排料，将一款样衣的所有纸样放在一定幅宽的面料上进行排料，所耗用的长度为单件样衣的面料用量。为了节省用料，排料时应根据面料幅宽进行各种排料尝试，制订出最佳、最省料的排料方法。

同一个款式成衣如果用不同幅宽的面料进行排料，则耗料长度有所不同。如表5-22所示是各种款式的成衣用不同幅宽面料的用量预算参考表。

表5-22 单件样衣用料预算参考

成衣种类 \ 面料幅宽	90cm	115cm	145cm
男装长袖衬衣 (领/胸围≤120cm)	衣长×2+袖长	衣长×2+30cm	衣长+袖长
A型小摆裙	裙长×2	裙长+15cm	裙长+5cm
A型宽摆裙	裙长×2	裙长×2	裙长+5cm
西裤 （臀围≤120cm）	裤长×2	裤长×2	裤长+10cm
夹克衫	衣长×3	衣长×2+袖长	衣长+袖长+25cm
西服	衣长×3+袖长	衣长×3	衣长×2+15cm
背心	衣长×2	衣长×2	衣长+5cm
旗袍	裙长×2	裙长+袖长+10cm	裙长+袖长

对于款式复杂的样衣，跟单员应先整理面料样板、面料幅宽、面料复杂花色图案、特殊面料的裁剪方法、洗水方式、缩水率、生产纸样、尺码分配比率等资料，送交排料部，然后要求排料部在1天内算出面料的准确用量。

②大货生产用料预算。大货生产用料预算一般用YPD❶ 表示。

---

❶ YPD：Yard Per Dozen，每打（12件）衣服的用布量，单位长度：码。1码=3英尺=0.9144米。

为了使大货生产用料预算更准确，首先应定出用料预算的尺码，如选取订单中成衣数量最多的中码为用料预算的尺码。也可以根据订单数量，计算各个尺码所占的比例，取比例均值作为用料预算的尺码。例如，欧美地区人的体型普遍比较高大，所以欧美订单中大码数量多于小码数量，此时应取比值较大的1个尺码（如L码）或两个码的平均值（如M码和L码或L和ＸL码），作为基码进行用料预算。

定出用料预算的尺码后，通过成衣排料确定需订购面料的幅宽和码长。也可以参考以往同类订单的用布量进行预算。

③大货生产损耗。在大货生产过程中有一定数量的面料损耗，用料预算时应增加一定的损耗比率。具体损耗有以下几方面。

A. 面料特性导致的损耗

a. 回缩损耗：在后定形或卷布包装时，都需要一定的外力作用才能完成。组织疏松与弹性面料由于容易被拉长变形，松布一段时间后，面料会自然回缩。

b. 缩率损耗：包括面料遇热收缩和遇水收缩的损耗，通过规范的洗熨测试可计算出准确的缩率损耗。表5-23是常见成衣洗水的不同损耗比率。

表5-23 常见成衣洗水缩率损耗

序号	洗染类型	面料损耗比率（%）
1	无需洗水	0.5
2	普通成衣洗水	0.5
3	重石洗	0.5～1
4	沙洗	1.5
5	漂洗	1.5
6	石漂洗	1.5～2
7	化学洗	1.5
8	酵素洗	1.5～2
9	磨损洗	2～3
10	成衣染	4～5
11	颜料染	4～5

c. 避裁损耗：面料在织造过程中，由于技术、机件的原因，容易造成纱线断头、跳花、跳纱等疵点，成衣排料时需避裁织疵。一般等级越低的面料织疵越多，避裁损耗也越大。

B. 生产所致的损耗：

a. 断料损耗：铺布断料时由于每层布的左右两端落剪不齐以及布匹头尾的余料所产生的损耗。

b. 次品损耗：由于生产不当产生次品，需要重新配片补裁造成的面料损耗。实际生产中的次品损耗应控制在2.5%左右。

c. 放量损耗：有特殊花纹和图案的面料、条格面料，以及表面带绒毛或线圈的面料（如抓毛卫衣布、磨毛布、有毛圈和长毛绒的针织面料等）都具有方向性，通常要求衣片上下、前后均按同一方向排料，不能出现倒毛、倒花或色差等现象，所以应在净色面料标准用量的基础上加放花色面料的加放量损耗。

一般需要顺向排料的单向面料，每件成衣需加放8cm的排料损耗。印花、提花或横条色纱间、格仔料等面料需增加5%~10%或三个循环格的对格损耗；夹棉类或羽绒类服装需增加5%的绗缩损耗。

d. 试样损耗：在签订订单前后，都需要试制大量成衣样板和面辅料卡给客户批复，并对面料或成衣做各种性能测试和后整理检验。正式投产以后，还需向客户提交产前板、船头板等生产样板，这些都需要损耗一定量的面料。

大货生产用料预算公式：YPD=单件成衣用量预算×12×（1+生产损耗率）

与大货生产相关的排料房、裁剪房、缝纫车间、洗水房等部门应充分预计面料的损耗，并提交面料损耗报告。跟单员根据各部门的损耗报告，计算出大货生产中每打成衣用量。常见成衣款式面料用量预算如表5-24所示。

表5-24　各款成衣面料用量预算参考表

类型	款式	115cm布幅宽	145cm布幅宽
短裤	普通款式 （内侧缝12cm以内）	9m/打	7m/打
长裤	普通款式 （内侧缝80cm以内）	22.5m/打	19m/打
长裤	复杂款式 （内侧缝80cm以上或反裤脚）	27m/打	22.5m/打
衬衫	传统款式 （衣长75cm，胸围110cm以内）	27 m/打	20.5m/打
A型小摆裙	普通款式 （裙长65cm以内）	12.5 m/打	10.5m/打
A型宽摆裙	普通款式 （裙长65cm以内）	19m/打	14m/打
夹克衫	普通款式 （衣长75cm，胸围125cm以内）	34m/打	26m/打
西服	传统款式 （衣长75cm以内）	35.5m/打	25.5m/打
背心	传统款式 （衣长60cm以内）	12m/打	9.5m/打

（2）针织成衣面料预算。针织面料预算主要有两种方法，一种是通过单件衣物中纱线的重量与纱线的单价进行预算；另一种是通过排料预算出耗用的面料长度。

①针织成衣纱线克重❶计算法

方法一：用克重仪称出圆布片的重量。此法简便精确，但需要专门的克重称量器。

方法二：剪一块1米（或1码）长的面料，测量幅宽（米或码），然后称布重（克/米或盎司❷/码），套入公式得：克重=布重÷布幅宽。其中：克重（g/m^2）=克重（oz/y^2）× 28.35÷0.9142

常见织物克重参考值如下。

a. 薄型棉织物：70～150g/m^2。

b. 厚重型棉织物：160～250g/m^2。

c. 薄型丝织物：20～80g/m^2。

d. 凡立丁(精梳)毛织物：185 g/m^2左右。

e. 厚花呢(粗梳)毛织物：280g/m^2左右。

坯布克重是考核毛织物物理性能和品质的重要指标。精梳毛织物、毛型化纤织物每平方米克重偏轻值不超过5%为一等品；在5%～7%之间为二等品。

在常用面料和一般织染整工艺的条件下，坯布克重与成品克重的换算公式：坯重=成品重×坯重系数❸。

影响针织成衣克重的因素有如下几点。

a. 原料纤维、织物构造方法不同，成衣的克重会有所变化。例如，普梳纱杂质多，故同种线密度的普梳纱会比精梳纱轻。

b. 染色工艺、染料特性不同，成衣的克重也有所变化，因为针织坯布经过染色煮练以后，原坯纱线与溶液中的染料产生一系列化学反应而吸湿膨化，所以一般会增重15～20g/m^2。

c. 纱线密度与针织面料的克重呈正比。在同种结构的坯布中，纱线密度越小，纱线越细，其克重就越轻。

d. 相同纱线的密度、相同结构的面料，如果织造密度不同，面料染色前后的克重值也会有所不同。

②针织成衣排料预算法

确定幅宽和码长的方法和步骤如下。

a. 定尺码。根据订单数量和分码情况，计算出各个尺码所占的比例，再根据比例均值决定用中间尺码进行排料估算。

---

❶ 克重：是指织物单位面积的重量，一般以每平方米的克数表示（g/m^2）。

❷ 盎司：重量单位，此处特指常衡盎司（oz.av）。1盎司=28.350克；1盎司=16打兰（dram）；16盎司=1磅（pound）。此外，还有金衡盎司、药衡盎司和液体盎司。

❸ 坯重系数：平纹92%、拉架平纹100%、单卫衣89%、双卫衣89%、单珠93%、双珠88%、毛巾106%、罗纹83%、拉架罗纹91%、灯蕊87%、拉架灯蕊92%。

b. 确定排料方法和面料幅宽。根据定出的尺码，确定排料方法是用混码排料还是分码排料，然后按照排料方法计算面料幅宽。

计算公式为：

面料幅宽=（中间码胸宽+缝份）×幅宽排衫个数+（中间码袖阔+缝份）
×幅宽排袖个数+布边

其中，缝份为0.5cm（即四线包缝的缝份）。

布边一般为5cm。不同种类的针织面料，布边的情况会有所不同，有些可以少加布边量，甚至无需加放布边量。

c. 计算面料用量。根据排料情况确定每打成衣的用料预算。

针织成衣的用量损耗比机织成衣小，尤其是由横机织制的一次性成型产品，边角料一般只损耗总用量的2%~4%，普通梭织坯布裁剪损耗的边角料则高达25%~27%。

（3）辅料用量预算。在日益求新异的时尚服饰中，辅料成本可高达物料总成本的63%或以上，辅料用量计算不准确将直接影响成本核算。所以必须认真做好辅料用量的预算，做到适量采购，减低库存。

在纸样师傅做纸样图稿的同时，跟单员可以通过准备样衣辅料的过程，仔细检查并核对所有辅料用料的预算数据，作为成本核算的基本资料。辅料中可数物件拉链、纽扣、肩垫等的用量预算，只需按单件实际用量乘以实际生产数量即可算出该订单的辅料总用量。衬布、里料和袋布的用量预算可以参考上述面料预算的相关内容。

其中，缝纫线的用量预算比较复杂，常见的预算方法有公式估算法和比率估算法。由于各种线迹在单位长度中的用线数量和密度不同，公式估算法必须分开估算不同线迹的用线量，甚至还要将厚料和薄料分开预估用线量。而比率估算法则较为简便，方法如下。

用线量=缝线消耗比率×车缝线迹长度
=［拆出缝线的实际长度（m）÷量取线迹的长度（m）］
×［车缝前标色线段长度（m）÷车缝后标色线段线迹的长度（m）］

对于尚未确定用量预算的辅料，可以将订单资料交给相关部门进行预算。例如，跟单员可以将订单包装要求交给包装部，由包装部负责估算瓦楞纸箱、透明胶袋等包装材料的尺寸和用量，然后将预估用量转交给辅料部。

辅料的订购数量还应加上客户允差值和实际生产消耗量，以防订购不足。各种辅料生产耗用量如表5-25所示。

（4）用料预算注意事项。

①统一名号，方便管理。跟单员应倡导客户、面料部、辅料部、供应商各方均使用统一的面辅料名称、色号、款号代码，以免同种面辅料用不同名称而导致选料、配料和核查等工作的失误。

②针织成衣应分开外衣和内衣进行用量预算。由于针织排料方法不同，用料预算也会有所差异，所以预算前必须先确定排料方法。内衣类针织成衣用圆筒针织面料排料时，通常不

做剖幅裁开，而是利用两边的双层布边进行排料，常见的排料方法有镶套法、平套法、互套法、斜套法等。外衣类针织服装在排料时，会将圆筒针织面料裁幅，采用单层面料排料的方法。为方便排料时开幅，针织机在排针生产时，会在需要剖幅的位置进行织针抽针处理，以便确定剖幅布边的位置。所以外衣类针织成衣在预算时需加大布边的损耗量。

表5-25 各种辅料生产耗用量参考值

辅料种类	1000件以下	1001~5000件	5001~10000件	10000件以上	备注
商标	3%	2.5%	2.5%	1.5%	
纽扣/金属圈/领条/塞管绳	2.5%	2.5%	2%	1.5%	
拉链	0	0	0	0	
带条/橡皮筋	0	0	0	0	
衬布	0	0	0	0	
衣架/袋布	0	0	0	0	
胶袋/薄叶纸	2%	1.5%	1.5%	1%	
胶/纸/领条带	2%	1%	1%	0.5%	
蝴蝶胶托	2%	1%	1%	0.5%	
吊牌/粘贴标签	3%	2.5%	2.5%	1.5%	按款式或颜色吊挂
吊牌/粘贴标签	2	1%	1%	0.5%	无需按款式或颜色吊挂
纸箱	每单低于100个：0	100~200个/单：2%	200~500个/单：4%	500个以上/单：6%	
缝纫线	500件以下：8%	501~1000件：5%	1001~3000件：3%	3000件以上：0	

③不同幅宽要分开预算用量。排料时要首先确定幅宽，针对不同的幅宽设计不同的排料方法，并分别预算用料。针织类面料分有花色和净色匹染两大类，由于生产方法上的差异，在纱线质地、组织结构、织布设备条件相同的情况下，花色坯布幅宽比净色匹染坯布幅宽略小2~3英寸。如果花色坯布按净色匹染坯布排料法，幅宽就不够用。

④预算结果评估。预算结束后，比较企业往年同季度的订单生产实际用料情况。如果预算结果与往年实际用量的差距不超过±3%属正常情况；超过3%则可能存在浪费现象，此时，跟单员必须在大货开裁前仔细查询排料房，查找多用面料的原因，使损耗和成本得到有效控制。对于正常的超预算，可以要求板部主管列明用料数量，写明预算多用的理由，作为特殊案例处理。

4. 翻查库存

由于面辅料种类繁多，辅料库存量控制和管理的难度、工作量都较大，需要相关部门配合，其中跟单员起到非常关键的协调作用。所以每次采购面辅料前，跟单员都应遵循

"先用库存，后订新料"的原则，与仓管一起清查仓存情况，以便消化尾仓，减少库存，减少资金的积压。图5-14所示是清查仓库的工作流程。

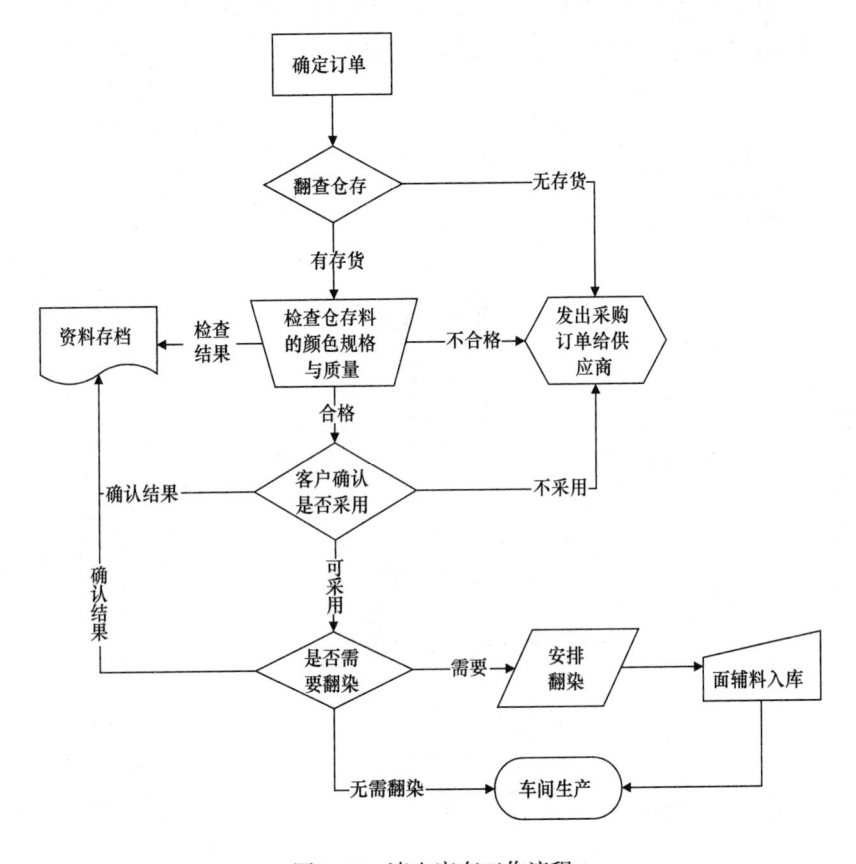

图5-14 清查库存工作流程

翻查仓存料的主要工作包括以下内容。

（1）翻查库存清单。为便于仓库管理，仓管员要坚持每个月（或每3个月）翻查一次库存物料，将库存种类和数量定期上报给采购跟单员。采购跟单员每次采购前，都应先仔细查找库存物料清单，优先选用合适的仓存料，不足部分再向供应商订购，以便尽快用完剩余的物料。

原则上工厂不能储存太多物料。如黏合衬中的热熔胶都有使用寿命期限，而且如果存储不当如日照、潮湿等，也会加速热熔胶老化而影响黏合衬的黏合牢度。所以应依据订单用量预算，适时适量地采购。

（2）检查库存面辅料。在仓管员的配合下，跟单员应到仓库检查所选仓存料的颜色、规格、质量是否符合订单要求。对于积压时间比较长的面辅料，重新利用之前，必须剪出一份样板重新做缩率、色牢度和撕裂强度等测试。

遇到比较重要或者难以判断的订单，则应剪取样板提供给跟单部主管、面料供应部主管和客户审核确定。

（3）翻染仓存料。如果清查的面辅料规格和质量符合要求，但颜色有差异时，可以考虑将面辅料送回给供应商或染厂进行翻染。注意必须先染出色板，交给跟单员和客户审核确认以后，才能进行大批量面辅料的翻染。图5-15是仓存料翻染的工作流程。完成翻染的面辅料经过质检员检查后，才能清点入库等待订单生产。

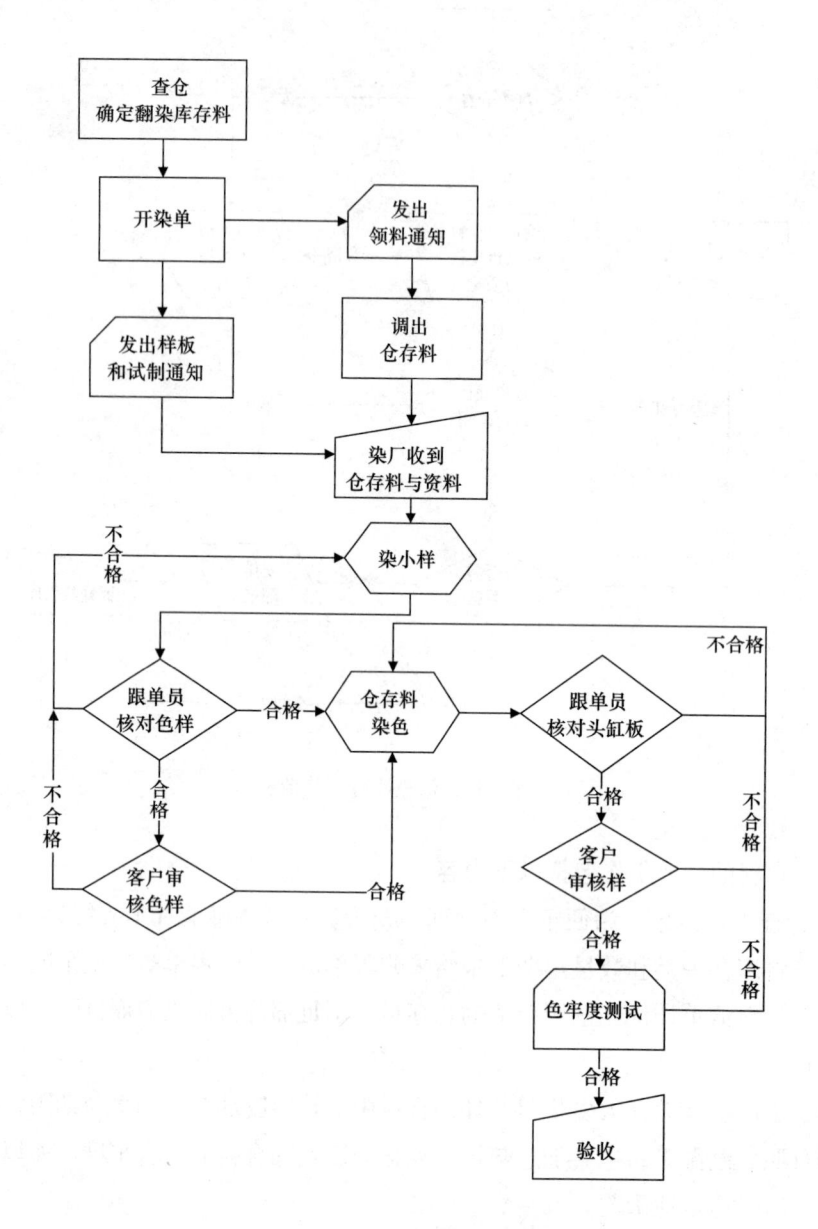

图5-15 仓存料翻染工作流程

（4）翻仓资料管理。跟单员应建立翻仓资料档案，将检查库存和面辅料翻染的情况登记造册，为以后采购工作和仓存量的控制提供参考。如表5-26所示是面料翻染和染厂情况记录表。

表5-26 翻染面料和染厂情况记录表

面料名称	染厂A	染厂B	染厂C	注意事项
纯棉牛仔斜纹料	√			染后要定型或加烫
涤粘色丁料		√		注意表面有抽纱和油污
涤棉混纺料			√	裁剪前要熨烫

各染厂情况：
1. 染厂A新加工单价（人民币/磅）（以下价格不含增值税）
抓毛：0.50元；半漂：1.50元；全漂：1.60元；
浅色染：3.50元；中色染：4.50元；深色染：6.00元；
单定型：0.80元（浆切边、过树脂、软油另计）
2. 染厂B能染含Polyester（聚酯纤维）成分的物料，但是需最少30m/色起染。
3. 染厂C所染的全棉物料价格情况如下：
40磅以下：400元/缸；40～60磅：500元/缸；60～80磅：700元/缸；
80～100磅：800元/缸；100磅以上：6元/磅；
4. 染厂C暂时不能处理混纺物料。混纺物料必须交给染厂A和染厂B处理。
例如，Nylon/Cotton/Spandex混纺料染色，由于染厂C暂时没有"拉封定型机"，只能采用挂起抽湿并风干的形式处理，所以染色后的面料会出现褶皱，需要在裁剪前再熨烫平整。

5. 确定采购期限

（1）确定采购提前期。采购提前期是采购批量订单下达后，从供应商组织生产到批量交付的时间。通常会以面辅料的最长生产周期作为面辅料的采购和生产提前期。

采购提前期=供应商确认订单时间+供应商生产准备时间+采购批量（需方每天需求或批量需求的数量）×单件生产时间+运输时间

公式中每一项在短时间内均不会发生变化，所以采购提前期是相对固定的。

一般情况下，从跟单员收到客供面辅料资料当天开始计算面料采购时间，直到大货正式投产前约需35天，各阶段采购时间分布如图5-16所示。

当然，由于面料种类繁多，面料生产所需时间也不尽相同。供应商第一次供应各种面料所需时间约为（仅供参考）：

 a. 样品/试织品：20～30天；

 b. 丝光类衣料：30天；

 c. 毛织杂色呢：40天；

 d. 弹性面料：35天；

 e. 棉/麻皱布：35天。

不同品种的辅料采购提前期有所不同，各个辅料供应商的生产提前期也有所不同。表5-27为各个辅料供应商的生产提前期参考表。

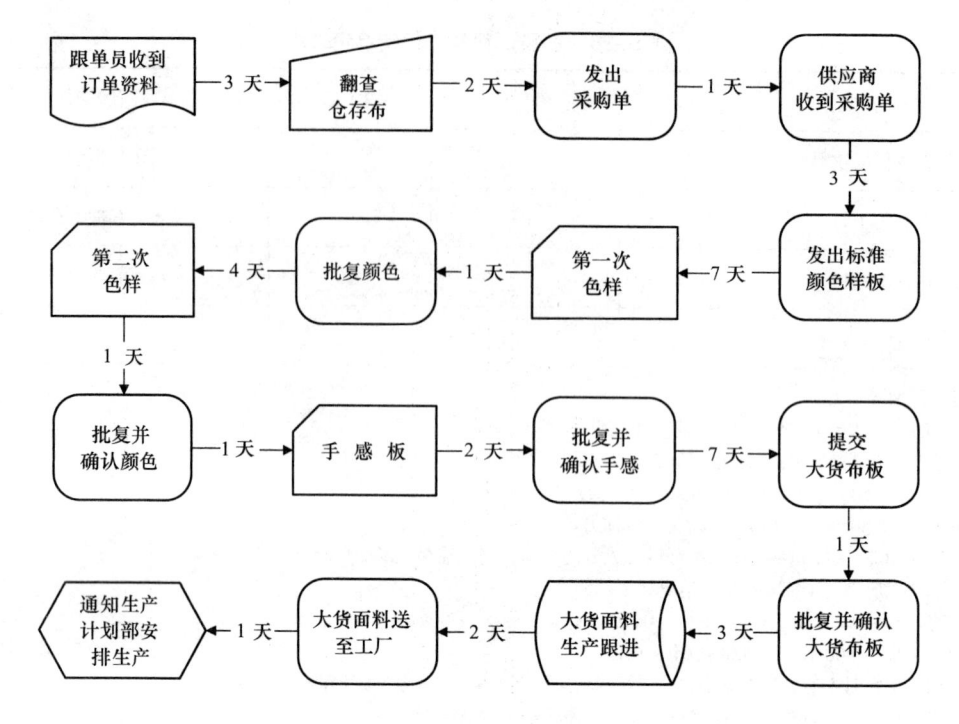

```
跟单员收到订单资料 →3天→ 翻查仓存布 →2天→ 发出采购单 →1天→ 供应商收到采购单
                                                                    ↓3天
第二次色样 ←4天← 批复颜色 ←1天← 第一次色样 ←7天← 发出标准颜色样板
    ↓1天
批复并确认颜色 →1天→ 手感板 →2天→ 批复并确认手感 →7天→ 提交大货布板
                                                              ↓1天
通知生产计划部安排生产 ←1天← 大货面料送至工厂 ←2天← 大货面料生产跟进 ←3天← 批复并确认大货布板
```

图5-16 普通面料采购时间

表5-27 辅料供应商的生产提前期参考表

供应商	辅料类型	提前时间（天）
S_T/R	卡通纸箱	4~5
S_T/R	内纸盒	4~5
J.T.TH	棉线	4~5
MUKLE	绣花用底线与绣花面线	5
DIJUTE	衬布	7
KIWRE	纽扣	10（染色纽需15天）
KIWRE	领圈纸撑与领圈胶纸	7
KIWRE	蝴蝶胶托	7
KIWRE	珠针与塑胶夹子	7
KIWRE	薄叶纸	7
KIWRE	粘贴标签	7
KIWRE	塑料袋	7
KIWRE	尺码标签	4

采购提前期是针对供应商能够批量供货的开始时间，而不是全部完成采购的时间。过分夸大提前期会造成库存积压，生产计划与采购计划脱节。用高库存原材料来确保交货期也是不可取的方法，最佳的方案是供应商天天送货，加工厂的库存趋于零，每次送达面辅料的数量等于当天成衣生产的数量。

（2）确定批复期和到货期。跟单员还应初步确定面辅料的批复期，并根据订单成衣交货期确定面辅料的到货期和补货期。一般规定厂购面辅料必须在订单交货期45天前抵达工厂，客供料则可以在30天前送到。

6. 填写订购清单

（1）核算采购数量。在正式发出面辅料订购单之前，采购跟单员必须根据订单资料再次核算面辅料的用量，检查微型排版图的用布情况，确保原预算用量准确无误。然后根据查仓情况，减去仓库适用的物料数量以后，确定最终的采购数量。

（2）填写订购清单。跟单员根据订单内容、采购部提供的平均应收货物数量、价格、交货准时率、面辅料的采购提前期、库存情况以及面辅料用量预算表，详细填写面辅料订购清单，详见表5-28和表5-29。

表5-28 面料订购清单

填表日期：_____

订单/客户	面料种类	色号	颜色	布幅宽	数量	供应商	织布厂	送交目的地	交货期	价格	联系方式	布板	备注

跟单员：_____ 面料部：_____ 生产部/加工厂：_____

表5-29 辅料订购清单

填表日期：_____

供应商	辅料种类	颜色	色号	规格	数量	订单/客户	送交目的地	交货期	价格	联系方式	辅料样板	备注

辅料部：_____ 生产跟单：_____ 贸易跟单：_____

有些辅料是根据面料颜色和成衣尺码分类进行订购，所以需要将每种辅料单独列出订购清单，如拉链的订购清单如表5-30所示。

表5–30　拉链订购清单

开单日期：＿＿＿＿＿＿＿＿＿＿

客户名称		订单编号			制单编号			交货期			
面料种类		组织成分			款　号			生产数量			
款式描述											
拉链颜色	拉链编号	成衣尺码									订购总数
		28	30	31	32	33	34	35	36	38	40	42	
灰色												
白色												
军绿色												
拉链长度与规格												

制表人：＿＿＿＿＿＿＿＿＿＿　　　审核：＿＿＿＿＿＿＿＿＿＿

（3）填单注意事项。

①清单中所订购的面料数量通常已包括裁剪及缝制过程中的面料损耗，注意有些企业会将需要洗水的成衣另外增加缩率损耗。

②必须在订购清单中详细列明所有面辅料的最后交货期限。

③如果订购的面辅料数量大、品种多，为了减少库存，可要求供应商根据大货生产排期，分期分批送达，其中首批面辅料必须在开裁前5天送抵。

面辅料订购清单填写完毕，经跟单部主管审核后，和面辅料分配明细表一起交给面辅料部或生产部审批，然后展开面辅料采购。采购工作可由面辅料部或加工厂负责，也可由跟单部直接向供应商订购。不论是哪种情况，跟单员都要及时跟进面辅料订购进度，掌握最新采购情况，防止采购出现问题而影响大货生产。

7. 面料订购

（1）发出订购清单。贸易公司跟单员将所有与面料相关的资料和样板准备好以后，提供给加工厂，并通知工厂采购面料。面料跟单员根据各部门与客户的批核意见，核实面料订购清单后，将面料订购清单传给供应商。

（2）样板确认。供应商收到面料订购清单后，供应商根据订购清单列出所有物料的成本报价清单，并与面料初板一起送交加工厂、贸易行和客户批复确定以后，再进入洽谈阶段。

（3）议价与分析。采购跟单员根据供应商提供的成本报价清单，对产品进行成本分析。成本分析是根据市场同类材料的最低价、最高价、平均价和自估价，得出一个可接受的合理价格。

然后，与供应商磋商面料价格、生产时间、运送方式、交货期、交货地点和付款方式等采购事宜，达成双赢的价格谈判，为签订合同做准备。最终的采购定价将作为给客户报价的基础依据。

（4）审核并采购。企业完全按照客户要求进行面料采购会有一定的难度，所以，相关采购项目最好能获得生产部、销售部、客户的确认，并在成衣放码板或销售板通过客户审批后，才正式签订采购合同。

8. 辅料采购

（1）缝纫线/衬布采购流程。

第一步：配料。面料部收到面料供应商送来的面料样板，每个颜色各剪取1m面料，并与样衣一起，由跟单员送到辅料部进行缝纫线的配色（包括开纽扣眼的线）和衬布的匹配工作，接着将配好的缝纫线和衬布交给客户审核确认后，再送回辅料部，作为采购缝纫线与衬布的样板。重要订单的配料结果需经样板部、生产部、质检部检验通过。

辅料的配用原则要求伸缩率、耐热度、质感、坚牢度与耐磨性、色泽、色牢度、价格和档次等均应与面料合理匹配。如缝纫线的密度、颜色、品质，衬布的热熔胶性能、黏合条件、底布组织都应与面料的特性相符合。配料员需有长期的实践工作经验，对面辅料的色泽、质地、手感有一定的敏锐度。

第二步：用量预算。将配好的线、衬等辅料（含文字要求）交给辅料部，辅料部作缝纫线和衬布的用量预算，预算结果交给跟单员或客户审核确认。同时检查缝纫线、衬布的库存量。

第三步：确认样板。将辅料采购资料及样板寄给供应商，由供应商根据要求打样、报价，并提供样板给跟单员和客户进行审核。缝纫线的颜色差异较大，在选用缝纫线以前，最好能试制样板，将线缝入面料中检测其色差、色牢度和缩水率的项目，以期找出最合适的缝纫线。

第四步：磋商采购。辅料部与供应商洽谈辅料价格、交货期、交货地点、付款方式等事宜，达成一致后，按照辅料清单编制辅料采购合同，交给营业跟单部、生产部和总经理审批，最后与辅料供应商签订辅料采购合同。辅料采购合同范例如表5-31所示。

注意签订合同时，必须确保所有辅料在开裁前2天必须送达加工厂。签订订购合同当天，必须将订购情况通报跟单员。

第五步：善后工作。采购合同签订后，配料后剩下的所有面辅料与质检报告、洗水测试报告一起送到纸样房作预排料和试制样衣用。缝纫线送达加工厂后，辅料部进行点数查货和签收入库工作。

图5-17为缝纫线采购工作流程。代客采购辅料项目由贸易行跟单员负责。如果企业备有足够的辅料仓，则无需订购。待面料织造完毕并送到工厂以后，进行配线、配衬等工作。

表5-31 辅料采购合同

紧急订单：_____；　　　普通订单：____√____

供应商		买家订单编号	
联系人		签订人	
电话		买家联系电话	
传真		承诺交货期	
E-mail		合同签订日期	
付款方式	月结	运输方式	陆路（汽车）
交货地点	由_____至_____		

订购辅料清单					
辅料品名	规格与要求	颜色/色号	订购数量	单价	总价	备注
T/C袋布	133×72；幅宽44英寸	黑色（378#）	350m	3~5元/m	1225元	
线	403	卡其色（283#）	34cone	11元/cone	1331元	
	209	黑色（283#）	10cone	21元/cone	609元	
二孔金属纽扣	20mm	/	2gr	105元/gr	210元	
	22mm	/	5gr	132元/gr	660元	
纸张	20×33	/	5rm	15元/rm	75元	
总金额			5829元			
特殊要求	1. 如果辅料质量有问题，供应商必须在本公司容许的时间内补回合格品 2. 交货数量不能少于订单数量，且只能比订单数量多3%；运输路途中如果遇有扣查情况，所有费用均由供应商负责 3. 请在送货单以及发票上列明订单号，并在送货前提供出口或入口证明					

注　cone是缝纫线的数量单位，简称筒；gr是纽扣的数量单位，简称罗，1Gross（罗）=12Dozen（打）=144Pcs（个）；rm是纸张的数量单位，简称令，1令=500张纸。

质检部：_____　　　采购部：_____

营业跟单部：_____　　　日　期：_____

（2）纸箱采购流程。

第一步：生产跟单员将预包装的效果和客户要求告知包装部，由包装部确定瓦楞纸箱的尺寸、内纸盒的大小和纸箱的用量预算。

第二步：辅料部将所有信息填入工作表单，包括客户对瓦楞纸箱和内纸盒的质量、箱/盒的尺寸、标示、特殊的要求、单价等，并将资料传真给供应商。

第三步：供应商收到订单后，报单价给辅料部，制作样板，并将样板和单价报送辅料部。

图5-17　缝纫线采购工作流程

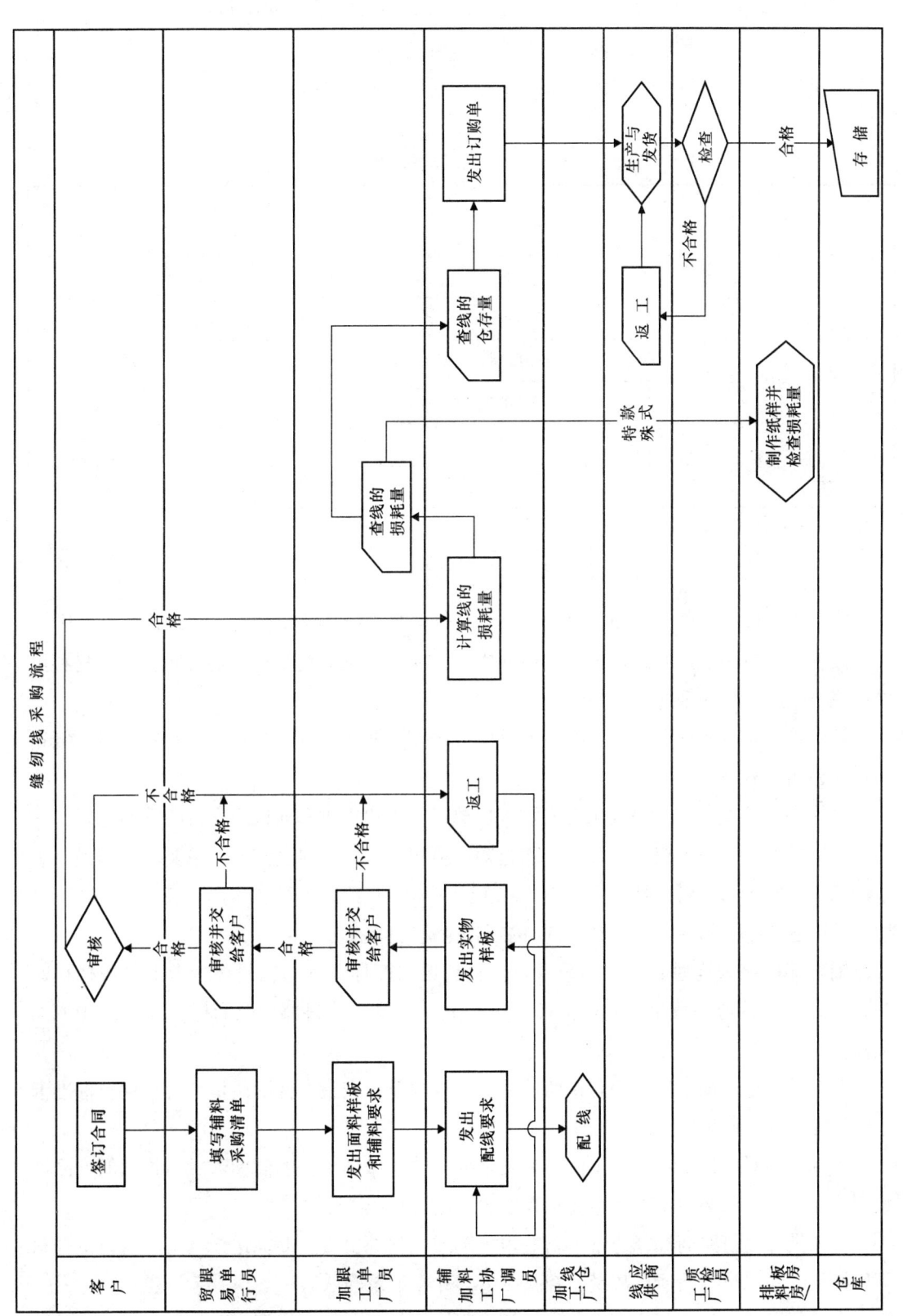

纸箱/纸盒单价=（长+宽+5）×（宽+高+3）×2×纸张价格÷10000

其中：长、宽、高单位为cm，纸张价格单位为元/m²。

不同厚度的纸箱/纸盒，纸张价格也有所不同，纸张价格如表5-32所示。

表5-32　纸张价格参考表

纸箱厚度规格	纸张类型	单价（RMB元/m²）（incl.vat）
7层瓦楞纸箱	普通纸张	4.10
	进口纸张	4.37
5层瓦楞纸箱	普通纸张	2.97
	进口纸张	3.22
单层内纸盒	普通纸张	1.90
	进口纸张	2.50

注　incl.vat表明该价格包有增值税。

第四步：样板经贸易行和客户批复后，辅料部与供应商洽谈样板修改，并确定价格。

第五步：审核通过修改样板后，根据生产排期，与供应商签订订购合同。包装材料可以在成衣生产的后期采购。

第六步：供应商开展大货生产，加工厂按照交货期接收清点物料，并查验质量。纸箱采购流程如图5-18所示。

（3）商标采购流程。商标来源有加工厂提供、客户提供和向供应商订购三种途径。

①厂供商标：先由跟单员发出采购通知单给物料仓，物料仓按通知单要求定制模具和采购原料。模具与原料送抵后，试制2～5个商标样板交给跟单员和客户审核，然后物料仓按照采购通知单上的数量增加2%～5%的损耗量进行印制。

辅料部按照采购通知单上的数量向物料仓领取商标，并与辅料标准卡上的商标核对一致后，记录领取的数量。生产部按订单的成品数量向辅料部领取商标，并记录领取的数量。

②客供商标：加工厂收到客供商标后，清点数量，查验商标的质量是否与辅料标准卡上的标准一致，并做好记录。

品牌客户对委托生产的每个商标都要掌握去向，做到用去的商标数量与收到的产品件数完全相等。所以必须特别注意商标数量的清点与登记工作。

③向供应商订购商标：通常由营业跟单部或辅料部负责。商标送抵加工厂后，由辅料部质检员、跟单员共同清点数量、查验质量，并作记录确认。

商标到厂后，生产部将商标分发给各生产线组长，并做好登记。车位按实际生产件数

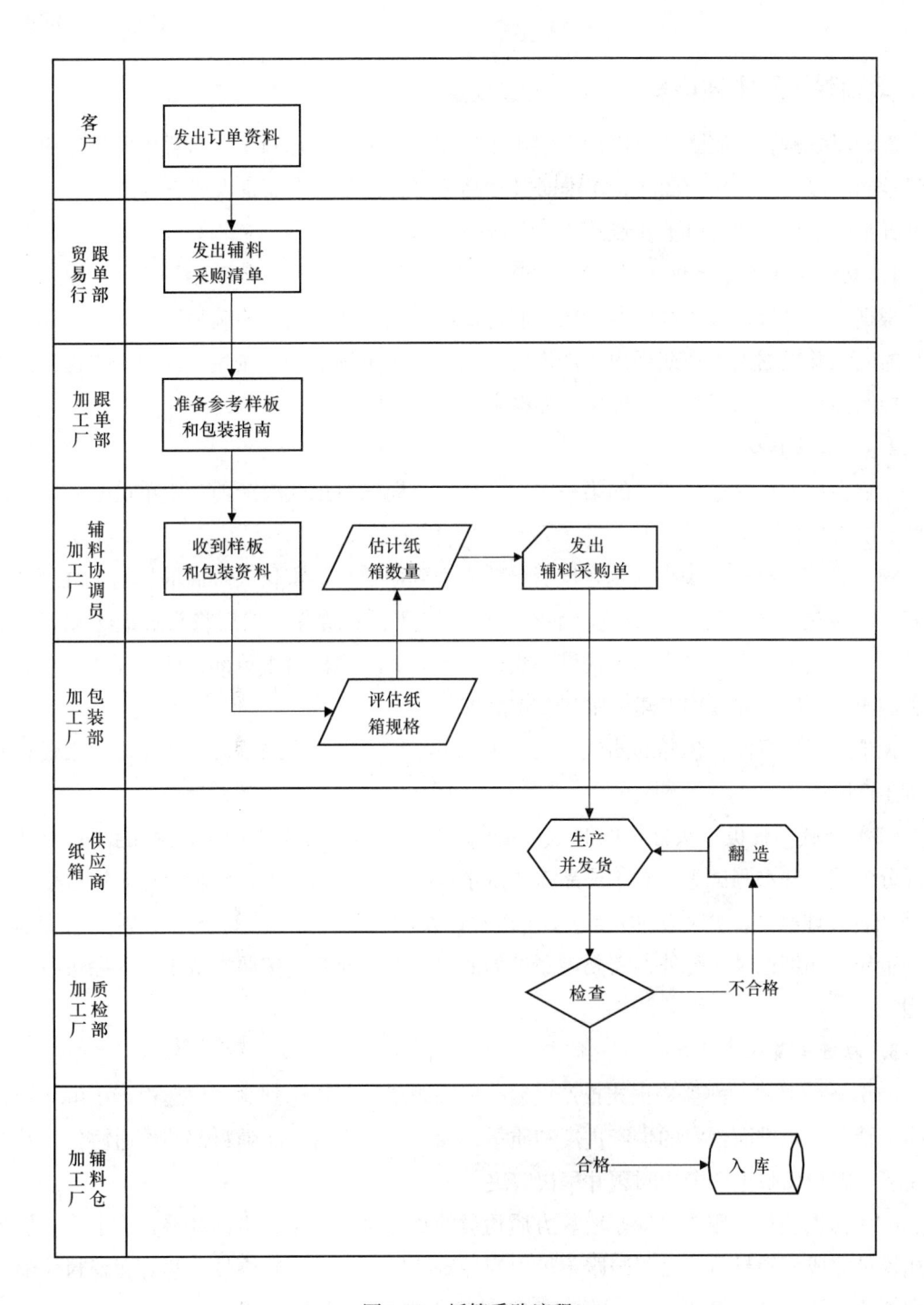

```
客户          → 发出订单资料
贸易行跟单部   → 发出辅料采购清单
加工厂跟单部   → 准备参考样板和包装指南
加工厂辅料协调员 → 收到样板和包装资料 → 估计纸箱数量 → 发出辅料采购单
加工厂包装部   → 评估纸箱规格
供应商纸箱     → 生产并发货 ← 翻造
加工厂质检部   → 检查 —— 不合格
加工厂辅料仓   → 合格 → 入库
```

图5-18　纸箱采购流程

向生产线组长领取商标。原则上要求一次领取的数量不能超过半天的产量，以免发生混淆。如果生产过程中有商标受损需要更换，必须拿着损坏的商标换取。质检员在生产线检查时，需检查商标有无订错商标、漏订或订错位置。订单生产完成后，辅料部将损坏、剩余的商标退回物料仓，由物料仓作记录。

二、面辅料采购中期跟单

面辅料采购合同正式签订以后，跟单工作主要着重于面辅料生产过程中的进度跟进与质量控制阶段，避免供应商交货不准时或产品不符合订单要求而延误成衣生产。

详细的工作描述有以下几点。

1. 制订采购跟单计划

根据订单交货期限，跟单员应周密制订面料采购跟踪计划，明确采购跟单中各环节的工作时间，并根据大货交期列出生产进度计划表和跟单排期表，按生产计划表督促采购进度，控制面辅料的到厂进度，确保面辅料采购顺利完成。

2. 确认头缸板

头缸板是面料批量织造前的第一次生产试板。面辅料正式投产前，跟单员必须要求供应商提供头缸板。

（1）审核头缸板。头缸板制好以后，首先送到面辅料部审核大货面辅料的头缸颜色，接着由跟单员核查头缸板的颜色、手感、组织纹理、品质等，然后将头缸板送交客户批复。客户批核头缸板后，应同时提供一式四份的大货缸差板给跟单部、面料部、驻厂品管员和制衣厂。所有样板均需建档留存以备翻查。

无论是否进行面料色样的测试，大货头缸板必须通过客户的批复，才能进入面辅料的大货生产阶段。

（2）测试头缸板。头缸板的测试包括色牢度、起毛球、阻燃等综合性能测试以及纤维成分测试、洗水测试等。对于成品需要洗水或染色处理的订单，头缸板也要按照生产要求进行后整理测试，并对洗水/染色工艺流程以及漂白剂、加软化学剂、染料、助染剂等的用量作好详细记录。另外，需要做测试的面料幅宽必须完全按照大货生产程序进行拉幅定型。

3. 跟进大货生产进度

（1）下厂巡视。面辅料正式投产以后，采购跟单员应抽空到制造厂巡视，了解面辅料的生产情况，跟进面辅料的生产进度和质量，加强与供应商、面辅料部的沟通协作，及时向主管、客户反映生产中的问题并尽快解决。

（2）协助质检。跟单员应了解客方质检员的查货时间安排，协助开展查货工作。供应商质检员完成面辅料质检后，与跟单员、客方质检员、加工厂质检员一起对面辅料作随机抽样查验，抽检量为面辅料总量的15%～20%，并共同出具质检报告。

（3）控制质量。所有面辅料可分为A、B、C三个质量等级，A级面辅料允许超出原订购量3%供货，超出部分需退回供应商或折价处理。B级面辅料不能超出订购量的5%，A、B级面料的零头布，需控制在面料总量的3%以内。C级面辅料一般不允许装运给加工厂，除非企业另行批准。例如，某企业采购合同中规定：供应的面料中如果含C级面料100m以内，供应商必须补回同等数量的A级面料给订购方；如果C级面料的数量超过100m，则所供A级面料以80%折价处理。

此外,面料供应商还应将不同幅宽的布匹分开卷好,并附上详细的面料幅宽资料,以便工厂点收查验。

4. 批复测试板

如果客户要求做面辅料专业测试,跟单部应与加工厂协商,尽快采购相关面辅料样板给专业测试机构进行检测,并详细分析测试报告。待客户批复通过后,再将批复结果与确认的测试板一起传回给加工厂的跟单部、质检部和面辅料部,并保存客户批复评语和更改意见。测试不合格,需与客户商讨继续使用还是换用其他面辅料。

在供应商提交大货面辅料前3天,必须督促供应商和工厂完成各种面辅料的测试工作,为生产提供科学的数据参考。依据测试结果,资料部才能汇编工艺技术文件和生产制单,纸样房才能依据缩水率划裁纸样,车间才能确定裁剪、缝纫、熨烫等工艺要求。

5. 督促按时发货

当首批面辅料完成60%的生产量,并通过面辅料部质检员质量检查后,跟单员就可督促供应商确定装船/装车和起运时间,后续批次的面辅料也要敦促供应商做好面辅料的运输安排,确保所有物料按时按量发到指定的加工厂。面辅料运输安排表如表5-33所示。

表5-33 面辅料运输安排表

客户名称			
订单编号		面料/辅料种类	
批 次		数 量	
发货方			
收货方			
跟单员		联系方式	
起运时间		交货时间	
目的地			
运输公司		运输方式	
运输负责人		联系方式	
备注			

面辅料送达时间应控制在成衣裁剪前1~2天。如果面料供应需延期交货,跟单员应及时与加工厂、客户取得联系,并确定最后的交货期限。当然,面辅料交货期也不能提前太多,以免增加库存管理和打乱生产计划。

由于辅料跟单工作琐碎、繁杂,利用表格来跟进各种辅料的生产进度,简洁明了,可以及时控制各种辅料的交货期,保证辅料及时到位。如表5-34所示是辅料采购进度跟进范例。

表5-34 辅料采购进度跟进表

客户/订单号		A客户/订单X	A客户/订单Y	B客户/订单Z
款号/制单号				
成衣款式				
收到订单日期				
加工厂				
制单发出日期/纸样到厂日期				
开裁日期/交货期				
计划生产数量				
裁剪数量/出货数量				
物流方式				
辅 料	供应商	跟进日期记录		
拉 链		订购日期 / 到厂日期		
纽 扣		订购日期 / 到厂日期		
皮牌/吊牌		订购日期 / 到厂日期		
注册商标		订购日期 / 到厂日期		
洗水商标		订购日期 / 到厂日期		
缝纫线		订购日期 / 到厂日期		
纸 箱		订购日期 / 到厂日期		
胶 袋		订购日期 / 到厂日期		

制表/跟单员：_____　　　　　　　　　制表日期：_____年_____月_____日

三、面辅料采购后期跟单

1. 查收面辅料

面辅料运到工厂以后，跟单员要协调各相关部门做好点收查验和质量的等级控制工作，确保面辅料准确入库。

（1）填写面辅料验收表。每批次面辅料运抵后，跟单员都要填写面辅料验收表如表5-35所示，做好订单基础资料的详细登记后，将资料发给仓库、面料部做数量和质量的检验。

表5-35 面辅料验收表

供应商			订单编号	
面料/辅料种类			批次	
运输公司			计划交货期限	
运输方式			实际交货时间	
运输负责人			联系方式	
数量点收	收货数量： 收货时间： 点收人：　　　　日期：			
外观检查	抽查数量： 查验内容： 查验结果：□查验合格，准予入库！ 　　　　　□____%查验不合格，____%需退返重修！ 查验人：　　　　日期：			
备注				

（2）检查面辅料质量。面辅料运抵后，由面辅料部仓管员负责清点数量，面辅料部质检员抽查面辅料总量的10%，与贸易行驻厂的质检员一起检查面辅料的质量与采购合同是否相符。若检查中发现质量问题，再抽取10%做二次查验。面辅料检验允收次品标准如表5-36所示，抽查数量详见辅料抽样检验水平标准表如表5-37所示。

表5-36 面辅料检验允收次品标准

抽检数量	次品标准水平（AQL）之允收数量					
	AQL0.1	AQL1.0	AQL1.5	AQL2.5	AQL4.0	AQL6.5
5	0	0	0	0	0	0
8	0	0	0	0	0	1
13	0	0	0	0	1	2
20	0	0	0	1	2	3
32	0	0	1	2	3	5
50	0	1	2	3	5	7

续表

抽检数量	次品标准水平（AQL）之允收数量					
	AQL0.1	AQL1.0	AQL1.5	AQL2.5	AQL4.0	AQL6.5
80	0	2	3	5	7	10
125	0	3	5	7	10	14
200	0	5	7	10	14	21
315	0	7	10	14	21	/

注　第一个抽样计划允收次品的标准为0。

表5-37　辅料抽样检验水平标准表

辅料批量数（件）	抽样检验数量		
	特别水平S4	一般水平Ⅰ	一般水平Ⅱ
90以下	5	5	13
91~150	8	8	20
151~280	13	13	32
281~500	13	20	50
501~1200	20	32	80
1201~3200	32	50	125
3201~10000	32	80	200
10000以上	50	125	315

注　抽样检验数量 = $\sqrt{总包装量}$（取整数）；如果批量数低于抽样检验数，则100%检验。

大货面料质量查验包括外观和品质两方面。外观方面主要检查面料幅宽、颜色、破损、污迹、织造疵点、纬斜、色差（中边色差、头尾色差）、手感、断经断纬、经痕、油污、色花、粗纱、色污、并经并纬等。经过砂洗的面料还应注意查看面料表面是否存在砂道、死褶印、披裂等砂洗疵点；品质方面主要检查面料的缩水率、色牢度、克重等。面料常规检查要点有以下几点。

①面料幅宽。分别测量面料头、中、尾3处的宽度，以可用的两织边间距为标准，取最小值为幅宽。不小于合同规定的幅宽为合格品，否则作为窄幅布匹折价、退换货或补货处理。

②面料克重。每种面料都有不同的克重标准，裁剪布匹的头、尾两处面料，用标准的织物克重测量仪称克重。

③面料经纬纱密度。用放大镜计算面料边缘纱线的经纬密度，在1平方英寸内经纱和纬纱的数量，与面料核准板相比，得出面料密度是否符合标准。

④面料组织结构。用放大镜观察面料的平纹、斜纹、缎纹等面料的组织结构是否

正确。

辅料质量查验要点参考表5-38。辅料检验应特别注意梭织布与人字带的染色效果、松紧带的缩水率、黏合衬的黏合牢度、拉链的顺滑程度等质量问题。由于拉链在生产过程中机械操作速度所产生的惯性以及链齿拉合的吻合程度不一，会出现长度上的误差，且长度越长误差越大。验收拉链的长度允差可参考YKK公司的标准，如表5-39所示。里料和衬布一般只作抽查验布，然后寄送样板给客户批核。

跟单员收到品管部的辅料查验报告后，跟单员再到辅料仓抽取样板检验确认合格后并在资料上签名，辅料才能入库。检查合格后，验收表的查验结果作为入库的依据。如果检查到物料有质量疵点，尽快将样板寄给客户审批，如果质量出现严重问题则应通知供应商尽快补货，并回收次品。同时核算疵点占比的百分率，用于供应商评估。

客供辅料送达加工厂后，辅料部清点客供辅料的数量，并核对送货单上的交货数量。然后跟单员抽取样品审核，并建档存储，以减少日后与客户间的纠纷和异议。如果数量有误差，则需填写面辅料进仓差异明细表，由营业跟单部与客户沟通，并要求客户确认送货数量。如果客户不认可数量有误差，营业跟单员需在4小时内将信息转告辅料部，再次进行全面盘点。

（3）查收面辅料注意事项。

在检查面辅料的过程中，跟单员要注意以下几方面内容。

①跟单员应与面辅料部质检员、加工厂质检员一起检查面辅料质量，检验时要用标记标注出疵点所在，以便裁剪时避开，并同时做好查验情况记录。然后将检查报告和样板一起寄给客户，特殊订单还需陪同客户一起检查面辅料。

②检查大货面辅料颜色时，应以缸差板或色别卡为标准，在规定光源下仔细检查纬向的边中色差、经向的头尾段差、布匹间色差、阴阳面色差、正反面色差、小样与产品的色差等是否合格。如果难以用目光测定，可以用色差仪进行颜色等级的测评。面料色差标注的等级越高说明色差越小，其中5级为最优。通常客户会提供一个色差级数的标准，如某客户要求色偏在4～5级之间为可接受范围，低于4级为不合格品。

③大货面料抵达工厂后，跟单员应督促工厂抽取大货面料制作产前板，跟进面料缩率、洗水等测试结果。注意大货面料的测试方法应与原样板测试方法的一致，以防大货生产时出现差异。

④如果订购的是进口面料，跟单员应提前将整套订单资料与提单、发票、装箱单等资料一起送到船务部，以便办理进口报关和海关通关手续。如果是来料加工的进口面料，海关只记录在册，免征关税，加工的成品出口时再核销记录；如果是企业自购的进口面料，则需缴纳纺织品进口关税。

⑤确认手感标准时，应加强与客户沟通。由于手感没有定量的标准，全靠跟单员的主观判断，即使有手感标准板也难以判断测试品是否合格，所以需要跟单员有一定的工作经验，以及与客户的顺畅沟通，以便尽快获得客户的认可。

表5-38 辅料检验表

辅料种类	检验阶段	检验要点	检验标准	检查数量	次品允收标准	负责部门
缝纫线	订购前的样卡确定阶段	色差	客供色卡	样板全查	AQL1.0	跟单部
	发货前	支数/颜色	送货资料、客供色卡	按特殊水平抽查	AQL1.0	品检部
	大货验收	数量	送货清单	全查	0件	辅料仓
	大货验收	支数/颜色	送货资料、客供色卡	按特殊水平抽查	AQL1.0	品检部
纽扣	订购前的样卡确定阶段	颜色/形状/文字图案	客供资料与样板	样板全查	0件	跟单部
	发货前	规格与功能检验（疵损、锈蚀、扣合拉力等）	营业跟单部批复的样板、纽扣类验收指南	随机抽样	AQL1.5	品检部
	大货验收	数量/颜色/形状	送货清单	全查	0件	辅料仓
	大货检验	规格与功能检验（疵损、锈蚀、扣合拉力等）	营业跟单部批复的样板、纽扣类验收指南	按特殊水平抽查	AQL1.5	品检部
拉链	订购前的样卡确定阶段	颜色/形状/图案	客供资料与样板	样板全查，或样	0件	跟单部
	领料或订购前发货前	规格、功能检验（类型/成分/颜色/长度锁合牢固性/开合情况）	营业跟单部批复的样板，拉链验收指南	货仓抽样、板全查	拉链长度允收±1/4英寸	品检部
	到货仓领料前，或大货发货前	数量	送货单据	随机抽样	0件	辅料仓
	领料，或大货验收	颜色/形状	营业跟单部批复的样板	全查	0件	品检部
	领料，或大货验收	规格、功能检验（类型/成分/颜色/长度锁合牢固性/开合情况）	营业跟单部批复的样板，拉链验收指南	随机抽样	AQL1.5	品检部
袋布/衬布	订购前的样卡确定阶段	颜色/形状/图案	客供资料与样板	样板全查	0件	跟单部
	大货验收	数量	送货清单	全查	0件	跟单部
	大货验收	颜色/形状	营业跟单部批复的样板	按比例抽查	AQL1.0	辅料仓
橡筋带	订购前的样卡确定阶段	颜色/形状	客供资料与样板	样板全查	0件	跟单部
	大货验收	数量	送货单据	全查	0件	辅料仓
	大货验收	颜色/形状	营业跟单部批复的样板	按特殊水平抽查	AQL2.5	辅料仓

续表

辅料种类	检验阶段	检验要点	检验标准	检查数量	次品允收标准	负责部门
带条/嵌条	订购前的样卡确定阶段	颜色/形状/文字/图案	客供资料与样板	样板全查	0件	跟单部
	大货验收	数量	送货单据	全查	0件	辅料仓
	大货验收	颜色/形状	营业跟单部批复的样板	按特殊水平抽查	AQL1.0	辅料仓
粘带扣/魔术贴	订购前的样卡确定阶段	颜色/形状/文字/图案	客供资料与样板	样板全查	0件	跟单部
	大货验收	数量	送货清单	全查	0件	辅料仓
	大货验收	颜色/形状	营业跟单部批复的样板	按特殊水平抽查	AQL1.0	辅料仓
商标	印制，或订购前的样卡确定阶段	颜色/形状/文字/图案	客供资料与样板	样板全查	0件	跟单部
	大货验收	数量	送货清单	全查	0件	辅料仓
	大货验收	颜色/形状	营业跟单部批复的样板	按特殊水平抽查	AQL1.0	辅料仓
吊牌	订购前的样卡确定阶段	颜色/形状/图案	客供资料与样板	样板全查	0件	跟单部
	生产前与交货前	吊牌内内容的准确性	营业跟单部批复的样板	按一般水平I抽查	AQL2.5	品检部
	大货验收	数量	送货清单	全查	0件	辅料仓
	大货验收	颜色/形状之一致性	营业跟单部批复的样板	按特殊水平抽查	AQL1.0	辅料仓
胶袋	订购前的样卡确定阶段	颜色/形状/内文（文字/图案）/尺寸	客供资料（含样板）	样板全查	0件	营业跟单部
	大货验收	数量	送货单据	全查	0件	辅料仓
	大货验收	颜色/形状/尺寸	营业跟单部批复的样板	按特殊水平抽查	AQL2.5	辅料仓
纸箱	发货前检验	防撞防压抵御强度250lbs sq.inch；箱边撞破抵御强度50lbs sq.inch；纸箱撞破抵御强度30lbs sq.inch。	客户反馈意见与运输部记录标准	随机抽样	AQL2.5	品检部与测试部
	大货验收	颜色/形状/文字/图案	送货清单、订购单资料	按特殊水平抽查	AQL2.5	辅料仓
	大货验收	数量	送货清单	全查	0件	辅料仓

资料来源：中国纺织资讯网（http://www.cntexnet.com.cn/），中国服装采购网（http://www.21efz.com/）。

表5-39　拉链长度允差值

序号	拉链长度	允许公差
1	30cm以下	±5mm
2	30～60cm	±10mm
3	60～100cm	±15mm
4	100cm以上	±3%

注　日本YKK在新世纪博览会参展所提出的拉链允差值。

⑥加工厂、贸易行跟单部和客户应达成一致的共识，即如果加工厂将面辅料进仓差异明细表送达贸易行或营业跟单部后，如果2天内贸易行跟单部和客户都没有任何回复，则工厂可以默认客方已经认同实际收到的面辅料差异。如此可顺利进行大货生产，以免影响生产计划和船期安排。

2. 发出面辅料标准卡

（1）制作面辅料卡。面辅料卡简称C/T。大货面辅料质量检验合格后，跟单员根据面辅料订购单明细、面辅料测试报告和质检报告，将面辅料裁成小样并粘贴在确认卡上，填写卡上相关资料，制成一份大货面辅料标准卡（表5-20和表5-21）。

（2）批复面辅料卡。大货面辅料确认卡制好以后，先由加工厂跟单员核查，然后寄给贸易行跟单员复核辅料与面料的搭配效果，如缝线的配色、大货辅料的洗水效果等。染后再寄给客户确认大货面辅料的颜色和品质，并要求客户明确指出面料的正反面、格条和绒面的方向，所以大货面辅料卡也称确认板。

（3）发放面辅料卡。收到客户确认的大货面辅料卡以后，跟单员将标准卡交给跟单部主管审批，然后督促仓库面辅料管理员按照客批样卡制作大货面辅料标准卡，分发给相关部门，以便领料生产和成衣质检。

客供面辅料卡无需客户确认审核。客供面辅料到厂后，跟单员制好客供面辅料卡，逐项审核完毕就发放给相关部门。

面辅料卡制作数量和发放情况如表5-40所示。

表5-40　面辅料卡发放登记表

部门	布板规格与发放数量	签领人	签收日期	备注
生产计划部	1套小样品			
纸样裁床部	3套小样品，1套A4大样品（含织边）			
品管QC部	3套A4大样品（1套含织边）			需增发1套小样品
辅料仓	1套小样品，1套A4大样品			
生产车间	3套小样品			
熨烫部	4套小样品			

续表

部门	布板规格与发放数量	签领人	签收日期	备注
洗水厂	1套小样品			
船务部	1套小样品			
工厂跟单员	1套小样品			
贸易行跟单员	1套小样品			
合计	16套小样品（3cm×3cm），5套A4大样品（20cm×28cm）	/	/	

3. 测试产前板

所有面辅料到厂后都要进行产前板试制，尤其是客供物料在试板过程中如果发现有问题，跟单员应及时通知客户，并将原来存储的样板一起寄给客户批核。

（1）面料试排板。发放大货面辅料卡以后，跟单员收齐纸样、尺码表、面料描述、可用的布幅宽度、面料与辅料的匹配情况、面料缩率报告等资料，每种颜色的面料都剪下1~2m送到排料房试排用料，以便精确计算耗布量。

（2）服装后整测试。试排用料以后，将试排料用的面料交给板房缝制成衣，再按照大货生产的后整理方式进行印花、绣花或洗水测试，作为生产前的核准板交给客户批复。

（3）"百家衣"测试。如果订单中一款服装的颜色拼接丰富，生产跟单员分别在不同布匹的头、尾、中间和布边用同一件成衣的裁片分布裁剪，再将所有裁片制成一件拼料成衣，俗称"百家衣"，接着按照制单要求作洗水或染色等后整理，再检查各裁片之间的色差程度，以此确定面料的中边色差和头尾色差。然后将结果反馈给面料供应商。同时通知裁床做好大货面料色差的规避工作。如果色差严重，应及时向主管和客户反映，并尽快解决。

"百家衣"测试结束，即可通知裁床开裁大货面料。

4. 面辅料溢缺值核算

（1）查点生产前的实收数量。面辅料送抵加工厂，面辅料部仓管员对面辅料进行盘点、签收、入库后，质检员与仓管员核对实收数量并报给跟单员核对合同上的协议数量。如果面辅料码数不齐或总量短缺，跟单员亲自参与二次清点并记录缺少的数量，确认责任方后，及时通知供应商补货。如果因物料供应不足造成交货期延误，则向供应商提出赔付要求。如果实收数量多于合同数量，则要求供应商折价处理，或等该批订单生产完成后退还供应商。

（2）核查生产后的溢缺数。订单生产完成后，跟单员协助面辅料部根据贸易行确认的面辅料单耗，与贸易行共同核对面辅料的溢缺情况。贸易行跟单员要注意监督加工厂在生产过程中节约用料，杜绝浪费。采用面辅料损益记录表，如表5-41所示，可清晰掌握预算用料和实际用料的差额。

表5-41　面辅料损益记录表

制单编号		客户		款式	
订单编号		数量		交货期	
原辅料名称	规格	成分/色号	预算用料/件	实际用料/件	预算总用料	实际总用料	生产后的损益量
面料							
里料							
衬料							
拉链							
缝纫线							
装饰带							
备注							

制表：_____　　　审核：_____　　　日期：_____

（3）妥当处置生产后的剩余料。大货生产结束的剩余面辅料常见的处理办法有：退回给供应商、折价处理或购料方自行处理（如用于制作初板，或在淡季用库存料生产产品内销等）。

此外，对于已经完成订单生产的剩余物料，或是由于订单取消、订单变更而导致面辅料库存加大，面辅料部应通过工厂跟单员通知贸易行跟单员，在不侵犯客户品牌权益的条件下，确定能否将剩余料用于其他同类订单生产，或由贸易公司安排转送到其他加工厂。如果由于客户对款式、生产数量的变更，致使大货生产数量减少而引发的面辅料过剩，跟单员应将剩余的面辅料数量通知客户，并争取获得其他额外的订单，以便用完剩余料。

由于质量问题剩下的面辅料会退回给供应商。首先，由工厂跟单员向供应商提交面辅料遣返通知，接着通知工厂仓库将需要遣返的面辅料打包，然后由供应商派人到工厂办理出库手续，并自行安排运输。另外，厂跟单员、面辅料部、供应商应共同确认遣返数量和退货原因。

如果属海外来料加工订单，跟单员要协同报关员，根据国家有关规定，准确计算成品用量和生产损耗量，并做好进口面辅料核销工作和成衣出口报验手续。

所有面辅料的转运、遣返工作，跟单员都要做好协调和详细记录，上报主管批签，并将资料分送给跟单部、面辅料部、财务部等部门核对结账。

四、采购跟单注意事项

1. 集中订购，方便管理

为了达到供应商的最低起订量，自购面辅料应尽量将同一季度、类型相近的面辅料打包采购，以便批量订购，获取更低的折扣，并降低物流运输成本。

2. 跟进到位，缩短时间

跟单员应合理安排面辅料的采购跟单计划，组织协调各相关部门的工作，并尽量缩短面辅料采购周期，为后续的生产争取宽裕的时间，降低交货期延误带来的损失。

3. 文字凭据，防止纠纷

对于客户提出的更改要求，必须获取补充协议，如签署盖章的传真、实物样板或图片、电子邮件、信件等。只凭客户口头要求，容易因口说无凭而产生争议。

4. 注重言行，树立形象

与外协工厂和客户交际时，注意言行得体，尽力争取各部门的配合支持，并定期向部门主管汇报与请示。同时把握工作原则，未经核实不做承诺，未经授权不作决定。

5. 书面总结，存档管理

跟单员应坚持记录面辅料采购工作日记，包括工厂投产进度、面辅料采购计划、每次订货成本、库存数量、采购提前期、面辅料配送情况等，总结工作经验，并与面辅料部、仓库、财务部核对面辅料库存情况。

同时，妥善保管各种面辅料资料，包括客批评语、测试报告、检验报告、色板、测试板、辅料卡等都要分类存档，以备查找、汇总。保存时间为该批订单结束后两年，如果两年内客户没有翻单生产才作相应的处置。

第五节 案例分析

案例1：准确预算针织衫的纱线用量

一件重300g的腈纶针织衫，假设腈纶纱线1kg的价格为25元，生产损耗约为6%，如何通过克重计算面料价格？

第一步：算出1m布的经纱用量和纬纱用量；算出布重（g/m）；

第二步：算出纱价；

第三步：按照面料价格公式算出坯布价格。

面料价格＝克重×纱价＋织造价格＋染价＋其他价格（包括：印花、开幅定形、后道各工序等）

那么这件衣服的原材料为：$0.3 \times (1+6\%) \times 25 \div 1000 = 7.95$（元）

加上织造价格、后整理和营运加工费等开支，这件衣服的报价一般不会超过30元。

案例2：有效控制色板与大货色差

跟单员要求织染厂提供3~4个大货色板。织染厂为了省事，找接近的布样打色板，而不是提供产前的头缸板。

寄给客户确认后，织染厂才开始织制大货面料。直到大货面料进入染色过程，才抽样对比，发现问题后，织染厂不断调整染色效果直至接近色板。结果出来的大货颜色与色板有较大的偏差，织染厂开始找借口："打样和做大货都是有很大区别的。""客户原样不好对色……""这是一般标准都能过得去的。"

跟单员坚持拒收，要求修色！织染厂只好在现有颜色的基础上调整，并重新进缸，进行原色剥离，并重新上染。但剥色上染最终的色泽效果受面料质地和染料类型的影响很大，所以很难达到理想的效果。重新起了3~4个色样给跟单员评核，同时与制衣厂协商并确定延后面料交货期的最新时间。

结果：

新布板的颜色与客供色板仍然有较大的偏差，染厂开始说："面料不能再折腾了，否则各方面的性能会打折扣。"此时，布板达不到客户要求，织染厂又不肯再修色，怎么办？

分析与建议：

跟单员应客观衡量事态的走向，如果此时织染厂确实已经尽力，可以与客户多沟通，直至客户接受为止。并将客户意见反馈给织染厂，让织染厂感觉到你的真诚和理解，以后的合作会更乐意配合，并尽力而为。

1. 导致色差无法接受的原因

（1）技术局限：织染厂的技术水平达不到客户的要求。

（2）管理局限：起板师的责任心不足，对该订单的重视程度不够。

（3）设备局限：织染厂的设备性能低劣，难以染出高质量的产品。

（4）跟单局限：问题出在跟单员自己身上，如前期准备工作不够，工厂没有理解客户的要求，大货生产的检验程序不够规范严谨，没有确认产前的头缸板，生产过程中的前期和中期没有巡厂和抽样检查等。

（5）客户局限：客户的要求不合理，缸差标准定得太高。

（6）价格局限：期望值过高，总想用国产染料的低廉价格达到进口产品的优质效果。

2. 改善建议

（1）客供色样通常有布板和纸色卡，其中纸色卡的光泽度和硬度手感较难掌握，通常根据纸色卡提供给客户的色板都会与客户的要求有差异。所以应尽量要求客户提供布板，如果客户只是提供了纸质色卡，每次起板前，跟单员应与织染厂的跟板员和技术师多沟通，阐明起板的细节要求，并事先向织染厂声明客户对"色准"的要求非常高，以此引起织染厂的重视。

（2）必须严格确认产前的头缸板，前期打样和对色时，不能有丝毫的偏差，因为这关系到大货质量的稳定性。正式大货投产后的前期和中期，必须巡厂和抽样检查，切勿等到成品全部完成才发现问题。

（3）高质量的标准需要高成本的代价。同时，目前国产和进口的染料、助剂在价格和效果上的差异非常大。跟单员需要不断地给客户树立成本意识，并积累工作经验，根据客户要求和价格定位，引导客户提供合理的质量标准。

（4）如果与织染厂进行多次沟通后仍无明显的成效，建议选择新的供货商。虽然换厂初期会比较麻烦，但是选择一家管理规范的织染厂，可以缩短沟通的磨合期，减少后续生产问题的产生。

案例3：快速应变跟单问题

跟单员收到质检员的通知："哎呀，刚到厂的那批纱线颜色有明显缸差，怎么办？"

结果：

跟单员查明色纱的缸差问题以后，马上寄出样板给纱厂查验，指出问题的严重性，并声明出了问题必须由他们负责。

同时，翻查订单交货期。如果交货期的时间充足，把整批纱退回给纱厂重新翻染。如果交期紧迫，马上寄出色差严重的样板给客户审查，希望得到客户的接受。如果客户要求重新染色，再与客户协商新的交货期限。

分析与建议：

跟单员要有很强的沟通、协调和谈判能力，已成事实的问题切勿隐瞒，应及时向主管汇报，并尽快与客户沟通，以诚恳打动客户，以便获得回旋的余地。对于无法逆转的损失，应尽量设法减少赔付金额，减轻企业的损失。

案例4：练好扎实的专业功底

某洋行接有一批含有里料的牛仔布小外套，并要求成衣洗水。但头缸板洗水以后，里料脱色严重，且染污面料。跟单员大惊失色，向跟单部主管反应。跟单部主管也被弄糊涂了，到底原因何在？

结果：

跟单部主管拿着样板到面料部请教纺织专业的专家。纺织专业的高材生小陈拿起外套，用手抓捏端详一小段时间以后，说："里料是100%锦纶，高温下易脱色变形，应该是洗水温度太高所致。"

后来，跟单员与洗水厂商讨，将洗水温度由70°降为45°。但洗水后的成衣达不到蓝白的漂洗效果。洗水师傅决定翻洗第二次，样板终于达到客户的要求且有效防止里料脱色。最后整批成衣顺利出货。

分析与建议：

只有专业功底扎实，才能临危不惧，找出原因的关键点，并提出可行性的解决方案。

所以，跟单员应熟识面辅料的基本常识、各自的特征、优缺点和生产的局限性，以便有针对性地预防和解决生产问题。

案例5：多疑问、多核实则万无一失

物料部准备订购一批皮带，贸易行跟单员把皮带的尺寸和皮带扣的规格，以书面形式传真给加工厂跟单员。工厂跟单员收到的传真资料有些地方字迹模糊，加工厂跟单员在没有与贸易行跟单员进一步核实的情况下，就发出皮带的订购通知单。皮带送到车间时，才发现皮带不能穿入裤袢。

结果：

皮带扣退货，重新订购。交货期延后，公司赔偿客户部分损失。

分析与建议：

环环是关键，处处要细心。成衣生产过程中会出现很多不可预测的问题，当跟单员对某一细节不能肯定或存有疑问时，就一定要咨询清楚，否则，一个小细节出了问题，很可能会带来非常大的损失。

案例6：让客户心甘情愿地更换供应商

如何才能让客户心甘情愿地更换供应商？首先，要调查清楚更换供应商对客户而言，有何成本和风险。

分析与建议：

（1）价格

客户认为，原有的合作伙伴提供的价格比较靠谱，高也高不了多少，想让他更换，除非公司的报价相当有吸引力！解决方法是：价格方面做出让步。

（2）质量

客户使用原有供应商的产品已经习惯，对其质量已有信任感，哪怕价格稍微高一点，客户也不愿意买低价货，以免砸了自己的市场。解决方法是：

①免费试样法。如果确定客户需要新供应商的产品，而且从中国采购更稳定，那么可以主动并免费给客户寄样。

②样板客户法。将有名气的大客户作为推广宣传的样板客户，例如，K客户是行业里最大的品牌众所周知。与其他客户谈判时告知："K公司是我们的客户，每个季度都给他提供××产品，不必担心我们的质量，我不想砸了我们自己的市场！"

（3）付款方式

客户与原有供应商合作，已经形成了较稳定的付款方式，如T/T、Copy of BL❶，或者L/C。第一次合作，你不信任他不肯接受copy of BL或T/T，那么凭什么让客户选择你？

---

❶ On copy of BL：70%尾款在见到整套提单复印本后才付。无论是做FOB、CIF、CNF，这种付款方式都会有风险，最好是出货前付清货款。通常是在船开后，由卖方付费给货代，货代才给BL复印本。

解决方法如下。

方法一：接受对方的付款方式；

方法二：劝说客户接受自己的付款方式；

方法三：建设性地提出对双方都有利的付款方式，如假远期信用证❶，让受益人直接拿到了货款，也能让买方享受银行的信贷！

思考题

1．试述面辅料样板的类型和各种样板的基本含义。

2．试述面辅料获供的途径和分类依据。

3．怎样用燃烧法鉴别合成纤维和天然纤维纺织品？

4．怎样通过手感法鉴别真丝和人造丝？

5．怎样鉴别棉与化纤混纺品？

6．怎样鉴别纯毛料与仿毛制品？

7．请阐述面辅料采购总流程和跟单员工作职责。

8．详述面料供应商评估的基本要点与方法。

9．请以一款T恤为例，绘制一份板单。要求内容全面，简明扼要。

10．设计一份样板评核表，并以一款牛仔裤为评核对象，将尺寸测量方法、数据以及评核内容记录在样板评核表上。

---

❶ 假远期信用证：出口商开立远期汇票，但信用证明文规定进口商按即期付款并承担贴现费用。进口商由银行提供了周转资金的便利，但须支付利息；出口商可即期获得汇票的票款，但需承担汇票到期前被追索的风险。

订单生产管理与实践应用——

生产跟单

> **课题名称：** 生产跟单
>
> **课题内容：** 联系加工厂
> 　　　　　　 签订生产合同
> 　　　　　　 编制生产制单
> 　　　　　　 生产跟单管理
> 　　　　　　 服装质量检查
> 　　　　　　 案例分析
>
> **课题时间：** 10课时
>
> **教学目的：** 通过本章的教学，让学生了解生产跟单的基本流程，熟悉生产合同与制单的编制，重点掌握生产进度和质量的跟单流程、服装的疵点界定、服装的尺寸测量技巧以及质量检查报告的编制与处理。
>
> **教学方式：** 以课堂讲述为主，以质量检查报告和案例进行课堂讨论为辅，并采用网络等多媒体的教学手段，理论与实践相结合的方式进行教学。
>
> **教学要求：** 1. 明确生产跟单的基本流程。
> 　　　　　　 2. 熟悉各种生产跟单文件的编制与应用。
> 　　　　　　 3. 掌握生产跟单各项工作的跟进与处理。
> 　　　　　　 4. 了解各类服装疵点的分类与判别。
> 　　　　　　 5. 熟悉各类成衣的尺寸测量方法与技巧。
> 　　　　　　 6. 了解有关生产跟单的案例操作与分析。

第六章 生产跟单

完成面辅料采购与跟进工作后,订单转入大货生产阶段。生产部跟单员需及时将生产资料转交给相关部门,并与客户、营业部、加工厂、驻厂QC、面料部、辅料部、船务部等部门进行有效沟通,充分预测生产中可能发生的问题,采取预防措施避免问题的发生,并及时跟进大货生产的进度与质量,确保订单按时、按质、按量完成生产。

第一节 联系加工厂

一、评审加工厂

根据营业部提供的订单资料,贸易公司评审部详细了解加工厂的生产、经营状况,并对各厂的人力、技术、设备、信用等,并做进一步的评估,评选出适合客户订单的合作伙伴。企业内部评审的主要项目有:

1. **工厂基本状况**

工厂名称、地址、法人代表、E-mail、电话、传真、联系人、建厂年限等。

2. **相关政策法规**

有无登记执照;完税情况;排污、环保、生产安全是否符合当地法规;整洁、安全、走火通道是否畅通;消防设施是否配齐;工厂最低工资是否合理等。

3. **生产能力**

生产产品类型;初步报价单;厂房、设施、设备等规模;工厂总人数、车工人数、质检人数、熟练工数量、生产计划排期表、目标产量与实际月产报表等。

4. **质量管理系统**

全查、抽查、游查记录;有无规范的ISO 9000质量管理系统和质量标准;有无质量不良事故记录;有无过程质量控制与线上质检记录;有无往期订单质量疵点百分率记录;终查有无100%全查;有无返修制度;有无质量管理培训与新手培训计划等。

二、审核订单资料

贸易公司生产部从营业部或资料部接到订单资料后,必须仔细审核文件资料(如订单合同、工厂报价单、订单交接文件清单及备忘录、板单、生产工艺、客批意见、更正资料等）与实物资料（如客供原板、确认头板、缸差板、面辅料标准卡等），确认所有订单资料与制作工艺的统一性，对指示不明或有疑问的事项应咨询相关部门。

三、发出订单资料

订单资料审核完毕，生产部经理分配订单的跟单任务。生产跟单员对订单资料进行归类、整理、分析和汇编以后，向评审部提供的加工厂发出初步的订单资料，提供给工厂作为能否接单生产的参考。

需要向加工厂发出的订单资料主要有以下几方面。

1. 订单基本资料

订单基本资料包括客户名称、款式名称、款号、加工价格、总数量、交货期、交货方式、付款方式等。

2. 款式资料

款式资料主要是指服装款式的基本描述、基本款式图、面辅料规格及要求、生产工艺要求、包装方法等。款式资料范例如下所列。

（1）款式描述：女装贴身含里运动服，原身出袖、前中纽扣全开口。

（2）洗水方式：服装洗水。

（3）包装：独立挂装。

（4）面料要求：100%麻、RN—68596，可在中国内地采购。

3. 尺码与数量分配资料

接外单的工厂通常需要发出的订单资料必须包括详细的尺码分配表及数量明细表如表6-1所示。

表6-1 色码与数量分配表

尺码 颜色	2	4	6	8	10	12	14	合计（件）
白色（件）	8	20	26	26	21	16	8	125
蓝色（件）	22	60	78	78	63	48	26	375
								500

国外客户在中国采购服装，多数要求采用FOB价格，即加工厂必须先预付资金采购面料。因此，加工厂通过订单的尺码、颜色与数量分配资料，可以进行初步的生产预测、面辅料订购计划安排与成本核算。

四、分析工厂反馈信息

1. 决定合作意向

加工厂收到订单资料以后，根据款式要求，综合衡量自身的生产能力、技术水平、资源调配等情况，给贸易公司一个明确的答复，决定能否接单生产。

2. 款式资料的反馈

如图6-1所示是贸易公司发给加工厂的一款夹克款式图，其余资料都不齐全。

有接单生产意向的加工厂会向贸易公司索取详细的订单资料，包括部件颜色的配搭、面料具体技术参数、是否带衬、里料材质、袋口宽、领围尺寸、各部位工艺方法、所用辅料的种类或款式、明线宽度等咨询贸易公司，对订单生产要求做全面深入的了解。

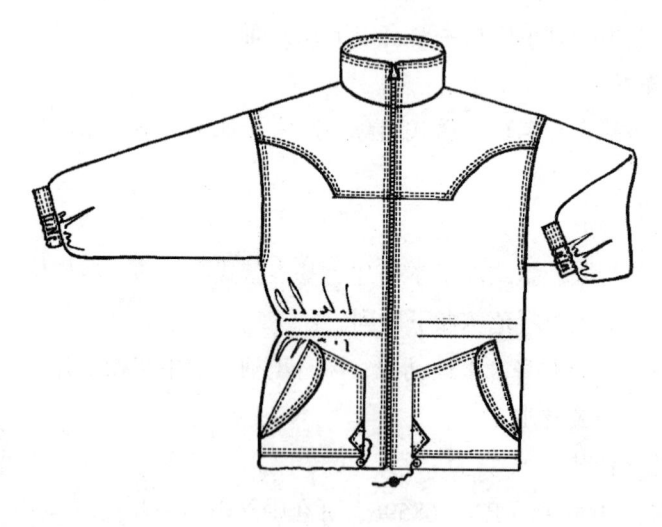

图6-1 款式资料图

根据工厂反馈的信息资料，生产跟单员必须一一解答，无法确认的细节向客户或营业部咨询后回复加工厂，并在后续的生产制单中详细描述，避免大货生产出现错款等质量问题。

3. 合同资料的反馈

加工厂会关于合同条款的初步内容作进一步的咨询，包括加工费、付款方式、交货期、交货方式等。生产跟单员应详细回复加工厂，避免日后发生纠纷。

第二节 签订生产合同

加工厂确定接单生产后，贸易公司与加工厂签订生产合同。合同文件一般由贸易公司跟单员编制。签订生产合同工作流程如图6-2所示。

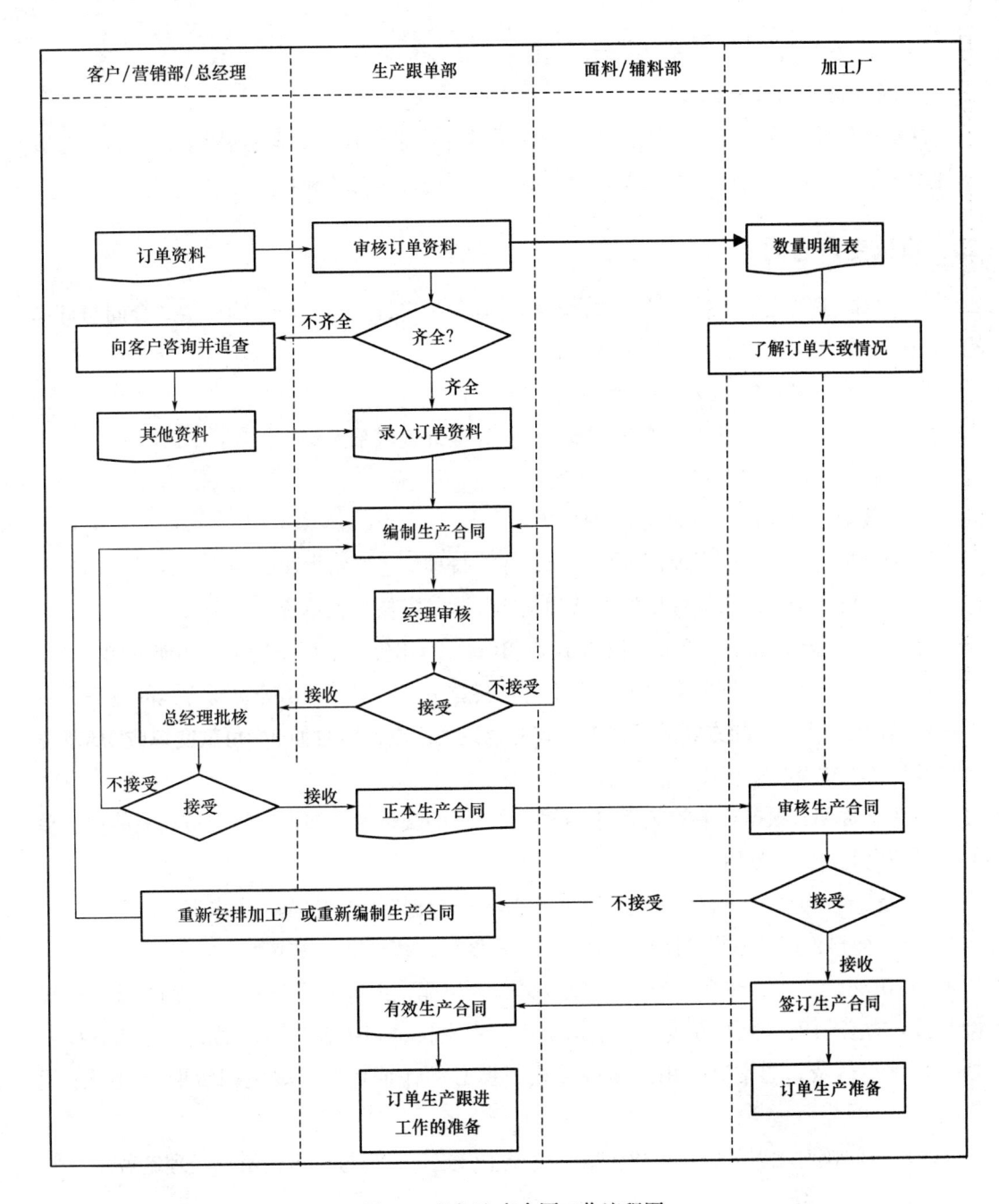

图6-2 签订生产合同工作流程图

一、编制生产合同

1. 资料录入跟单系统

为了确保日后跟单工作的顺利进行，便于跟单管理系统自动生成相关报表，生产跟单员必须将订单资料录入跟单管理系统，包括订单销售合同、交货期、客供设计图、面料、辅料报价表、工厂报价单、成本计价表、色码分配表、信用证（L/C）等。如果发现资料有疑问,应及时向营业部、客户咨询,确保录入的资料准确无误。

2. 编制并输出生产合同

订单资料输入无误后,可直接由系统生成并输出生产合同如表3-9所示,然后根据成本计价表编写营业利润损益表如表3-12所示,预算该订单的盈利状况。

二、审批生产合同

生产合同编制完毕,跟单员需对合同的所有条款进行全面核对,确保生产合同与订单合同对应的条款相符。主要核对内容如下。

(1)**合同编号**:便于双方进行合同管理与查询。

(2)**联系方式**:含电话、传真、邮址、快递地址、联系人等。

(3)**款号**:以客户确定的款式名称为准。

(4)**数量**:以客户订购的数量为准。

(5)**颜色与尺码分配**:根据客户要求,注明每种颜色、每个尺码的生产数量。

(6)**单价与金额**:根据订单的单价和预期利润,审核加工单价与总金额。不同的加工价条款对应不同的单价,工厂的加工单价有CIF价、FOB价及工厂交货价,不能混用。

(7)**付款方式**:不同的交易方式有不同的付款方式,对于FOB等贸易方式的业务,一般采用信用证(L/C)的方式进行付款,有时也采用汇票、托收如D/P付款交单或D/A承兑交单等付款方式。

(8)**交货期**:根据订单的交货期,确定加工厂的交货期,加工厂的交货期只能比订单的交货期提前,不能推后。

(9)**洗水方法**:需要做洗水后整理的订单,应根据客户要求填写洗水方法。

(10)**面料**:产品原料、面料名称、纱线密度、经纬密度、幅宽等。

(11)**交货方式**:主要有空运和海运。空运快捷,但成本昂贵;海运成本低,但较慢。接单时必须确定交货方式。如果运费由客户支付,则按客户确定的交货方式。如果加工厂承担运费,通常会采用海运或陆运,但必须保证货期,以免因货期紧迫而采用空运。

生产合同核对无误后,交跟单主管、生产主管审核,通过后再送给总经理签署。

三、签订生产合同

总经理审核生产合同,确定可下单生产后,在合同上签署确认。加盖公章后,交给加工厂。工厂对合同进行审核无误后,由法人代表签名并加盖公章,自存一份备案;另一份送回贸易公司。贸易公司跟单员收到工厂送回的合同后,正本存档,复印件分别发给船务部、财务部等部门。如果工厂不接受合同的有关条款,跟单员应及时向主管、总经理反馈,考虑变更有关条款或重新选择加工厂。

第三节　编制生产制单

生产制单全称为生产制造通知单，简称制单，是服装生产中的指令性文件，标示了详细的服装加工生产要求，用于指导服装的工艺与生产。在合身板或尺码板经客户审核通过后，大货生产以前，就需编写生产制单，以配合不同服装的款式生产，并保证产品质量。

一、生产制单的作用

（1）产前安排。生产制单是用于生产计划安排、设备排程准备、工艺卡的绘制、工价的确定等的指引性文件。

（2）指导生产。生产制单能明确指示生产工艺方法，规范产品的生产要求。

（3）质检标准。生产制单标明了服装各个部位的工艺细节标准，确保产品质量达到客户的要求。

（4）书面凭证。生产制单可以防止信息传递错误，避免因口述而导致的纠纷。同时也方便翻单时查阅，减少重复的工作量。

二、生产制单的内容

1. 基本信息

（1）订单资料：订单编号、款式名称、款式编号、客户名称、加工厂名称、批次、交货期、订单数量、订单日期、交货期等。

（2）尺码分配表：详细的尺码规格、数量分配、颜色分配以及总数量等。

2. 面辅料资料

（1）面料资料：面料名称、组织结构、成分、颜色、色号、数量等技术资料。

（2）生产辅料：纽扣、缝纫线、花边、绳、丝带、拉链、衬布、里料、罗纹等的规格、颜色、材质；辅料的位置、搭配等。

（3）包装辅料：吊牌、衣架、价格牌、袋卡、大头针、塑料袋、纸箱等。

（4）商标：主商标、成分商标、护理商标、产地商标、尺码商标、吊牌等的内容与位置。

3. 生产工艺信息

（1）裁剪方法：有毛向、格条、单向花色等特殊面料的铺布法、裁剪法。

（2）工艺图与款式说明：工艺图、裁片图、文字描述款式细节、工艺分析制作要求、尺寸等资料。

（3）工艺要求：缝份、折边量及工艺说明；尺寸与零部件要求；纽搭位、回针哟球、容缩尺寸、包边位的工艺方法等；线迹类型与密度要求；跳线/滑线/起珠的允许度；线尾留长的尺寸等。

（4）饰品的装配：印花的颜色搭配、尺寸、位置、效果；特种设备、辅助件的类型；缝型的类型等。

（5）尾部要求：打枣、纽门、纽扣、扣眼等制作要求。

4. 后整理资料

（1）洗水/印花/绣花/染色：后整方式；颜色搭配、图案效果、后整部位的尺寸要求等。

（2）熨折方法：熨烫与折叠的方法与规格要求。

（3）包装：入包方法（色码与数量的分配）、入箱方法（单色单码、混色单码、单色混码、混色混码）、封箱要求、装箱表资料等。

5. 品质标准信息

左右部件的对称性、格条对正的效果与偏差尺寸、边角部位的外观效果；色差的可接受程度等。

三、制单编写途径

客户提供的资料并不全面，而且均是按照客户当地的习惯用语表达，需要跟单员按照本地通用的术语重新编写生产制单。制单编写途径有以下几个。

1. 由贸易公司编写

由贸易公司跟单部根据订单生产的要求、结合加工厂的实际运作编写生产制单。贸易公司更能切合客户的需求，但跟单部必须对加工厂的运作模式进行深入的调查，以使编写的生产制单适合加工厂的实际操作。

2. 由加工厂编写

由加工厂编写生产制单，能清晰描述生产的实际运作情况，但工厂难以揣测客户心态和创新设计细节，对订单的要求了解不够全面，所以跟单员应主动参与加工厂的制单编写工作，详细解答加工厂的疑问，帮助加工厂编好生产制单，确保订单生产顺利进行。

四、制单编写步骤

1. 编写前准备

编写制单前，首先需收集整理所有订单资料，然后掌握工厂的实际运作情况，以此确定各个部门需要什么信息就提供什么信息。同时，还要清楚工厂设备和工人技术力量的现有状况，以此确定成衣生产的工艺方法。另外，还应了解工厂内部通用的专业术语、习惯用语，以便编写时所用的专业词汇通俗易懂，确保信息传递准确无误。

2. 编写生产制单

根据订单的业务性质、加工厂的运作模式，各个服装企业编制生产制造通知单的方式有所不同。不同的公司、不同的款式所编写的生产制单格式也会有所不同。无论是哪种编制方式，其内容都是大同小异，各要点描述都必须清晰详细，都必须以能够指导生产为前提。

编写制单时，要求阅读方便，内容清晰详尽，涵盖广。必须具备完整性、准确性、适应性及可操作性，四者缺一不可。

表6-2所示是生产制单的其中一种范例。该制单中的订单资料、尺码与数量分配、面辅料、装箱表等信息清晰明确，格式也较为合理，但是有关加工工艺的图示较少，缺乏直观描述，车工对文字表述的细节容易造成偏差，甚至影响产品的加工质量。

表6-2　生产制单

日期：_____

订单编号	款式编号	款式名称	数量	交货期
RKY-001	M-010	男装短裤	1500条	20140916

尺码规格：SZ-002（单位：英寸）		颜色编号：CR-02				
成衣洗水（加软剂石磨）		30	32	34	36	38
腰围		30	32	34	36	38
臀围（裤裆顶上3cm测量）		43	45	47	49	51
裤大腿围（裤裆顶位测量）		27	28	29	30	31
裤脚围		23	24	25	26	27
前裤裆（连腰头测量）		11	12	13	14	15
后裤裆（连腰头测量）		16	17	18	19	20
内裤长		9	9	9	9	9
拉链长		7	7	8	8	8

尺码/颜色分配					
蓝色（条）	60	240	600	360	240

箱唛 SHIPPING MARK	侧唛 SIDE MARK
休闲服 CASUAL WEAR	客 户 MODEL NAME: HAGGER
客 户 MODEL NAME: HAGGER	颜 色 COLOUR:
颜 色 COLOUR:	尺 码 SIZE:
批 号 LOT MODEL NO.: 4115-4130-90	总 重 GR. WT.:
订单号 SALES ORDER NO.: 20398	净 重 NET WT.:
数 量 QUANTITY: 36PCS.	外箱尺寸 MEAS.:
尺 码 SIZE:	
箱 号 CARTON NO.: 1-UP	
中国制造 MADE IN CHINA	

- 箱唛上标示的重量必须与货品实际重量相符
- THE WEIGHT MARKED IN SHIPPING MARK MUST BE THE SAME AS THE REAL WEIGHT

面料	面料结构	面料颜色
纯棉格子料	68×54/16S×16S　100%棉	蓝色

续表

缝纫线	拉链	主商标	纽扣
PP604	BC-360 3# 黄铜牙	RYKIEL	25L RYKIEL
配洗水后颜色	自动锁560#		4孔蓝色塑胶

款式效果
生产图样： 前片　　　　　　　后片

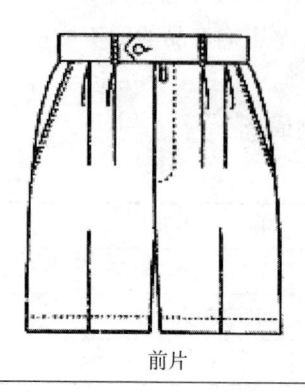

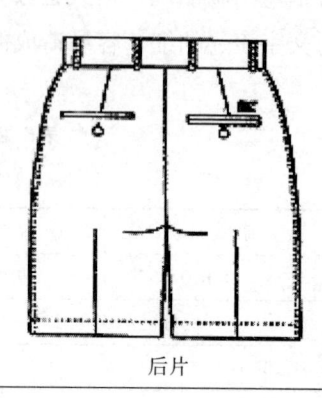

缝制结构
商标位置： • 主商标LA0100 RYKIEL（酒红色底卡其字体）：采用商标底色缝纫线，车缝4边，在右后袋的右上角（参照图示） • 洗水商标在上、合同P.O.+款号商标（全部商标都是杏色底蓝色字体）在下，一起摄入后中裤腰内侧
前幅：左右片各2个褶（参照图示）
前袋： • $\frac{1}{4}$英寸单针侧缝袋，$1\frac{1}{2}$英寸宽袋贴 • 袋衬、袋贴用边线还口车于袋布处 • 漂白T/C袋布采用全袋布的方式伸到前纽牌位，并用$\frac{1}{8}$英寸单针还口封袋底
前裆长：锁边并缉边线；　　后裆长：5线锁边，右盖左缉边线
后片：2个缉边线的省道（参照图示）
后袋：缉边线的单嵌线袋，漂白T/C袋布采用$\frac{1}{8}$英寸单针还口封袋底
侧缝：5线锁边，后片盖前片缉边线；　内裆长：5线锁边
裤脚：脚上$1\frac{1}{2}$英寸双针车线
裤腰：双针车拉一片$1\frac{1}{2}$英寸裤腰
裤串带：6个（2英寸×$\frac{1}{2}$英寸）双针裤串带，全部摄入裤腰缝骨底端（摄裤串带做法），其中 • 在左右前中褶的附近各装1个（共2个） • 后中处2个裤串带距离$2\frac{1}{2}$英寸（共2个） • 在后片位置，前片裤串带与后片裤串带的中间（2个）

续表

套结：总共23个套结，其中 • 裤串带上下共12个（裤串带下端用隐形套结） • 前袋口位4个 • 后袋口位4个，宽度为$\frac{1}{2}$英寸 • 前门襟位2个（参照图示） • 1个在底裆内侧	扣眼：总共3个，$\frac{11}{16}$英寸开口 • 1个腰头位 • 2个在后袋中位 纽扣：总共3个，必须配合扣眼大小
袋布：漂白T/C袋布（用配色线缝制） 备注：袋布、里衬的颜色不能外露作为标准	衬布： • 53915#衬用于腰头内侧 • GP-3衬用于后袋嵌线位

前袋布深：从袋口底部到袋布底端的深度，所有尺码的尺寸均为$5\frac{1}{2}$英寸 后袋布深：从袋口底部到袋布底端的深度，所有尺码的尺寸均为$5\frac{1}{2}$英寸 其他细节： • 裤腰前中左右必须对水平的格子 • 前后裆长位必须对水平格子 • 左右后袋嵌线的格子必须一致 • 后省道的方向必须向侧缝
客供包装辅料： • LS00500腰卡：夹于左后后袋口中，并用白色线打2个线结 • CT-36袋卡：夹于左后袋中，并用白色线打2个线结 • LS08价钱牌：置于左后袋口上，用白色线打4个线结
后处理方法： • 纽扣：包装前，裤身上包括腰头在内的所有纽扣都必须扣上 • 熨烫：前中裆反向裤中骨线 • 包装：每件中骨对折（价钱牌向上），放入在背面印有警告语的防滑透明包装袋内，然后12件单色单码放入一个胶纸包，胶纸包上下必须垫用硬纸皮，并用客人要求的贴纸封包，最后36件（3个胶纸包）单色单码放入一个规格为3坑的出口纸箱 包装备注： • 成品大货分码前，必须测量腰围尺寸，并检查尺码与内长，如果尺码与内长错误，必须更正 • 成品入胶袋前，必须检查价钱牌、腰卡、洗水商标等辅料上的尺码、内长等资料是否一致 • 必须检查成品大货是否有脏污现象 • 成品入胶袋前，必须完成以上各项工作

3. 审核生产制单

生产制单编写完成后，需交跟单部主管审核，批复通过后送交加工厂，通知大货投产。厂长或生产经理批签后才能发放给相关部门。

大货跟单期间，客户下大货单时可能还会对货前板做稍微的修改，但此时许多客户都不会要求再另做样板，而是直接进行大货生产，这就需要跟单员格外小心，因为大货跟单员已经习惯了以确认样板为依据来编写生产制单。

4. 发放生产制单

生产制单需要准备一式六份：批签者、跟单员、裁床、车间、熨包部和物料仓各执一份。通常在投产前3~4周发放，以便各部门安排工作。

资料不齐或有更改，必须尽快补发通知。同时应告诫客户必须在生产前2周提供完全部订单资料。

生产制单应注意保存，以便翻单生产时查阅使用。

五、编写注意事项

（1）编写前，必须获取客供板。编写时必须根据客供资料、审批的样板等进行编写，作为生产规范。

（2）编写时涉及的专业名词、术语、名称、简称等资料必须统一、准确，并尽量用通俗易懂的语言表达。

（3）编写内容要详细，尽量用图文并茂的方式表达。语言要清楚，简明扼要，不得含糊其辞或重复累赘。不得使用"大概""估计""可能"等不确定的词语。

（4）在编写制单的过程中，不能有重复、漏缺、难懂的内容，项目编排要合理，重点信息应清晰标注并容易看到。

（5）通常工厂编写的制单刚完成，客户又会有新的更改要求。此时，必须重新制板审板，根据新的要求修订制单的内容，并发出新的修改资料给各个相关部门。

（6）制单编写员必须兼具生产技术与行政经验，只有清晰了解工厂的实际运作情况和客户要求，才能减少板房与工厂间的生产技术差异，确保顺利完成订单。

第四节　生产跟单管理

为了确保订单生产按时、按量完成，必须对订单生产的进度进行跟进与控制。

一、生产跟单流程

订单生产跟单包括生产进度跟单、生产质量跟单、成品出产跟单等工作。跟单员要做好生产进度的跟进工作，首先必须了解生产进度跟进的基本流程，才能提高生产跟单的工作效率与质量。图6-3所示是订单生产跟单流程。

二、生产进度跟单

生产进度跟单需以动态的形式，在半制品生产的进程中进行观察、分析，使订单生产按计划设定的时间推进，以此控制生产进度的变化，确保订单生产按时完成，做到不提前交货，也不延迟交货。

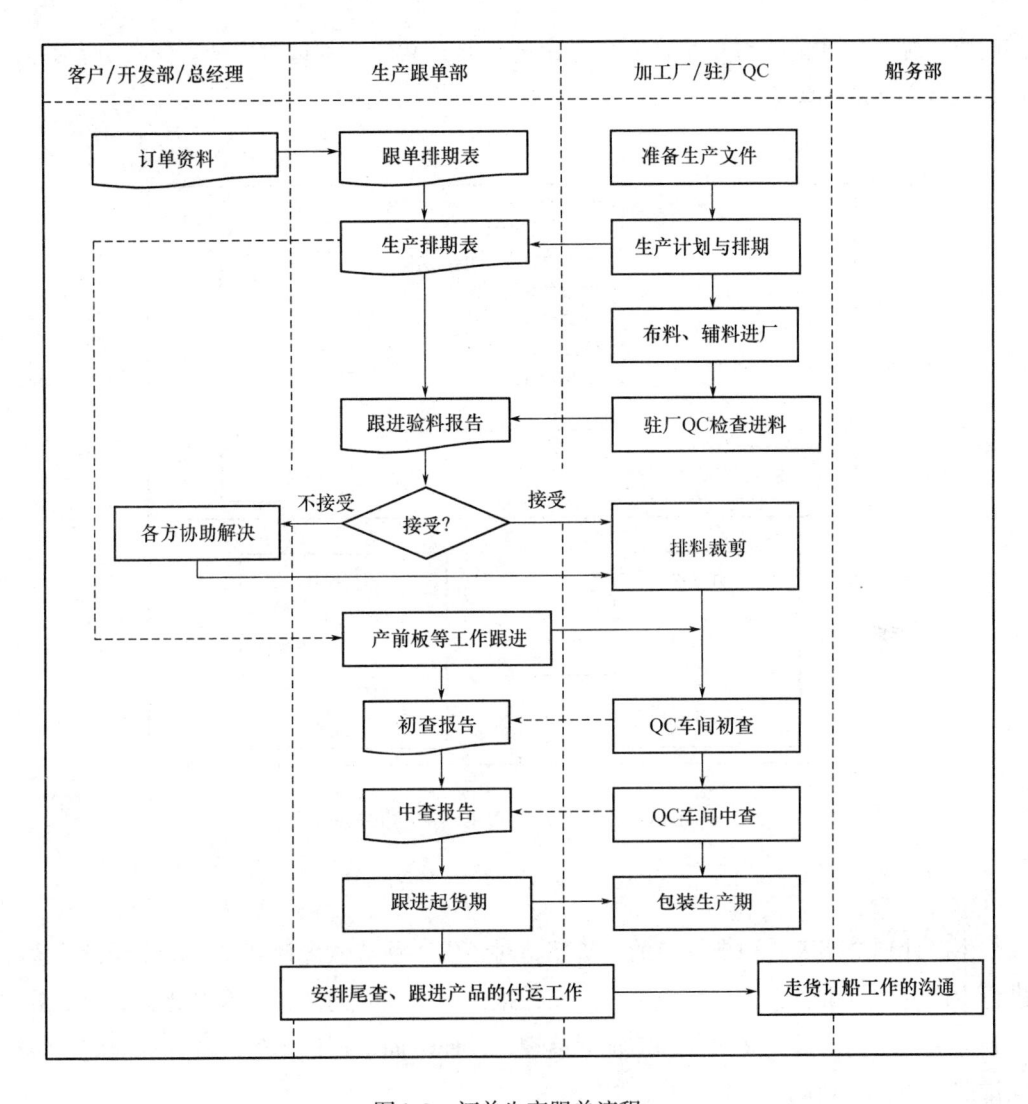

图6-3 订单生产跟单流程

1. 生产进度跟单的形式

（1）电话催促：与加工厂保持经常性的电话联系，了解订单生产的进度与生产中遇到的问题，特别是临近交货期，或是紧急的订单，必须采用电话方式频繁地进行沟通与催促。

（2）电邮或传真：对一些需要用文件补充说明或协调解决生产进度的问题时，除了用电话联系外，还必须采用电邮或传真的形式通知加工厂，确保订单生产正常进行，同时留下纸质文件，方便存档查阅。

（3）驻厂跟进：对一些重要的订单，贸易公司应派出跟单员驻扎工厂，对生产进度做现场跟进。这种方式可确保订单按计划生产并准时交货。

2. 生产进度跟单的内容

（1）获取生产排期表。只有做好生产计划工作，详细规划好每个生产环节，调动相关部门协调配合，才能使订单生产有条不紊地开展，共同推进订单生产。图6-4所示是产前计划与生产活动的关系。

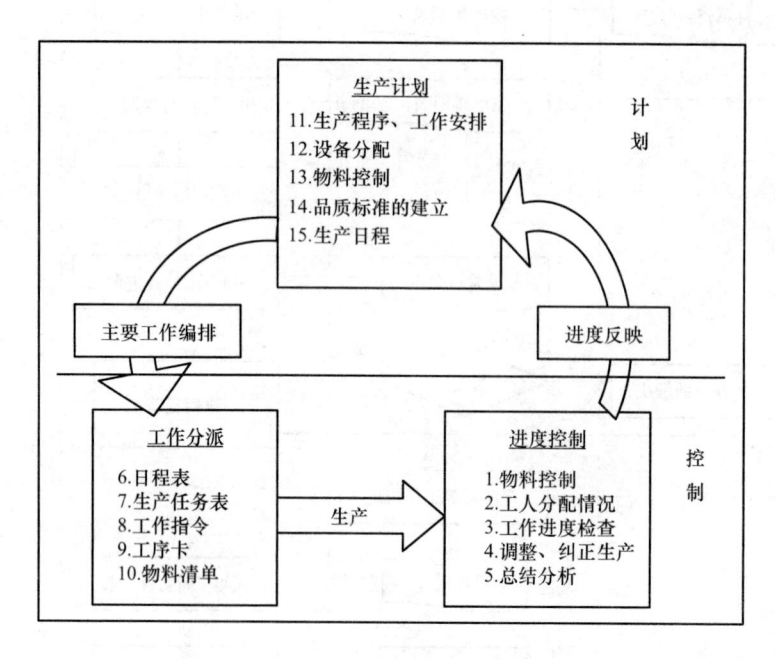

```
                        生产计划
                   11.生产程序、工作安排
                   12.设备分配                    计
                   13.物料控制                    划
                   14.品质标准的建立
                   15.生产日程

         主要工作编排              进度反映
    ─────────────────────────────────────────
         工作分派         生产      进度控制
         6.日程表                 1.物料控制      控
         7.生产任务表             2.工人分配情况   制
         8.工作指令               3.工作进度检查
         9.工序卡                 4.调整、纠正生产
         10.物料清单              5.总结分析
```

图6-4　产前计划与生产活动的关系

生产计划排期表是根据订单的交货期，对各生产环节做出计划安排，保证订单按计划进行生产的一份重要文件。在订单生产前，跟单员应及时向加工厂索取此文件。如果加工厂到了生产期仍未送交此文件，需加紧追索，以便全面掌握订单生产的计划周期。生产计划排期表如表6-3所示。

表6-3　生产计划排期表

×××服装有限公司													文件编号：BM-SH-001/V1.0						___年___月___日
订单	款号	客户	数量	生产组	客期	洗水方法	纸样	面料	裁期	物料	试板	车间期	包装期	客人查货	付运期	备注

跟单员：_____　　　生产跟单经理：_____　　　日　期：_____

（2）制订跟单计划。在订单生产前，为了增强跟单工作的计划性，更好地跟进加工厂的生产情况，跟单员根据公司的业务性质、订单的数量与生产排期，做好跟单工作计划，跟单周期表如表6-4所示。

表6-4　跟单周期表

×××商业海外有限公司														组别：_____		____年____月____日
客户	订单号	款号	款式	数量	加工厂	面料期	辅料期	合身板期	PP板期	初检期	中检期	成品检期	工厂交期	船期	出货港口	备注

制表：_____　　生产经理：_____　　日期：_____

（3）收集生产进度资料。常见生产进度控制文件包括：生产周程表、生产日报表、生产进度差异分析表、生产进度控制表、生产异常处理表、生产线进度跟踪表。

跟单员应要求加工厂每周提供以上生产进度文件，做到对订单生产的进度随时掌握。生产周程表范例如表6-5所示。

表6-5　生产周程表

×××服装有限公司				文件编号：SEW-SH-001/ V1.0						____年____月____日
序号	订单	客户	款号	数量（件）	日　程					备注
					周一	周二	周三	周五	周六	周日	
1				300	200	100				
2				500		200	300			
3				600			300	300		
4				800				200	600	
5				560					200	360
										余数下周

问题：
1.
2.

制表：_____　　车间主任：_____　　生产经理：_____
日　期：_____　　日　　期：_____　　日　　期：_____

（4）全面控制生产过程。通过相关的生产排期文件，对生产进度情况作分析，检验订单的生产进度能否达到预期目标，对生产过程的每个环节进行有效的控制和调度，发现问题及时处理，确保订单在交货期内保质、保量、高效完成。控制生产过程要做好以下工作。

①跟进工序：跟单员可以通过生产工序来掌握生产的进度，判断生产进度与生产计划是否同步，保证订单生产按计划进行。

②跟进数量：加工厂的生产日报表或周报表，反映每天半成品和成品的完成数量，与预期计划数量相比较，可以判断生产进度的快慢。通常车间半成品越多，生产管理的难度越大，并容易混淆规格或产生次品。跟单员要提醒加工单位尽早采用消除瓶颈、延长工作时间等方法，避免影响订单交货期与产品质量。

三、生产质量跟单

生产质量跟单是在订单生产过程中，根据客户的标准与要求，对成衣生产全过程进行有效的质量控制，并对产品进行检测和鉴定，确保产品符合订单的质量要求。大货质量检查和控制工作通常由质检员（QC）负责，跟单员查阅质检员提供的质检报告后再根据订单的情况抽查货品。

质量跟单工作主要包括准备工作、实施检查、评估决断三个方面，其中查验工作贯穿成衣生产全过程。

1. 准备工作

（1）搜集有关资料。生产质量跟单工作开展以前，必须收集并阅读有关质量跟单资料，包括以下资料。

①生产制单。尤其要掌握生产制单中的成衣尺寸表、面料与辅料要求、详细制作工艺、整烫与包装细节等内容，作为查验的标准。

②质量跟单手册。每个质量跟单人员都有一套企业质量跟单手册，内容包括查货方法与要求、各种成衣的尺寸测量方法与操作技巧，各种成衣的质量要求与主要服装疵点列表等，供质量跟单人员在检测中参考使用。

③样板实物。经客户批核、确认的各种样板，包括生产核准板、面料色板、各种辅料样板以及面辅料检测报告等，作为查验的参照标准。

④查货标准抽样表。如表6-6所示为AQL质量抽查计划表（普通标准）。

⑤客户对产品质量的特殊要求。

其中：AQL-1.5表示严重缺陷，AQL-2.5为重缺陷，AQL-4.0为轻微缺陷。

（2）选定抽查项目。在实施查验工作前，要清楚了解查货的对象，根据具体的查货对象选定查验的项目。抽查项目有如下几项。

①进料抽查。贸易公司质量跟单一般只对个别重要的原材料进料实施查验工作。加工厂则需对所有面辅料进料进行查验。

表6-6　AQL质量抽查计划表（普通标准）

批量范围（件）	抽查数量-拒收范围（件）			
	AQL-1.0	AQL-1.5	AQL-2.5	AQL-4.0
151～280	50～1	32～1	32～2	32～3
281～500	50～1	50～2	50～3	50～5
501～1200	80～2	80～3	80～5	80～7
1201～3200	125～3	125～5	125～7	125～10
3201～10000	200～5	200～7	200～10	20～14
10001～35000	315～7	315～10	315～14	315～21
35000～150000	500～10	500～14	500～21	315～21
150000～500000	800～14	800～21	500～21	315～21
500000以上	1250～21	800～21	500～21	315～21

注　AQL（Acceptable Quality Level）：是质量可接受水平。

②半成品抽查。大多数服装贸易公司都会派出质量跟单人员进驻加工厂，检查生产过程的半成品质量，尤其需要选择其中容易出问题的工序进行检查。

③成品抽查。贸易公司、加工厂和客户都要实施的查验项目，要求根据客户的质量标准，对成品进行检查、鉴定。

④返修抽查。对返修产品再次进行查验，特别是对要求返修的部位仔细检查，以确保产品质量合格。

（3）选择检查标准。根据客户的质量标准与要求，选择相关查货标准。国外客户一般采用AQL抽样标准进行相关查货。如产品批量数量为3500件，客户要求采用AQL-2.5抽样检查，查表得出"抽查数量—拒收范围"为"200—10"，则表示在3500件中随机查200件，次品不能超过10件，否则拒绝收货。除了采用AQL抽样方法外，还可以采用百分比的抽样方法进行查货，但具体标准必须根据客户要求而定。

（4）安排查货日程。向加工厂索取最新的生产周期表和进度表，根据订单的生产周期、生产进度，对初期、中期或尾期查货的具体时间做出安排，并通知加工厂，要求给予配合。

2. 实施检查

在产品生产过程中，跟单员到工厂开展查货工作，应与工厂生产负责人商讨有关查货事宜，查阅、分析驻厂质检员提供的质量检查报告，了解产品在生产初期、中期、尾期的质量，监控产品质量。同时发现问题及时协调，向工厂提出加强质量管理的建议，采取相应措施加以改善。

（1）初期检查。生产跟单员执行生产初期检查时，希望通过第一次检查提出意见，避免质量问题的再次发生。初查具体内容有如下几点。

①生产跟单员到厂后，深入生产现场巡视，了解订单生产的整体工序、每道工序的作业情况、半成品的质量水平等。

②检查产前板的制作细节，是否按照客户的批复板评语做了修正；进一步审核生产制单、尺寸表等资料是否正确。

③在大货开裁前查询面料质量情况，留意是否有严重的缸差、边差、抽纱、污渍等问题。如发现严重的质量问题，应抽取有代表性的样本交给客户和贸易公司，等客户批复后方可开裁生产。此外，还要查询面料的数量是否足够，避免日后补进的面料产生质量问题。

④检查纸样的布纹、尺码、缩水率以及标签的排放是否正确，避免大货产生变形、尺寸不符、色差等质量问题的发生。

⑤检查所有辅料标准卡，审核主标、产地标、拉链、皮牌、纽扣等主要辅料是否与客户要求一致；留意缝纫线、衬布、袋布等一般辅料是否存在质量问题，如袋布色过深而露面、裤腰衬起泡等情况，尽量从源头上避免质量问题。此外，资料上没有列清晰的辅料，需寄给客户审核确认。

⑥需要洗水的订单，必须检查洗水测试板的色泽、手感等效果，必须与客户要求一致，仔细检查拉链头、袋角、裤脚等成衣部件有无破损现象。

⑦了解包装方法，核对订购的包装物料种类、规格、颜色、标示等有无错漏。

（2）中期检查。生产跟单员需分别在加工厂完成第一件成品时、完成一半成品时、全部成品将要完成时，开展三次中期检查，抽样标准可根据不同客户的AQL标准，或贸易公司自定的标准，如600件以上每码每色最少抽查3件，600件以下每码每色最少抽查2件，根据订单尺码表测量尺寸，检查制作工艺。如发现质量问题，需尽早通知厂方，填写中期检查报告。检查内容如下。

①服装的总体质量是否符合要求。

②成品款式、制作工艺等是否正确。

③面料、辅料有无疵点和色差。

④半成品、成品的颜色、尺寸是否符合标准。

⑤大货绣花或印花的部位、尺寸、色泽是否正确。

⑥关键工序的车工技术水平、工艺质量是否符合要求。

⑦熨烫后、洗水后的成品手感、尺寸、工艺等是否符合要求。

（3）尾期检查。订单所有成品生产完成后，由生产跟单员到仓库随意抽取已包装好的成品，开箱作尾期的质量抽查，具体检查内容如下。

①再次核对款式、面辅料等是否正确。

②再次检查制作工艺、绣花或印花等质量。

③再次核对大货颜色与手感,特别是洗水后的颜色、手感。

④再次测量成品的尺寸,核对颜色、尺码分配情况。

⑤检查商标、吊牌及其所标示的内容是否正确。

⑥核对包装材料、包装方法与装箱尺码等是否符合要求。如分色包装、纸箱尺寸与重量、尾箱成品能否混杂尺码、是否需要打带;装箱单编制信息有无错漏等。

如果交货时间紧急,不必等完成全部包装后才进行尾查,可以从已包装的成品和预备包装的成品中各抽样检查,但生产跟单员要将实际的生产进度写入质检报告,并由厂方签字确认。

尾查完成后,如果通过查验,生产跟单员需从成品中每色每码各抽取两件,一件作为船头板寄给客户,一件与质检报告一起寄回贸易公司存档。如果未通过查验,需开展二次尾查。二次尾查的抽检数量必须比一次尾查的抽检数量多,并对一次尾查中发现的质量问题进行重点检查。二次尾查仍未通过,则需向查货部主管、跟单部主管、客户报告,并要求加工厂立即开展返修工作。返修完成后,由加工厂、贸易公司、客户三方组成质量跟单小组,开展三次尾查。三次尾查未通过,则视具体情况认定产品质量不合格,做出不予收货的决定。

如果工厂对认定产品质量不合格持有异议,可以抽取加工厂、贸易公司、客户三方认可的、有代表性的样品,送交专业检测机构做质检鉴定。

3. 审阅质检报告

质检员开展质量检查后,需出具书面的质检报告,尤其是尾查通过后出具的质检报告,将作为加工厂出货与客户付款的重要依据和有效凭证。

生产跟单员审阅质检报告,到现场抽查货品的质量,核实质检报告的真实性。然后抽取成衣样品寄给客户审核存档。

(1)质检报告分类。质检报告的种类很多,常见的大致可分为下列几类。

①进料检查报告。对购进的面辅料进行检测,详细记录面料的成分、组织结构、经纬纱线密度、染整加工、颜色、幅宽等;辅料的种类、成分、形状、大小、长短等。

②裁床质量检查报告。面料、里料开裁时,对面料、里料的裁片质量进行检查评估,并记录面料、里料裁片的码数、色差、尺寸等情况。如表6-7所示是裁床质量检查报告表。

③尺寸测量报告。每色每码各抽取3件成衣,测量各部位尺寸,与制单规格表作比较,填写尺寸误差值,并取平均值记录在报告中。如表6-8所示是上装尺寸测量报告表,表6-9是下装尺寸测量报告表。

表6-7 裁床质量检查报告表

			年 月 日		
订单：		客户：		款式：	
款号：		数量/件：		颜色：	
拉布方法：_____ 第___床 拉布层数：_____					
1. 铺料				是	否
铺料宽度是否与布幅宽吻合？					
纸样是否正确？					
丝绺（布纹）是否正确？					
排料线条是否圆滑？					
裁片数量是否齐全？					
尺码是否正确？					
2. 裁片					
底、中、面层大小是否有差异？					
裁片边缘是否散口？					
裁片线条是否正确？					
裁片编号是否正确？					
布头、布尾的拉布宽余位是否符合标准？					
3. 执扎					
工票内容是否与裁片配合？					
同一扎裁片是否有色差？					
其他					
4. 问题：					
检查员：_____ 日 期：_____		裁床主任：_____ 日 期：_____		质控部主任：_____ 日 期：_____	

表6-8 上装尺寸测量报告表

									年 月 日	
订单：		客户：		款式：			款号：			
数量/件：		颜色：		洗水方法：			客期：			
抽样标准AQL--										
尺寸部位 \ 尺码			Spec	Act	Act	Spec	Act	Act	Spec	Act	Act
胸围（袖隆下2.5cm）										
腰围										
衣摆										
肩宽										

续表

尺寸部位 \ 尺码		Spec	Act	Act	Spec	Act	Act	Spec	Act	Act
前胸宽										
袖长										
袖窿										
上袖筒宽										
后中长										
后背宽										
前领深										
领围										
口袋										
帽高										

备注：

检查员：_____ 车间主任：_____ 质控部主任：_____
日　　期：_____ 日　　期：_____ 日　　期：_____

表6-9　下装尺寸测量报告表

年　月　日

订单：	客户：	款式：	款号：
数量/件：	颜色：	洗水方法：	客期：

抽样标准AQL--

尺寸部位 \ 尺码		Spec	Act	Act	Spec	Act	Act	Spec	Act	Act
腰围（放松）										
腰围（拉紧）										
上臀围										
臀围										
股上围										
膝围I										
膝围II										
裙摆/裤脚										
前裤档										
后裤档										
内长										
外长										

续表

尺寸部位 \ 尺码	Spec	Act	Act	Spec	Act	Act	Spec	Act	Act
拉链长									

备注：

检查员：_____	车间主任：_____	质控部主任：_____
日　期：_____	日　期：_____	日　期：_____

④半成品质量检查报告。在开展中期检查时，质检报告主要是记录款式、制作工艺、半成品尺寸等是否符合要求。如表6-10所示是半成品质量检查报告表。

表6-10　半成品质量检查报告表

年　月　日

订单：		客户：		款式：		款号：	
数量/件：		颜色：		洗水方法：		客期：	

第____次检查

检查类别	接受	不接受	检查类别	接受	不接受
1. 面料			10. 包头钉位置		
2. 物料			11. 纽扣位置		
3. 款式			12. 吊牌内容		
4. 手工艺			13. 腰卡		
5. 洗水后颜色			14. 包装方法		
6. 洗水后手感			15. 胶袋		
7. 整洁			16. 纸箱/资料		
8. 烫工			17. 其他		
9. 商标位置					

疵点类别	件数	疵点类别	件数
1. 针距		8. 面料（破洞/走沙/色差）	
2. 连接部位		9. 污渍/油污	
3. 主商标（资料/位置/牢固）		10. 烫工	
4. 洗水商标（资料/位置/牢固）		11. 手感	
5. 缝型（爆口/重线不正）		12. 尺寸	
6. 扣眼（漏缝/未开口）		13. 外干效果（线头/洗水）	
7. 纽扣（漏钉/破烂）			

续表

接受 [ ]　　不接受 [ ]	抽查件数：_____
	疵点件数：_____
评议：	
检查员：_____　　包装部主任：_____　　质控部主任：_____	
日　　期：_____　　日　　期：_____　　日　　期：_____	

⑤成品质量检查报告。对成品的尺寸、颜色、款式、面辅料、制作工艺、洗水后整理、熨烫、包装、商标、吊牌等进行全面仔细的检验与记录，根据订单的质量标准，对成品质量做出是否合格的结论。如表6-11所示是成品质量检查报告表。成品质量检查报告经加工厂负责人签字确认后，加工厂、贸易公司、客户各存一份，作为加工厂出货和客户付款的凭据之一。

表6-11　成品质量检查报告表

年　月　日							
订单：		客户：		款式：		款号：	
数量/件：		颜色：		洗水方法：		缝制组别：	
车间初期 [ ]　　　　　车间中期 [ ]　　　　　车间末期 [ ]							
成品洗水后 [ ]　　　　包装中期 [ ]　　　　　包装末期 [ ]							
面料/物料				手工艺				包装/后处理
1. 面料			1. 外观效果			1. 洗水后颜色	
2. 拉链			2. 缝型			2. 洗水后手感	
3. 主商标			3. 扣眼			3. 整洁	
4. 洗水商标			4. 针步密度			4. 烫工	
5. 纽扣			5. 纽扣/包头钉位置			5. 吊牌	
6. 包头钉			6. 口袋位置			6. 腰卡	
7. 缝纫线			7. 商标位置			7. 袋卡	
8. 其他			8. 下摆			8. 胶袋	
			9. 套结			9. 纸箱/资料	
			10. 其他			10. 其他	
评议：							
抽查件数：____件							
检查员：_____　　车间主任：_____　　质控部主任：_____							
日　　期：_____　　日　　期：_____　　日　　期：_____							

（2）质检报告的内容。一份规范的质检报告应包括如下内容。

①时间：明确标示检查货品的时间。

②抽查比率或数量：表明抽查样品的数量和抽查结果的可靠程度。

③疵点：准确表述抽查样品疵点的数量、出现位置与频率。

④评语：对质量检查情况做出总结，客观评定成品的质量是否合格。

⑤建议：对成品存在的质量问题，提出改进意见。

⑥签名确认：质检员、生产跟单员签名，以示对质量检查的结果负责。

（3）质检报告的编写。质检报告是工作的重要文件，准确反映成品的质量情况，为改进质量管理提供有价值的参考。编写质检报告时应注意以下几点。

①文字简洁。要以简练、明了的文字来表达质量检查的情况，尽量运用专业名词，不使用自创的词语和"可能""大概"等不确定的词语，避免产生歧义，应让阅读者准确理解报告的内容。

②实物辅助。如果文字不能充分描述成品的质量，最好能附上有代表性的样本或图示，使报告更加直观，更能反映出产品的质量情况。

③提防遗漏。报告反映的质量情况必须全面、真实，以免影响阅读者的判断。报告填写完后，要反复核对、审阅，防止错误或遗漏。

④栏目设计填写方便：将常用的资料与质量检查项目，逐项印在报告表内，填写时根据实际用"√"标示，范例如表6-12所示纽扣使用不当原因。

表6-12　纽扣使用不当原因

型号不符	（　）	钉纽位置不符	（　）
纽色不符	（　）	坏纽	（　）
钉纽法不符	（√）	与原板纽不符	（　）

⑤报告保存与分发。所有质检报告都要妥善保管，根据质量检查的项目和质量改进的需要，用不同颜色纸张印制一式四份，分发给加工厂、贸易公司、客户，生产跟单员各一份。

4. 评估结论

尾查工作完成后，对成品的质量进行全面评估，将质量检查结果与所定的质量标准作比较，作出成品的质量是否合格的结论，以此为依据决定订单产品能否出货。质量检查评估结论一般有四种情况。

（1）质量合格，可以走货。经查验，成品的款式、规格、颜色、面辅料、制作工艺、洗水后整理等符合订单的质量规定，认定质量合格，可以安排出货。

（2）有小问题，担保出货。经检查，成品的总体质量合格，但存在质量上的小问题，在加工厂法人代表签名担保的条件下，可以担保（L／G，Letter of Guarantee）形式出货。

（3）返工修正，重新查验。经检查，发现部分成品或个别部位不符合订单的质量要求，需返工修正，使成品的质量达到订单的要求，重新查验合格后才能出货。

（4）质量较次，拒绝出货。经检查，发现成品有较大的质量问题，即使返修也无法符合订单的质量要求（如错款），或经返修两次仍不能有效改良质量，存在较多的疵点，认定成品质量不合格，客户拒绝接受成品，不能安排出货。

四、成品出货跟单

为了保证订单产品准时运输，大货生产进入包装阶段时，跟单员需开始着手跟进出货的安排。如图6-5所示是成品出货流程。

1. 收集出货安排资料

成品出货需要的资料主要有：加工厂提供的包装明细表、货柜预定计算单、装船周报表等。以上资料需转送船务部，用于租船订舱或预订货柜。出口贸易的订单，通常船务部需在货品入仓前10天订船期或火车。

在产品包装期间，加工厂从大货中抽取船头板，由驻厂质检员审核通过后送交跟单员审核。然后由跟单员将船头板、出货安排资料寄给客户批复后，再接收客户寄回的船头板和出货安排确认书。

2. 开展成品尾查工作

成衣包装完毕，驻厂质检员进行成品的检验，确认产品合格后，由跟单员通知客户质检人员对产品质量进行查验、确认。经客户质检员确认合格后，才能安排出货。

若查货发现问题，客户质检员需向加工厂、驻厂QC提出。经三方认定需返修的产品，需出具返修通知单，列明返修项目和期限，并附上问题板。返修完成后，再次开展成品尾查工作。

3. 审核货款结算资料

客户接到货品后，跟单员应收集工厂、客户提供的货物清点、查验、结算等文件资料以及加工厂、辅料供货商开出的发票，向客户提供的发票，向工厂转开的信用证、海关报关、商检报验等资料，交跟单主管审核确认。并将资料转送财务部，作为货款结算的凭据。

4. 资料存档

完成订单生产后，跟单员需对生产跟单过程中的所有资料进行整理，并妥善保管，以便总结跟单工作经验、吸取教训，预防日后发生类似问题。

半年后再装箱封存。封存箱内应注明组别、客户、资料名称等。有关的重要电子文件打包存盘。

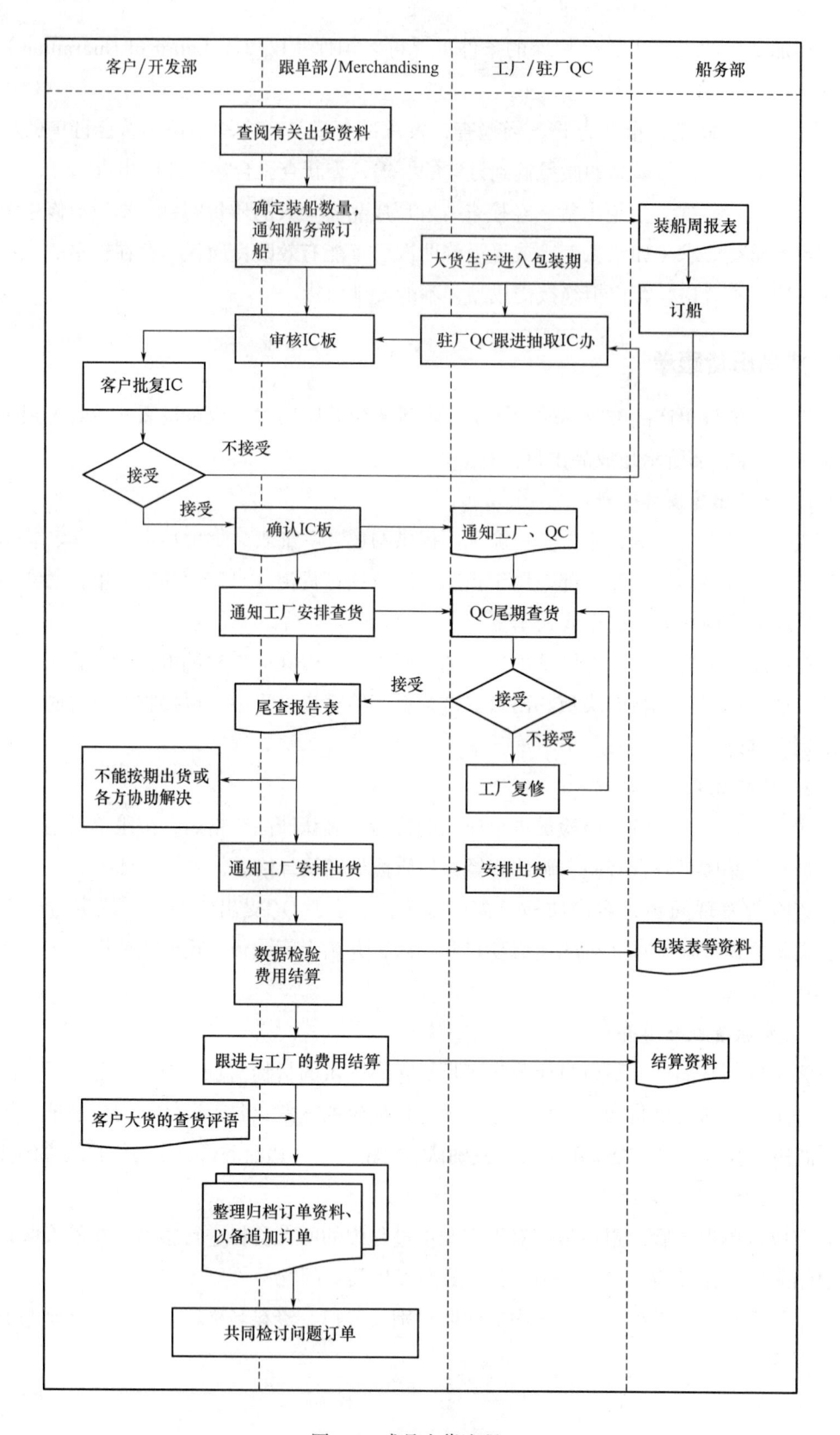

图6-5 成品出货流程

第五节 服装质量检查

在成衣生产初期、中期与尾期,生产跟单员审核样板和检查大货时,首先必须测量服装各部位的尺寸,然后再对服装的面辅料、款式、手工艺、熨烫、包装等款式、工艺质量进行检查。

一、服装疵点的界定

服装疵点是指成衣的部位细节或规格的质量不符合设定的标准要求。根据疵点的严重性、产品的类型、行业标准以及订单标准等,疵点可界定为严重疵点、普通疵点、轻微疵点。所有疵点都要清晰记录在质检报告上。

1. 严重疵点的界定

严重疵点是指严重影响成衣的整体外观、性能等质量问题,可通过以下几点进行界定。

(1)在服装最明显的部位出现,严重影响成衣外观效果,如外观严重破烂。

(2)经使用后出现的问题,如面料甲醛超标。

(3)在同一衣片上同时出现走纱、浮纱等三个以上小疵点。

(4)制作工艺水平低,手工粗糙,消费者不会接受。

(5)成衣尺寸、颜色与质量标准差距很大,难以接受。

(6)根据客户规定的某类疵点要界定为严重疵点。

2. 普通疵点的界定

不完全符合质量标准,但对成衣的外观影响不大,可通过以下几点进行界定。

(1)在服装侧面不明显的部位出现,对成衣的外观影响不大。

(2)成衣尺寸、颜色与质量标准有差距,但在可接受范围内。

(3)面料极少数部位的走纱、浮纱等,但不影响成衣外观。

(4)个别部位的制作不够精良,但经使用后其问题不会恶化。

3. 轻微疵点的界定

(1)在服装的内层出现,疵点外观不明显。

(2)不影响成衣使用、对成衣外观基本没有影响的疵点。

(3)经修整处理,能完全消失的小疵点,如线头、污渍等。

二、服装测量技巧

服装尺寸测量,就是用软尺或钢尺测量成衣各部位尺寸,然后根据生产制单的尺寸规定,评定成衣的尺寸是否符合要求。

1. **衬衫/夹克测量方法**

（1）衣领。测量前，摊平衣领，用软尺测量各部位尺寸，如图6-6所示。

①领围a：指扣眼前边到纽扣中心的距离，测量时解开纽扣，摊平领子，水平进行测量。

②翻领高b：测量时可将纽扣打开或闭合，在翻领后中位测量。

③领座高c：将纽扣打开并摊平领子，在底领后中测量。

④领尖长d：测量从领尖点到缝份的距离。

⑤翻领上口长e：铺平领子，测量翻领外边的长度。

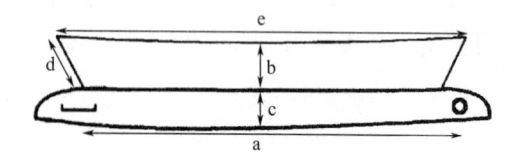

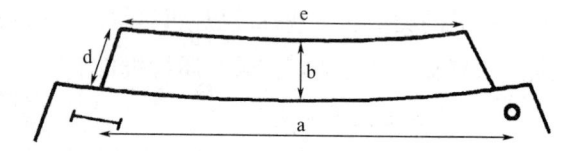

图6-6　衣领测量方法

（2）前片。正对衣服前片，铺平需测量的部位，测量部位的方法如图6-7所示：

①领尖距f：将纽扣闭合并适当翻压摊平领子，测量两领尖之间的距离。

②胸围g：扣好纽扣摊平前后片，在袖窿底部或向下2.5cm的位置水平测量（全围或半围计算）。

③胸宽h：测量两袖窿弧线之间的最短距离。

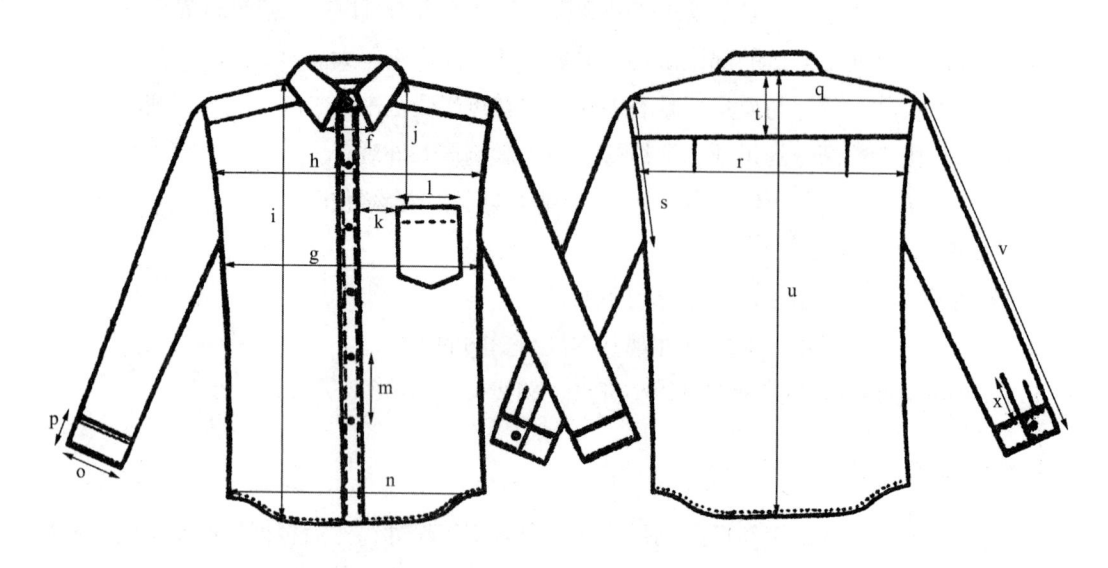

图6-7　衬衫尺寸测量

④前衣长i：肩领点到前下摆的垂直距离，注意前后肩位要放平顺，测量时尺子要垂直衣摆底边。

⑤袋位高j：从肩领点往下垂直量到袋口的距离，注意男装衬衫的肩领点要定位准确，测量时要垂直袋口。

⑥袋位宽k：测量袋边到纽扣之间的距离，或测量袋前中线到前筒边缘之间的距离。

⑦袋口宽l：测量袋口的宽度。

⑧纽距m：测量两纽扣之间的距离。

⑨下摆围n：衣服铺平，测量下摆侧缝之间的直线距离（半围计算）。

⑩袖口宽o：扣合袖口纽扣，铺平袖口位，测量宽度。

⑪袖头高p：测量袖头的高度。

（3）后片。正对衣服后片，铺平需测量的部位进行测量，如图6-7所示。

①肩宽q：扣合服装纽扣，反面铺平，测量两肩端点之间的距离。

②后背宽r：铺平衣服，测量两袖窿弧线之间的最短距离。

③袖窿深s：铺平袖窿位，测量肩点到袖窿底的弧线距离。

④后中过肩高t：铺平后背与领位，从后领底中点起向下垂直测量。

⑤后中衣长u：铺平后片，向下垂直测量从后领底中点到下摆的长度。

⑥袖长v：铺平袖身，尺子沿着袖边直向测量肩点到袖口的长度。

⑦袖开衩长x：量取袖衩开口的长度。

2. 毛衫测量方法

由于毛衫类针织服装弹性大，测量时应用钢尺进行测量，同时注意测量手势不能拉伸衣服，以免服装变形而影响测量准确性，如图6-8所示。

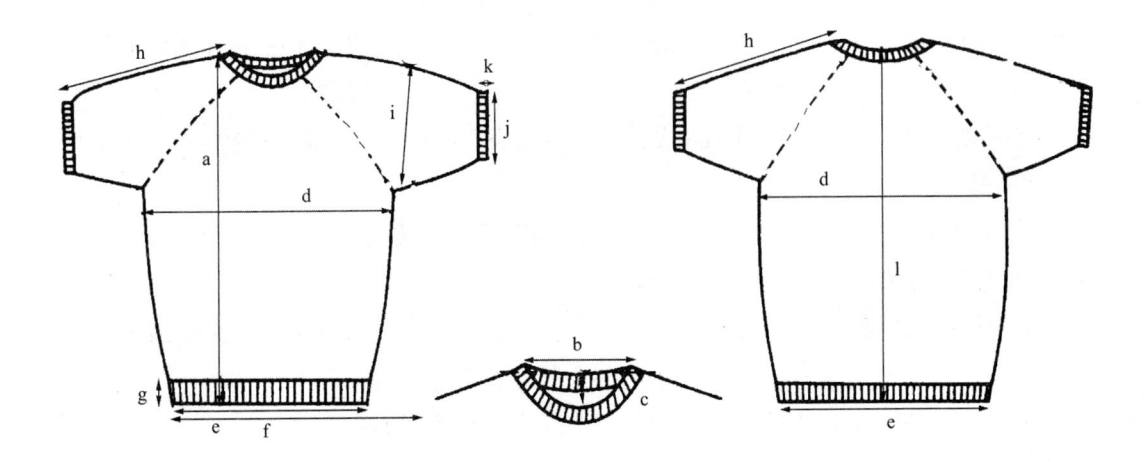

图6-8 套头针织衫测量方法

（1）前片。套头类针织服装可从前片测量。铺平衣服，正对前片进行测量，主要测量项目如下。

①前衣长a：从肩领点向下垂直测量至下摆的距离。

②领口宽b：测量领口的最大宽度。

③前领口深c：测量后领圈中位到前领圈中位之间的距离。

④胸围d：在袖窿底部或向下2.5cm的位置水平测量（全围或半围计算）。

⑤下摆放松围e：在自然铺平状态下，测量下摆处侧缝之间的距离（全围或半围计算）。

⑥下摆拉伸围f：下摆拉伸到最大尺寸时，测量下摆侧缝之间的距离（全围或半围计算）。

⑦下摆底边高g：下摆底边到衣身接缝处的距离。

⑧肩袖长h：测量由肩颈点到袖口底边的距离，注意尺子要沿着袖边直向量。

⑨袖肥i：袖窿下2.5cm处为起点，垂直袖中线或平行袖口线测量。

⑩袖口宽j：测量袖口的宽度。

⑪袖头高k：测量袖头边到袖子接缝处的距离。

（2）后片。针织类服装需要从后片测量的尺寸较少，有些订单会要求测量后衣长。测量时正对后片，铺平衣服，测量从领底中点到下摆的距离。

3. 长裤的测量方法

测量长裤时，用力摊平需要测量的部位，正对测量部位，用软尺进行测量，如图6-9所示。

（1）前片。扣好裤扣，拉合拉链，铺平长裤，正对裤子前片进行测量，主要测量项目有如下几个。

①腰围a：横向测量裤腰上口宽的长度（全围或半围计算）。

②臀围b1（横度）：裆底点上8cm臀围线处横向测量，注意有褶裥的裤子需稍微用力拉开褶裥测量（全围或半围计算）。

③臀围b2（V度）：裆底点上8cm或腰线下18cm臀围线处V字测量，如牛仔裤一般采用V度方式测量（全围或半围计算）。

④前裆长c：由前腰头顶部到前裤裆顶之间的距离（含腰头），注意不要过分拉伸，应沿着前裆缝进行测量。

⑤股上围d：在裤裆底向下2.5cm处，以平行于裤脚底边的方式测量（全围或半围计算）。

⑥膝围e：在裤裆底向下40cm横向测量（全围或半围计算）。

⑦裤脚围f：在裤脚底边测量裤脚口的宽度（全围或半围计算）。

⑧裤外长g：测量腰头上口至裤脚底边的距离，尺子要沿着侧缝直向量。

⑨裤内长（下裆长）h：由裤裆底测量至裤脚底边的距离。

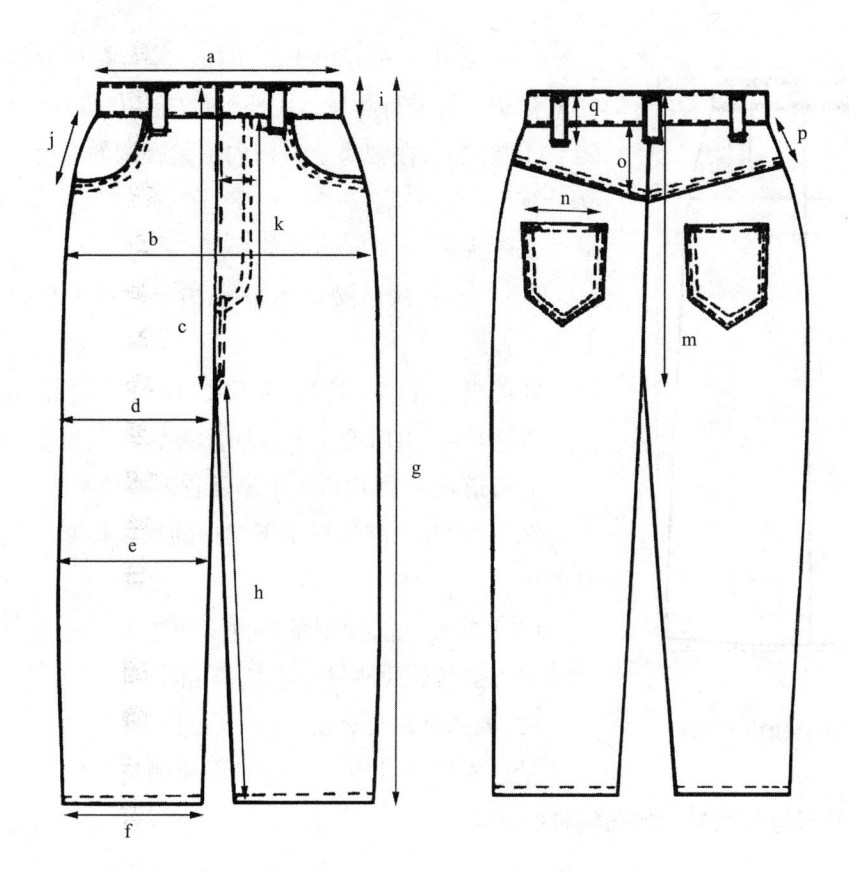

图6-9 长裤测量方法

⑩腰头宽i：测量腰头的高度。

⑪前袋口长j：测量前袋口的长度。

⑫门襟长k：测量从前腰口底处至门襟底边缝线的垂直距离。

⑬门襟宽l：门襟边到门襟外明线之间的距离。

（2）后片。扣合裤扣，拉合拉链，铺平长裤，正对裤子后片进行测量，主要测量项目有如下几个。

①后裆长m：由后腰头上口到后裆底之间的距离，注意要沿着后裆缝线测量，且不能过分拉伸。

②后袋口宽n：测量后袋口的宽度。

③机头后中高（牛仔裤类）o：在后裤裆缝测量拼接机头后中的高度。

④机头侧缝高（牛仔裤类）p：在侧缝测量机头侧缝的高度。

⑤裤串带长q：测量裤串带的长度。

4. 半身裙测量方法

测量半身裙时，要铺平需测量的部位，正对测量部位，用软尺和皮尺进行测量，如图6-10所示。

（1）后片。扣好裙子的纽扣，拉合拉链，铺平裙子，正对裙子后片进行测量，主要测量项目有如下几个。

①腰围a：在腰头上口横向测量腰围的宽度（全围或半围计算）。

②腰头高b：测量腰头的高度。

③臀围c：从后腰口下15cm横向测量（全围或半围计算）。

④门襟（开口）长d：从后腰口向下测量开口的长度。

⑤裙长e：由后腰头上口垂直测量至下摆边的距离。

⑥省道长f：由腰口向下测量省道的长度。

⑦下摆围g：测量裙子下摆边的弧线长度（全围或半围计算）。

（2）前片。前片测量项目（如腰围、臀围、裙长等）的测量方法与后片测量方法基本相同。

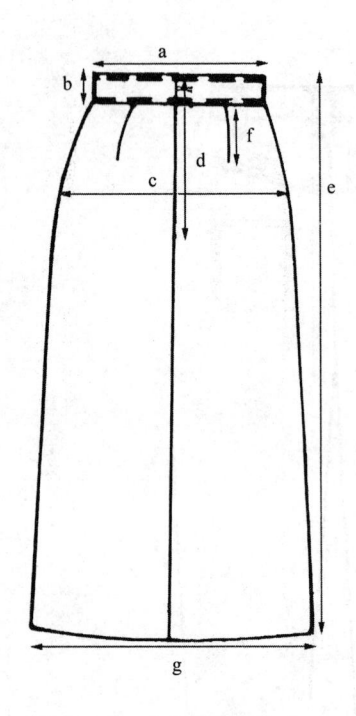

图6-10 半身裙测量方法

5. 连衣裙测量方法

量连衣裙尺寸时，要铺平需要测量的部位，正对测量部位，用软尺进行测量，如图6-11所示。

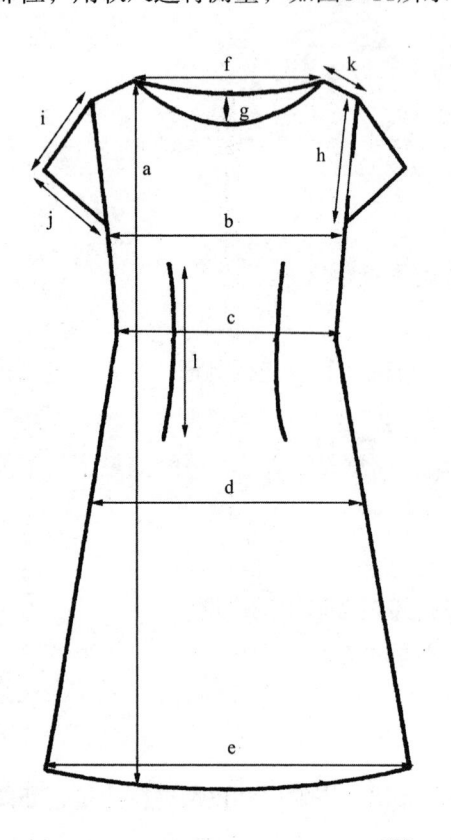

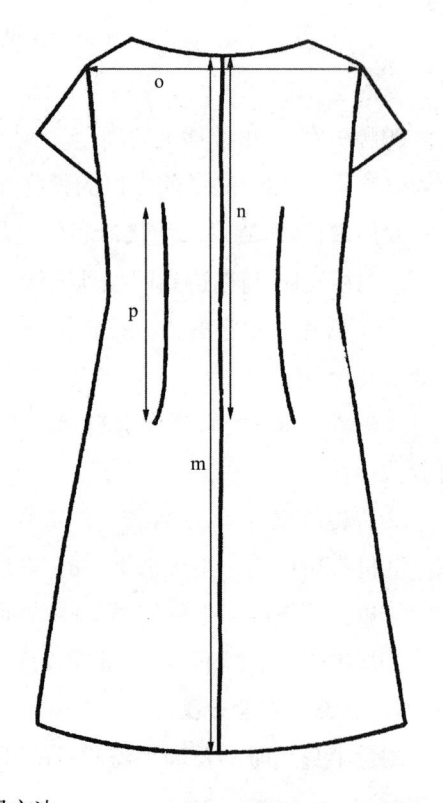

图6-11 连衣裙测量方法

（1）前片。扣好纽扣，拉合拉链，将裙子铺平，正对连衣裙前片进行测量，主要测量项目有如下几项。

①前衣长a：测量由前侧领点至裙子下摆边的垂直距离。

②胸围b：袖窿下2.5cm处横量两侧缝之间的距离（全围或半围计算）。

③腰围c：测量腰节处两侧缝之间的最短距离（全围或半围计算）。

④臀围d：腰节线下18cm处横向测量两侧缝之间的长度（全围或半围计算）。

⑤下摆围e：测量裙子下摆边的弧线长度（全围或半围计算）。

⑥领口宽f：测量领口两边顶点间的水平距离。

⑦前领口深g：测量肩领点到前领窝最低点的直线距离。

⑧袖窿深h：测量肩端点到袖底之间的直线距离。

⑨袖长i：沿袖中线测量肩端点至袖口边的距离。

⑩袖口宽j：测量袖口边的宽度。

⑪小肩宽k：沿肩缝测量领口边点至肩端点间的长度。

⑫前省道长l：测量前片腰节省道的长度。

（2）后片。扣好连衣裙的纽扣，拉合拉链，铺平裙子，正对连衣裙后片进行测量，主要测量项目有如下几项。

①后衣长m：由后领口中点沿后中缝至裙子下摆边的垂直距离。

②后中拉链长n：在后领口中点沿后中缝向下测量拉链开口的长度。

③肩宽o：测量两肩端点间的直线距离。

④后省道长p：测量后片腰节位省道的长度。

三、常见服装疵点分析

1. 面料疵点的分类与检查

由于面料是外购材料，在织造和后整理方面的质量难以全程控制。为了减少服装质量受面料质量的影响，必须在进料、成衣制作前，严格检查面料的规格、技术指标与外观质量。

（1）面料规格与技术指标。进料时，需要检查面料的各种技术指标，确保面料各项指标与订单要求相符，具体项目包括如下几项。

①面料组织结构。

②面料的长度与幅宽。

③面料的纤维成分。

④经纬纱线密度。

⑤染整加工效果。

⑥颜色、光泽度等。

（2）面料常见疵点。

①破损：磨损、破边、破洞、皱边、断疵、针孔、筘痕、抽丝等。

②误织：杂物织入、色纱横档、斜纹路、弓纱、混纱、双纱、浮纱、吊经、粗纱、纱结、纬缩、稀纬等。

③污渍：色污、印花干痕、印花错位、聚浆、带色、水渍、色斑、污点、背面印渍、色差等。

2. 辅料疵点的分类与检查

（1）黏合衬常见疵点。

①耐洗性不良：耐洗性达不到规定要求。

②破洞：衬布表面被扎穿。

③异色：衬布表面有明显的色污。

④烂边：衬布边缘破损，造成布边处凹凸不平整。

（2）拉链常见疵点。

①拉链强力不良：拉链强力达不到规定标准。

②尺寸偏大或偏小：尺寸超出要求上限或下限。

③平整度不良：拉链自然下垂时呈波浪或弯曲现象。

④链牙缺损：拉链牙缺失或断牙。

⑤链牙歪斜：造成拉链卡齿或拉合不顺畅。

⑥色泽不良：拉链色泽不均匀。

⑦拉链带贴胶强度不良：拉链带贴胶处容易折断。

⑧拉头电镀不良：镀层光泽不对或有起皮、划痕、烧焦等现象。

（3）扣件常见疵点。

①扣件尺寸不良：扣件尺寸超出规定上下限。

②扣件色差：扣件色泽不均匀或同类同种纽扣间的色差明显。

③扣件电镀不良：镀层有起泡、脱皮、裂缝、毛刺等现象。

④扣件破损：扣件有破损，形状不完整。

⑤嵌扣拉力不良：嵌扣拉力达不到规定要求。

（4）商标常见疵点。

①图案或字体模糊。

②图案或字体错误：商标图案或字体（颜色、形状等）与要求不一致。

③露底色：由于商标密度不足，造成底色外露。

④浮纱：由于商标密度不足，使不规则的纱线浮于表面。

⑤表面皱褶：由于商标的收缩性，使表面产生皱褶现象。

⑥表面卷曲：由于商标的收缩性，使表面产生卷曲现象。

⑦表面不平整：由于商标的收缩性，使表面产生不平整歪斜现象。

⑧尺寸不良：商标图案尺寸超出规定上下限。

⑨商标变色：由于水洗或其他原因，造成商标的色泽变异。

⑩剪折不良：商标剪折不整齐、形状不一致。

（5）吊牌常见疵点。

①图案或字体模糊。

②图案或字体错误：吊牌图案或字体（颜色、形状等）与要求不一致。

③印刷位置偏差：吊牌图案或字体印刷位置与要求不一致。

④油墨附着：吊牌表面有明显的油墨附着。

⑤图案缺损：吊牌图案有缺损，不完整。

⑥尺寸不良：吊牌图案尺寸超出规定上下限。

⑦裁切口不良：裁切口歪斜，不整齐或不对称。

（6）其他辅料常见疵点。

①外观不良：有破损或污染，或颜色与要求不一致等。

②尺寸不良：尺寸超出规定上下限。

③形状不良：形状与要求不一致。

④功能性不良：功能性达不到规定要求。

3. 前期工艺的分类与检查

（1）裁剪工艺常见疵点。

①面料正反面裁错或方向裁错。

②切口熔化或毛糙。

③定位标记位置错误。

④定位标记漏打或标记太深。

⑤条格裁断偏差。

⑥裁片色差或污渍。

⑦裁片误裁、尺寸偏小或偏大。

（2）刺绣或印花常见疵点。

①线色错误：刺绣线色与式样不符要求。

②线迹松紧不良：上线或下线浮动松脱。

③表面针眼：刺绣后，面料表面有明显的针眼。

④印花浆料过底：浆料严重渗透到底面，造成图案模糊，不易识别。

⑤图案变形：图案形状与要求不一致。

⑥图案尺寸偏小或偏大：图案尺寸超出尺寸要求下限或上限。

（3）黏衬工序常见疵点。

①衣片过硬或偏软：粘衬后，衣片过硬或偏软。

②衣片变色：黏衬后，衣片有明显的颜色变化。

③衣片云纹：黏衬后，衣片表面有呈云雾状条纹。

④衣片亮光：黏衬后，衣片表面局部呈明显的亮光面现象。

⑤衣片渗胶：黏衬后，衣片表面有胶粒渗出。

⑥表面起泡：黏衬后，衣片表面有明显的起泡现象。

⑦衣片起皱：黏衬后，衣片表面有皱褶现象。

⑧衣片黏合度不牢：黏衬后，衣片有剥离脱胶现象。

4. 梭织工艺的分类与检查

（1）常见错款或不良部件：左右不对称、条格歪斜、花型对合错位、漏缝部件、遗漏工序、部件装错、滚边扭曲、部件尺寸偏大或偏小、口袋张裂等。

（2）缝制导致的常见面料疵点：破洞、缝口起皱、面料反翘、面料打卷、色差、面料表面异物附着、污渍等。

（3）线迹或缝迹常见疵点：断线、跳线、针眼、线迹不良、缝份不匀、漏缝、溜针、线迹不顺直、线头未净、针距不符、缝头裂缝、漏锁边等。

（4）辅料装配常见疵点：缝线使用错误、衬布外露、扣件脱落、扣件漏钉、纽扣错位、用错扣件、扣件或扣眼位有落差、扣眼漏切口或切割不良、扣眼锁缝散口、钉扣线过松或过紧、扣眼过大或过小、钉扣抽丝、纽扣方向钉错、扣件装订位置错误、拉链卡齿、遮蔽拉链外露等。

5. 毛衫工艺的分类与检查

（1）织片常见疵点。

①织法错误：织片的字码、织法、颜色或毛质组合与批准样板不一致。

②长度或质量不符：单件织片的长度或重量与要求不符。

③罗纹过长或过短：收针的次数与制单要求不符。

④织片的工艺疵点：织片出现单毛、花毛、漏针、露孔、烂边、油渍、结头、直行针路、横行粗幼毛、衫片左右长度不一等质量问题。

（2）缝盘工序常见疵点。

①缝错料。

②前后衣片错码。

③部件色差。

④部位拉伸度不足。

⑤线迹质量欠佳：线迹漏眼、烂边、缝线不规则、缝线起泡、跳线、线迹不均直、衫片沿缝线起皱、对位不正等。

（3）车缝工序常见疵点。

①线色与面料颜色不配。

②针距密度不适或不匀。

③车线不牢、散脱。

④车缝质量欠佳：跳线、断线、线迹不均直、圆位起尖角等。

（4）手缝修补工序常见疵点。

①拆线不干净。
②缝边披散。
③袖口或毛衫底摆边的手缝修补线迹松紧不一。
④杂毛织入。

（5）洗水工序常见疵点。
①手感：偏硬、偏软、无身骨、触凉感不足等。
②色泽：花痕、深浅不均、颜色太深或太浅等。
③外观肌理：起毛、起球、倒毛、图案脱落等。
④其他：异味、油污等。

（6）成品总体外观疵点。
①衫型欠佳：不平整、不挺括、不端正、不对称。
②尺寸不符：毛衫回缩后尺寸与要求不符。
③熨烫欠佳：出现极光、缝线弯曲扭斜、烫黄、起皱、漏烫等。
④外观不良：出现线头、毛头、污渍、杂毛、露孔等。

6. 熨烫疵点的分类与检查

（1）熨烫工序常见疵点：表面折痕、烫黄、烫焦、变色、变硬、水花、极光、渗胶、变形、漏烫、烫印、污渍。

（2）包装常见疵点：商标错误、商标填写模糊、用错纸箱、装箱方式错误、用错胶袋、折叠方式错误、漏附件、漏吊牌、用错附件。

7. 尺寸疵点的分类与检查

成衣尺寸的允差值一般根据服装的类型、质量标准、测量要求、客户要求等制订，如果超出允差值的范围，则判断为尺寸疵点。如表6-13、表6-14所示是根据一般常规制订的上下装的服装允差值，以供参考。

表6-13　上装尺寸部位允许误差表　　　　　　　　　单位：cm

	部位	允差值		部位	允差值		部位	允差值
长度尺寸	长裤内长/下档长	±1.5	围度尺寸	臀围	±1.5	部件尺寸	门襟开口	±0.5
	短裤内长/下档长	±0.5		腰围	±1.0		口袋位置	±0.3
	裙子长	±1.5		股上围	±0.5		口袋长	±0.3
	前档长	±0.5		膝围	±0.5		腰头宽	±0.2
	后档长	±0.5		腿围	±1.5		裤串带	±0.2
				裙摆围	±0.5			
备注	* 左右对称的部位，尺寸有差异不可一边呈上限一边呈下限的极端趋势 * 款式上相对较松弛的部位，在设定尺寸的基准时，上下限度可适当放宽50%的范围							

表6-14　下装尺寸部位允许误差表　　　　　　　　　　　　　　单位：cm

	部位	允差值		部位	允差值		部位	允差值
长度尺寸	衣长	±1.5	围度尺寸	胸围	±2.0	部件尺寸	领深	±0.5
	肩宽	±0.7		腰围	±1.5		领宽	±0.2
	胸宽	±0.5		下摆围	±1.5		袖叉长	±0.2
	背宽	±0.5		袖隆	±1.0		袖克夫宽	±0.2
	长袖长	±1.0		上臂围	±0.3		领尖长	±0.2
	短袖长	±0.5		袖口围	±0.3		领尖距	±0.3
				领围	±0.5		口袋	±0.3
备注	*左右对称的部位，尺寸有差异不可一边呈上限一边呈下限的极端趋势 *款式上相对较松弛的部位，在设定尺寸的基准时，上下限度可适当放宽50%的范围							

第六节　案例分析

案例1：低成本法灵活应对生产问题

某订单整批外发加工印花，货品回厂后发现图案有一些不该出现的细碎印痕，此时交货期已逼近，不可能再运回印花厂重印，怎么办？

结果：

跟单员急中生智，要求印染厂寄来面料的本色染料，然后发动全厂员工，在不影响图案的情况下，用染料将小印痕一点一点遮盖，结果顺利通过客户的检查，并按时发货。

分析与建议：

当遇到生产问题时，应处变不惊，灵活应对。解决问题的同时，还需要考虑成本、交货期限等因素，采取可行、有效的办法加以解决。

所有外发的订单都应定期跟进产前板核查、生产中期大货检查和发货前的成品检查，以免货品发回厂里时才发现次品疵点的严重性。

案例2：勇于承担问题的责任

加工厂来电说："唉，下星期要交货的那批订单，怎么赶都来不及了，该怎么办？"

结果：

加工厂在了解到交货期延期的事实以后，应第一时间通知跟单员，由跟单员尽快向客户反映货品延误的原因，争取获得客户通融。同时，与客户商量最新的交货期并及时通知加工厂。如果客户无法接受迟交货而要求退货，则只有赔偿客户的损失，产品以降价的形式处理。当然，迟交货的责任和赔付资金由加工厂负责。

分析与建议：

跟单员给加工厂制订交货期时，应预留一定的松动时间，这有助于更好地安排生产，保证准时交货。

当问题无法回避时，只有勇于承担责任，才能获得客户的尊重和信任。

案例3：细致、勤快确保跟进到位

某产品投入市场以后非常畅销，客户下特急订单追加生产。跟单员认为这是老客户做旧款，轻车熟路，不必盯得太牢，直至接近交货期，才想起要下厂看看。到车间一看便被吓呆了，产品颜色与订单的要求不一致。

结果：

客户原大货订单是一款多色，追加订单只生产其中的一种颜色，跟单员向加工厂发E-mail时仍用原单色号，造成无法挽回的损失，教训惨痛。该订单用的是本厂仓库的面料，如果在开裁前跟单员能细致跟进订单情况，及时发现问题，则完全能避免出错。

分析与建议：

跟单员的一时疏忽，有可能给公司带来巨额的损失。不论新款还是旧款，跟单员都应认真对待，来不得半点松懈和麻痹。所以跟单员应非常熟悉客户和订单的特殊要求，同时还应勤走动，多到车间现场查看产品的进度和质量。

案例4：善巧引导客户的变更

一批男装裤的尺码为30~46码，加工厂只用一种规格的纸箱包装，但货品抵达美国以后，客户发现大码的裤子起皱严重，故要求后续订单的产品分开两种尺寸的纸箱来装箱。

结果：

为了争取客户的长期订单，应尽量满足客户要求，更改纸箱的规格，分订大、小两种规格的纸箱装货。但是却增加了订箱的费用，而且入箱时由于纸箱规格差异不大，容易导致人为出错。

建议说服客户仍然用一种规格的纸箱，折叠衣物时增加夹子的固定，以减少衣物起皱的现象。因为用一种规格的纸箱装运产品，订购规格统一，可以减少纸箱的订购费用和预留纸箱的损耗，降低包装成本，同时还能减少装箱出错的机会。

分析与建议：

有时候，并不是客户要求什么就照着做什么。跟单员要充分考虑到：任何的变更都会导致生产难度增大、成本增加、效率降低等问题。所以，应全面衡量客户变更的合理性，并将客户善巧地引向自己的工作目标中。

案例5：交货期延误的原因与对策

生产跟单员最头疼的事情就是交货期的延误问题，加工厂总有理由推脱交货期，到底应该怎么做？

结果：

单单延误，客户报怨，经理施压，生产部又不买账。生产进度的跟单进入了一个恶性循环的怪圈子中。

分析与建议：1. 不能及时交货的原因

现实工作中，一些加工厂由于管理不善，往往不能按时完成生产任务，使订单延期交货。造成不能及时交货的原因有多方面。

（1）接单管理不良：在接受新订单时，没有充分评估自身的生产能力，造成紧急订单多、交货期过短，无法及时交货。

（2）制作工艺变更频繁：产品的设计与工艺变更频繁，制单资料信息不全或一直在更改，导致生产制造无所适从，造成生产延误。

（3）物料计划不良：用料计划不周全，供料不及时，时常发生停工待料的情况，在制品转移不顺，直接影响生产。

（4）半成品质量不良：由于生产中质量控制不严，许多半成品的质量问题，特别是一些不起眼的瑕疵，在成品上才被发现，增加了返工时间而影响生产进度。

（5）设备维护保养欠佳：设备欠缺保养维护，故障过多，造成生产效率低。

（6）生产安排不佳：生产安排不科学、不合理，经常使生产上出现前松后紧的现象，无法对生产进度加以有效控制。

（7）生产编组不合理：流水安排不均衡，致使有的工序停工待料，有的工序成为生产线的"瓶颈"，导致生产线生产效率降低，影响准时交货。

（8）外协加工调度不当：外协加工计划安排不周密或厂商选择不当，作业分工不明，造成生产计划受到影响。

（9）其他：部门沟通不良，内部管理不规范、不健全等都会影响生产进度与交货时间。

分析与建议：2. 按时交货的跟单要点

（1）健全各种内部运作制度，加强各部门的沟通与联系，其中包括公司内部、客户、供应商、加工厂等。

（2）完善生产与技术信息资料，减少或消除临时、随意的变更，特别是生产制造通知单的技术资料，尽量少出现临时更改。

（3）妥善安排接单计划，科学合理做好生产周期计划。

（4）完善质量管理制度，加强生产过程的质量控制，确保产品质量。

（5）做好各种面辅料供应安排，确保生产线运行顺畅。

分析与建议：3. 交期延误的跟进

加工厂常常由于面辅料的供应、客户更改款式与工艺要求、生产进度慢等原因，而提出延迟交货。跟单员需视具体情况，分别采取措施加以补救，协助加工厂解决交期延迟问题。

（1）及时与客户协商解决。及时与客户协商能否推迟交货，如果客户同意延迟交货，必须重新确定交付的日期。同时，也可能涉及客户要求赔付因延迟交货造成的损失，跟单员必须明确造成交期延迟的原因，如果责任方是服装贸易公司或加工厂，则需赔偿客户的损失，如果责任方是客户，则由客户自行承担。如果客户不同意延迟交付，并因此取消订单，造成合同各方的损失，跟单员需跟进有关索赔事项。

（2）加快推进生产进度。在交货期可能延迟的情况下，除了与客户沟通协商，希望客户同意延迟交货外，更重要的是采取有效补救措施，加快推进生产进度。跟单员要及时到加工厂，分析延误原因，与加工厂共同商量对策，催促加工厂提升产能，增加轮班、增加操作人员，甚至考虑委托外协加工等办法，以提高产能。同时，要采用作业迟误日报表进行控制，如表6-15所示，报告相关产品、车间作业迟误情况与原因，尽最大努力确保按时出货。

表6-15　作业迟误日报表

加工厂				车间			
迟误对策				责任人			
订单	款式	迟误数量	迟误原因	处理意见	预计恢复日期	部门	签名

思考题

1. 联系加工厂时需要发出哪些初步的订单资料？
2. 加工厂如何分析订单资料并作出反馈意见？
3. 简述生产合同的主要资料。
4. 详述生产进度跟单的主要内容。
5. 初期、中期、尾期检查工作分别有哪些具体内容？
6. 以一款服装产品为例说明成品质量检查报告的编制与要求。
7. 解释成品质量评估结论的四种情况。
8. 如何界定服装的严重疵点与普通疵点。
9. 解释加工厂未能及时交货的主要原因。
10. 如何进行交期延期的工作跟进？
11. 以一款男装衬衫为例，编制一份生产制单。

（1）设计并绘出一款男装衬衫的生产图样。

（2）制单的内容包括基本资料、尺码与数量分配、面辅料、制作工艺、熨烫包装要求等。

12. 以两款服装（上装/下装）为例进行尺寸测量的实际操作，并填写相关尺寸测量报告。

订单生产管理与实践应用——

船务跟单

课题名称： 船务跟单

课题内容： 运输与价格
结算方式
船务资料跟单
实例分析

课题时间： 4课时

教学目的： 通过本章教学，使学生了解国际货物运输的流程和各种结算的方式，掌握各种价格术语的含义与各种单证的运用与要求。能够在以后的工作中抓住付运与结算跟单的重点。

教学方式： 以教学课堂讲授为主，案例分析为辅，通过电子、网络等多媒体教学手段，运用理论与实践相结合的方式进行教学。

教学要求： 1. 了解国际货物运输的流程。
2. 掌握各种价格术语的含义。
3. 掌握国际结算的常见方式。
4. 了解各种外贸单证的含义。
5. 掌握外贸单证的准备与制单要求。

第七章　船务跟单

船务跟单员只有熟练掌握国际贸易中的运输与结算方式，才能根据外贸合同或订单要求，合理准备各种相关资料，并按照货物付运和结算的流程进行跟踪管理。

第一节　运输与价格

一、物流运输方式

国际货物贸易的运输方式以安全、及时、节省为原则。跟单员应根据客户要求与订单上的条款项目跟进产品的运输，以保证货品能安全平稳地送达客户指定的目的地。

1. 运输包装

根据物品不同的包装形式，可以分为以下几种运输方式。

（1）袋装运输。袋装运输是指将货品装入纸袋、胶袋或编织袋中，以邮寄或快递的形式交到收货人手里的包装运输方式，适用于服装样板、面辅料确认卡和高级时装的投寄。

（2）箱体运输。箱体运输是指货品装入纸箱或木箱后，通过海运或陆运的方式运送到目的地的包装运输方式。其中纸箱适用于产品质轻的短途陆路运输，木箱适用于产品较重的长途海陆运输。

（3）集装箱运输。集装箱运输是以集装箱大型容器为载体，将货物组装成集装单元，以便在现代流通领域内运用大型装卸机械和大型载运车辆进行装卸、搬运的运输，从而更好地实现货物"门到门"运输的一种高效率、高效益的现代运输方式，中途更换车、船时，无需将货物从箱内取出换装，适用于多种运输方式的联合运输。

集装箱运输可分为整箱装运（Full Container Load，简称FCL）和拼箱装运（Less than Container Load，简称LCL）两种装箱方式。其优势主要有以下几点。

①减少了传统运输中人力装卸、搬运的次数，保证货物运输安全，避免人为和自然因素造成的货物破损、丢失等事故，减少经济损失。

②简化或不用运输包装，节省包装费用，降低商品的成本。同时也节省了货物的运输。

③以箱作为货物的运输单元，减少了繁杂的作业环节，简化了货运作业手续，节省了

码头的停靠工作时间，加速了车船的周转和货物的送达效率。

④以箱运输装卸方便、效率高，运输生产能机械化、自动化程度高。

⑤货损、货差大为减少，货物保险费也随之下降，降低了运输成本。开展"门到门"运输业务后，节省了仓库的建造费用和仓库作业费用等，降低了企业的运营费用。

2. 运输途径

根据不同的运输途径，可以分为以下三种运输方式。

（1）海洋运输。海洋运输的优点是运量大、运费低，而且不受道路和路轨的限制，所以在国际贸易中广泛使用。但海洋运输航行速度较慢、易受天气条件（暴风、冰封）影响。海洋运输按船舶的经营方式，可以分为班轮运输和租船运输两种。

①班轮运输（Liner shipping）。班轮运输的特点是有固定的停靠港口，船舶按船期表航行，开航和到港时间比较固定，船公司按预先公布的班轮运价表收取运费，运费率固定。班轮运输的货物装卸由承运人负责，装卸费已经包含在运费之中。除非另有协议，一般在货种、数量上不作限制。承运人的责任以签发的班轮提单条款为依据。

班轮运输计算公式为：当附加费为绝对值时：班轮运费＝基本费率×运费吨+附加费；当附加费是百分比时：班轮运费＝基本费率×运费吨×（1+附加费百分比）

其中，班轮基本费率的计算方法如下所述。

a. 按货物重量计算，单位为重量吨。

b. 按货物尺码或体积计算，单位为尺码吨或容积吨。

c. 按重量或尺码中收取运费较高者计算。

d. 按货物FOB价收取一定的百分比作为运费，称从价运费，适用于高值货物。

e. 按货物重量、尺码、价值三者中收费最高者计算。

f. 按货物重量或尺码选择最高者，再加上从价运费计算。

g. 按货物的件数计，适合包装内的数量、重量、体积、外观均固定的货物，以及其他方法难以计收的商品，如汽车、活牲畜等。

h. 按临时议价计收，多用于大宗低价货物，如粮食、煤炭、矿沙等。

i. 按起码费率计收。

班轮运费的附加费有：超重附加费、超长附加费、直航附加费、转船附加费、港口附加费、燃料附加费、选港附加费、变更卸货港附加费、绕航附加费。

②租船运输（Charter shipping）。租船运输是指租船人向船东租赁船舶用于运输货物的业务，主要有租赁整船和租赁部分舱位两种方式。

租船运输有定程租船、定期租船和光船租船（只提供船舶的租赁）三种形式。

其中，程租船费主要包括程租船运费（从装运港至目的地海上运费）、装卸费及速遣费、滞期费。期租船租金是在定期租船情况下付给船舶所有人的租金。

（2）陆路运输。陆路运输主要包括铁路运输和公路运输。

铁路运输的优点是几乎不受天气的影响、速度较快、运量较大、风险较小，运输具有高度的连续性。但铁路运输仅局限于有铁路相连且有贸易运输协定的国家和地区。

国际贸易货物铁路运输主要采用国际铁路联运的形式。我国目前与朝鲜、俄罗斯、罗马尼亚、越南、波兰、匈牙利、蒙古等十几个国家签订有《国际铁路货物运输协定》，协定参加国的出口与进口货物，从发货国家的始发站到收货国家的终到站，中间不论经过多少个国家，只要在始发站办妥托运手续后，各协议国会根据这张单据，负责将货物一直运到终到站交给收货人。运输过程中的一切业务及行政手续皆由铁路运输主管部门负责办理，发货人或收货人无须在国境交接站设立机构办理交接和转运手续。因此，国际铁路联运简化了运输手续，加速了货物流动，降低了运输费用。

运单和运单副本是铁路与货主之间的运输契约。发货人提交全部货物并付清一切费用后，在运单和副本上加盖始发站日期戳记，证明货物已承运和运输契约已缔结。运单随同货物从始发站到终到站按全程附送，终到站铁路部门按照运单上记载的项目，向收货人核收运杂费并点交货物。运单副本经铁路部门加盖承运日期戳记后发还发货人，凭此向银行结算。

此外，我国对外贸易的国内铁路运输是按照我国铁道部公布的《国内铁路货物运输规程》办理货物运输。我国出口货物经铁路运到港口装船，进口货物从卸货港经铁路运往内地，均属国内铁路运输的范围。

公路运输适合数量较少、路途较短的城际间货物运输，以及铁路、飞机或轮船无法抵达的地方性运输。

（3）航空运输。航空运输的优点是交货迅速、运输包装及储存费用较低。但运输量较小、运费昂贵。适用于量少、质轻、贵重、急需的商品运输。对于时效性较强的订单，由于延误了船期需要赶时间的货物则只能选择航空运输。

航空运输的运营方式有以下几种。

①班机运输。班机运输是指定期开航，有固定的始发站、到达站和途经站的定航机。班机运输有集中托运和航空急件传送两种方式。

a. 集中托运方式是指航空货运代理公司把若干批单独发运的货物组成一批向航空公司办理托运，以期争取较低的运价。

b. 航空急件传送是目前货机航空运输中最快捷的运输方式，由一个专门的业务机构与航空公司密切合作，设专人用最快的速度在货主、机场、收件人之间传送急件。

②包机运输。包机运输可以分为整架包机和部分包机两种形式。

航空运输的承运人是航空货物运输业务中的实际承运人，可以是航空货运代理公司的代理、航空公司的代理或货主的代理，负责办理从启运机场至到达机场的运输，并对全程运输负责。

航空运单是承运人与托运人之间的运输合同，也是承运人收到货物后出立的货物收据。货物运抵目的地后，承运人发出"到货通知"，收货人凭"到货通知"及有关证明提取货物并在货运单上签收。航空运单不是代表货物所有权的证件，不能背书转让，也不能凭此向承运人提取货物。

（4）联合运输。联合运输是指采用两种或两种以上的运输方式，以完成某项运输任务的综合运输方式。如采用陆空联运、陆海联运、海空联运等。

联合运输按地域分为国际联运和国内联运两种。国内联运较为简单，国际联运是在集装箱运输的基础上，按照多式联运合同，以至少两种不同的运输方式，由多式联运经营人将货物从一国运至另一国交付货物的运输方式，适用于水路、公路、铁路和航空多种运输方式。

3. 运输承运人

根据不同的承运人，可以分为以下几种运输方式。

（1）邮政运输。采用邮政运输方式，卖方只需将货物包裹按合同规定交付邮局，付清邮费并取得收据即可。但邮政运输对包裹的体积和重量有一定的限制，而且价格也较贵，适用于仪器、零件、工具、药品等小件物品以及急需物品的投寄。

我国与许多国家和地区都签订了邮政包裹协议和邮电协议，对这些国家和地区的邮政运输可以按有关协定的规定办理。

（2）承接运输。承接运输是指由托运人负责在其住地或货仓内交承运人验收后，由承运人负责运输到收货人的货仓交箱为止的全程连线运输。是一种高效率、高效益和非常便利的运输方式。承接运输分为"门到门"和"仓到仓"两种，其中邮包运输和快递运输可以做到"门到门"，适合小件物品，海洋运输和铁路运输能做到仓到仓，适合大件物品，量大的货品可以装载集装箱后再交给承运人运输。

4. 运输术语简称

（1）CFS（Container Freight Station）集装箱货运站。

（2）CY（Container Yard）集装箱（货柜）堆场。

（3）TEU（Twenty-feet Equivalent Units）20英尺换算单位（用来计算货柜量的多少）。

（4）C/O（Certificate of Origin）产地证。

（5）MB/L（Master Bill of Lading）船东单。

（6）B/L（Bill of Lading）海运提单。

（7）MTD（Multimodal Transport Document）多式联运单据。

（8）NVOCC（Non-Vessel Operating Common Carrier）无船承运人。

（9）S/C（Sales Confirmation）销售确认书/（Sales Contract）销售合同。

（10）S/O（Shipping Order）装货指示书。

二、贸易术语

贸易术语是国际贸易中价格条件和运输方式的专门用语，通常用缩写的英文字母表示商品的价格构成，包含买卖双方各自应办理的手续、承担的费用与风险以及货物所有权转移的界限。其目的是为了使合同条款更简化更标准。外贸跟单员和船务跟单员必须熟练掌握各种贸易价格术语，才能合理洽谈合同条款，才能确保货品按客户要求顺利运输到位。

常见的贸易术语如下所述。

1. FCA（Free Carrier）货交承运人

FCA指卖方将货品经出口清关后，在交货期和指定地点交给买方指定的承运人监管；并负担货物承交以前的一切费用和货物灭失损失风险。而买方必须自负费用订立从指定地点发运货物的运输合同，并将有关承运人的名称、要求时间和地点通知卖方；负担货物交承运人后的一切费用和风险；负责按合同规定收取货物和支付货款。卖方对订立运输合同并无义务。FCA适用于铁路、公路、海洋、内河、航空运输和多式联运方式。

2. FAS（Free Alongside Ship）装运港船边交货

FAS指卖方在指定的装运港码头或驳船内将货物交至指定的船边，履行其交货义务；卖方不办理出口结关手续，也无订立运输合同与保险合同的义务；但如果买方要求且卖方未作拒绝，则卖方应代为订立运输合同。风险转移以在指定装运港将货物交至指定船边时为分界点；费用划分与风险转移的分界点一致。FAS仅适用于海运或内河运输。

3. FOB（Free on Board）装运港船上交货

FOB指卖方必须按合同规定供应货物及提供有关单证，如提单、原产地证明书、检验证书等；在规定的日期和装运港把货物装上指定船只，并通知买方投保；卖方负担装船前的一切费用，承担货物装船时越过船舷以前的一切风险。买方必须负责租赁货船和预订舱位，并及时通知卖方船名、停泊地点及装船日期；负担货物装运后的一切费用；承担货物越过船舷之后的一切风险；负责为货物投保并负担保险费用；接收卖方提供的单证并支付货款。FOB适用于海运或内河运输。

4. CFR（Cost and Freight）成本加运费

CFR指卖方必须按合同规定供应货物及提供有关单证，如提单、原产地证明书、检验证书等；负责租船定舱，并在规定时间内将货物装船。装运后必须在第一时间通知买方投保；负担装船前的一切费用，承担货物装船时越过船舷以前的一切风险。而买方必须负责对货物投保并支付保险费；负担货物装运后的一切费用；承担货物在装运港越过船舷之后的一切风险；接收卖方提供的单证并支付货款。CFR适用于海运或内河运输。

5. CIF（Cost, Insurance and Freight）成本、保险费加运费

CIF指卖方必须按合同规定供应货物及提供有关单证，如提单、原产地证明书、检验证书、保险单等；负责租船订舱，并在规定时间内将货物装船；装运后通知买方；负责对货物投保并支付保险费；负担装船前的一切费用，承担货物装船时越过船舷以前的一切风险。而买方必须负担货物装运后的一切费用。承担货物在装运港越过船舷之后的一切风险；接收卖方提供的单证并支付货款。CIF适用于海运或内河运输。

6. CPT（Carriage Paid To）运费付至目的地

CPT指卖方必须按合同规定供应货物及提供有关单证；支付货物运至指定目的地的运

费；在货物被交由承运人保管时，无延迟地通知买方。而买方必须负担货物交承运人后的一切费用和风险；负责按合同规定收取货物和支付货款。CPT适用于铁路、公路、海洋、内河、航空运输和多式联运方式。

7. CIP（Carriage and Insurance Paid To）运费、保险费付至目的地

CIP指卖方必须按合同规定供应货物及提供有关单证，并在规定时间内将货物交承运人；负责对货物投保并支付保险费；负担货物运至指定目的地的运费；承担货物交承运人以前的一切风险支付和费用。而买方必须负担货物交承运人后的一切费用和风险；负责按合同规定收取货物和支付货款。CIP适用于铁路、公路、海洋、内河、航空运输和多式联运方式。

8. DAF（Delivered At Frontier）边境交货

DAF指卖方将货物运至边境的指定地点，在邻国海关关境之前交付买方；卖方需办理出口结关手续；负担费用订立运输合同，将货物运至边境上交货地点；卖方无订立保险合同的义务。风险转移以在边境上指定的地点将货物置于买方支配之下时为分界点；费用划分与风险转移的分界点一致。DAF适用于铁路和公路运输，也适用于其他运输方式。

9. DES（Delivered Ex Ship）目的港船上交货

DES指卖方将货物运至指定目的地港，在船上交付买卖，履行其交货义务；卖方应办理出口结关手续；负担费用订立运输合同，将货物运至指定目的地港的指定地点；卖方无订立保险合同的义务。风险转移以在指定目的地港在船上将货物置于买方支配之下时为分界点；费用划分与风险转移的分界点一致。DES仅适用于海运或内河运输。

10. DEQ（Delivered Ex Quay）目的港码头交货

DEQ指卖方在指定目的港码头将货物交付买方，履行其义务；卖方应办理出口和进口国的进口结关手续；买方应负担费用订立运输合同，将货物运至指定目的码头；卖方无订立保险合同的义务。风险转移，以在指定目的地港码头将货物置于买方支配之下时为分界点；费用划分与风险转移的分界点一致。DEQ仅适用于海运或内河运输。

11. DDU（Delivered Duty Unpaid）未完税交货

DDU指卖方将货物交付至进口国的指定地点，履行其交货义务;卖方应办理出口结关手续，但不办理进口国的结关手续。风险转移以在进口国指定地点将货物置于买方支配之下时为分界点；费用划分与风险转移的分界点一致，但卖方不负担进口结关手续费用及进口税费。DDU适用于各种运输方式。

12. DDP（Delivered Duty Paid）完税后交货

DDP指卖方将货物交付至进口国的指定地点，履行其交货义务；卖方应办理出口结关手续和进口国的进口结关手续。风险转移以在进口国指定地点将货物置于买方支配之下时为分界点；费用划分与风险转移的分界点一致。DDP可适用于各种运输方式。

13. EXW（Ex Works）工厂交货

EXW指出厂价，卖方在其所在地工厂或仓库将货物交付买方，履行其交货义务。工

厂只要按时完成货物等客人来取就行了，其余一切与工厂无关。卖方不承担货物装卸费与运费；不办理出口清关手续；卖方无订立运输合同与保险合同的义务。风险转移以在指定的交货地点将货物置于买方支配之下时为分界点；费用划分与风险转移的分界点一致。EXW适用于各种运输方式，包括多式联运。

14. 其他价格术语简称

（1）BAF（Bunker Adjustment Factor）燃油附加费。

（2）CAF（Currency Adjustment Factor）货币贬值附加费。

（3）DDC（Destination Delivery Charges）目的港交货费。

（4）DOC（Document Charges）文件费。

（5）EPS（Equipment Position Surcharges）设备位置附加费。

（6）M/T（Measurement Ton）尺码吨（即货物收费以尺码计费）。

（7）W/T（Weight Ton）重量吨（即货物收费以重量计费）。

（8）W/M（Weight or Measurement ton）即以重量吨或者尺码吨中从高收费。

（9）O/F（Ocean Freight）海运费。

（10）ORC（Origen Recevie Charges）本地收货费用。

（11）PSS（Peak Season Sucharges）旺季附加费。

（12）PCS（Port Congestion Surcharge）港口拥挤附加费。

（13）THC（Terminal Handling Charges）码头操作费。

（14）YAS（Yard Surcharges）码头附加费。

三、进出口货物运输流程

根据不同的进出口货物流向及贸易术语，进出口货物运输的跟单流程也有所不同，现分述如下。

1. 出口货物运输流程

出口货物运输跟单流程主要包括：备货、订舱、报验报关、通关放行和退单。

（1）备货。备货是卖方（出口方）根据买方要求提交货品的基本义务。根据《联合国国际货物买卖合同公约》，卖方必须按合同交付货物、移交单据和转移货物所有权。

在备货的过程中，无论是出口纺织原料、纺织面料，还是服装，都必须把握的总体原则是：货物的品质、包装、数量和交货期必须与出口合同的规定相一致。因此跟单员的主要工作就是确保按时、按质、按量履行出口合同的交货义务。其具体工作有：向生产或供货部门催交货物，然后检查并验收应收货物的品质、数量和包装状况。有的纺织商品进仓后，需要根据出口合同规定再次进行整理、加工和包装，并在外包装加上箱唛和其他指示性、警告性的标志，并根据客户要求和市场习惯，标上买卖合同号、订单号、信用证号、进口许可证号、货号、花色号、型号等资料。

（2）订舱。在CIF、CFR、CIP、CPT等贸易术语下成交的合同，备齐出口货物后，出口方必须向运输公司代理确认运价和舱位，以书面形式委托订舱，并填写运输委托书，简称托运单。托运单上必须注明下列事项。

①托运人（Shipper）。

②收货人（Consignee）。

③通知方（Notify Party）。

④目的港（美国货必须注明MLB❶或A/W❷以及州名）。

⑤箱型、箱量。

⑥件数、毛重、尺码。

⑦运费条款（预付、到付、第三地付款）。

⑧货名（危险品需标明危险等级和注意事项、冷冻箱需注明冷冻温度）。

⑨船公司或无船承运人（若有指定）。

⑩其他要求：如熏蒸、报关、报验等。外贸托运单格式与内容如图7-1所示。

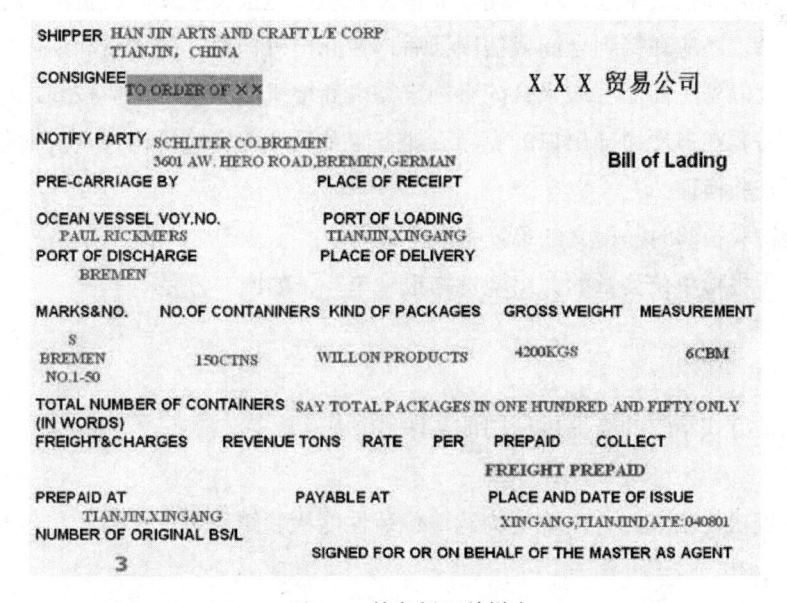

图7-1 外贸托运单样本

订舱时应注意以下事项。

①如果出口公司与船公司或无船承运人有协议运价，必须同时传真船公司的运价确认件。如果没有船公司的确认件，则该运价无效。

②在舱位得到确认后，需要准备有关的报关单据，包括报关委托书、核销单，并告知海运公司业务人员，集装箱是进仓还是拖箱。

③货物如果需要进运输公司的仓库内装箱，必须按海运公司签发的进仓单进仓。进仓

---

❶ MLB(Mini Land Bridge)：迷你大陆桥，主要指由美国西岸中转至东岸或内陆点货物的运输方式。

❷ A/W(All Water)：全水路，主要指由美国西岸中转至东岸或内陆点货物的运输方式。

单上应注明进仓编号、仓库地址、联系电话、联系人、最迟进仓期。如果货物在最迟进仓期以后进仓，海运公司将不能保证货物如期出运。

④如果货物需做"门对门"运输，请在装箱24小时（300公里以内）或48小时（300公里以外）以前通知海运公司配载人员具体地点、时间及装箱联系人，以确保海运公司按时到达装箱地点。

⑤海关的截关期为开船前一天上午10点（如遇节假日则向前顺延）。此时货物应装箱完毕并已进入港区指定位置。

⑥海运公司会在装船前一天将提单确认件传真给托运人，如提单由船公司缮制，海运公司会在收到船公司的提单确认件后立即传真给托运人。托运人尽量在装船以前确认回传，以免额外更改费的支出。开船以后，海运公司一般在收到托运人提单确认件后一个工作日内签发提单并派送快件或交给跟单人员。

（3）报验与报关。船务跟单员根据出口合同备齐货物后，应向运输公司办理租船订舱手续，并向海关办理报关手续，或委托专业报关公司代理报关手续。若货品属于法定检验范围的出口商品，还应在接到合同或信用证后，在商检机构规定的地点和期限内报验。属于法定检验范围以外的商品，如果合同有约定需由商检机构检验，也应按要求办理。属于在产地检验后需要在口岸换证出口的商品，船务跟单员应在商检机构规定的期限内向口岸商检机构报请查验换证。

出口服装检验报验时需提交的单证有以下几种。

①必须加盖报检单位公章的"出境货物报检单"，如图7-2所示。

②出口合同。

③外销发票。

④以信用证方式结汇的需提供信用证复印件。

⑤装箱单。

⑥检验检疫机构出具的"出境货物运输包装性能检验结果单"（非纸箱包装除外），如图7-3所示。

⑦"企业出口服装检验单"/"企业出口针织品检验单"或"出境货物换证凭单"（正本），如图7-4所示。

⑧涉及下列情况的，报验时还须提供：出口羽绒制品须提供检验检疫机构出具的羽绒测试报告；需检验检疫出具"卫生证书"的羽绒制品，还须提供羽绒产地出具的检疫合格证明、生产企业的中英文名称和地址；产品如涉及我国和进口国有关强制性技术规范要求的，应提供检验检疫机构出具的相关测试报告。

商检机构将根据《出口服装检验管理规定》对出口服装进行抽样和检验。并按有关检验依据对外观、理化、包装等项目进行检验和结果判定，同时对出口服装标示进行查验。对检验合格的予以放行，但对一些难以修复又对穿着影响不大的缺陷服装，若不涉及安全、卫生和环保项目，买方确实需要，可凭买卖双方的质量确认书，经审批后签发放行单

中华人民共和国出入境检验检疫
出境货物报检单

报检单位(加盖公章):				*编　号 _____	
报检单位登记号:		联系人:	电话:	报检日期:	年　月　日

发货人	(中文)
	(外文)
收货人	(中文)
	(外文)

货物名称(中/外文)	H.S.编码	产地	数/重量	货物总值	包装种类及数量

运输工具名称号码		贸易方式		货物存放地点	
合同号		信用证号		用途	
发货日期		输往国家(地区)		许可证/审批号	
启运地		到达口岸		生产单位注册号	
集装箱规格、数量及号码					

合同、信用证订立的检验检疫条款或特殊要求	标记及号码	随附单据(划"✓"或补填)	
		□合同	□包装性能结果单
		□信用证	□许可/审批文件
		□发票	□
		□换证凭单	□
		□装箱单	□
		□厂检单	□

需要证单名称(划"✓"或补填)		*检验检疫费	
□品质证书　　　__正__副　□植物检疫证书　__正__副		总金额(人民币元)	
□重量证书　　　__正__副　□熏蒸/消毒证书　__正__副			
□数量证书　　　__正__副　□出境货物换证凭单		计费人	
□兽医卫生证书　__正__副　□出境货物通关单			
□健康证书　　　__正__副　□		收费人	
□卫生证书　　　__正__副　□			
□动物卫生证书　__正__副　□			

报检人郑重声明:	领 取 证 单	
1. 本人被授权报检。 2. 上列填写内容正确属实,货物无伪造或冒用他人的厂名、标志、认证标志,并承担货物质量责任。 签名:_____	日期	
	签名	

注:有"*"号栏由出入境检验检疫机关填写

[1-2(2001.1.1)*1]

图7-2　出境货物报检单

图7-3 出入境货物运输包装性能检验结果单

中华人民共和国出入境检验检疫出境货物换证凭单

类别：_____　　　　　　　　　　　　　　　　　　编号_____

发货人	标记及号码
收货人	
品名	
H.S.编码	
报检数/重量	
包装种类及数量	
申报总值	
产地	生产单位(注册号)
生产日期	生产批号
包装性能检验结果单号	合同/信用证号
	运输工具名称及号码
输往国家或地区	集装箱规格及数量
发货日期	检验依据

检验检疫结果

签字：　　　　　　日期：　　年　月　日

本单有效期　截至　　年　月　日

备注

分批出境核销栏

日期	出境数/重量	结存数/重量	核销人	日期	出境数/重量	结存数/重量	核销人

说明：1.货物出境时，经口岸检验检疫机关查验货证相符，且符合检验检疫要求的予以签发通关单或换发检验检疫证书；2.本单不作为国内贸易的品质或其他证明；3.涂改无效。

[5-3(2001.1.1)-1]　　　　　　　　① 办理换证

图7-4　出境货物换证凭单

或换证凭单。确认书必须经买卖双方盖章或双方签约人签字方能生效。出境货物检验检疫流程如图7-5所示。

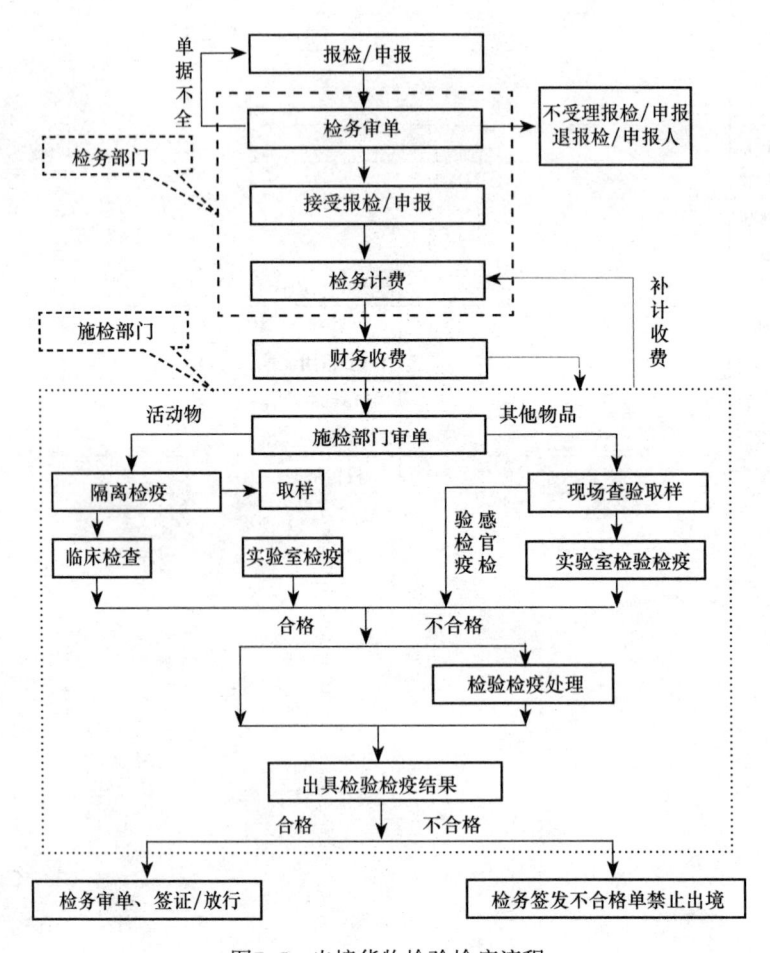

图7-5　出境货物检验检疫流程

出口报关需提供的单证有以下几种。

①出口货物报关单（外商投资企业用浅蓝色报关单），如图7-6所示；若电放❶，需提供电放提单背书和电放保函。

②报关委托书，如图7-7所示。

③正本发票。

④正本装箱单。

⑤出口收汇核销单，如图7-8所示。

---

❶ 电放：发货人将货物装船后将承运人所签发的全套正本提单交回承运人，同时指定收货人；承运人以电传、电报等通讯方式授权通知其在卸货港的代理人，在收货人不出具正本提单的情况下交付货物。

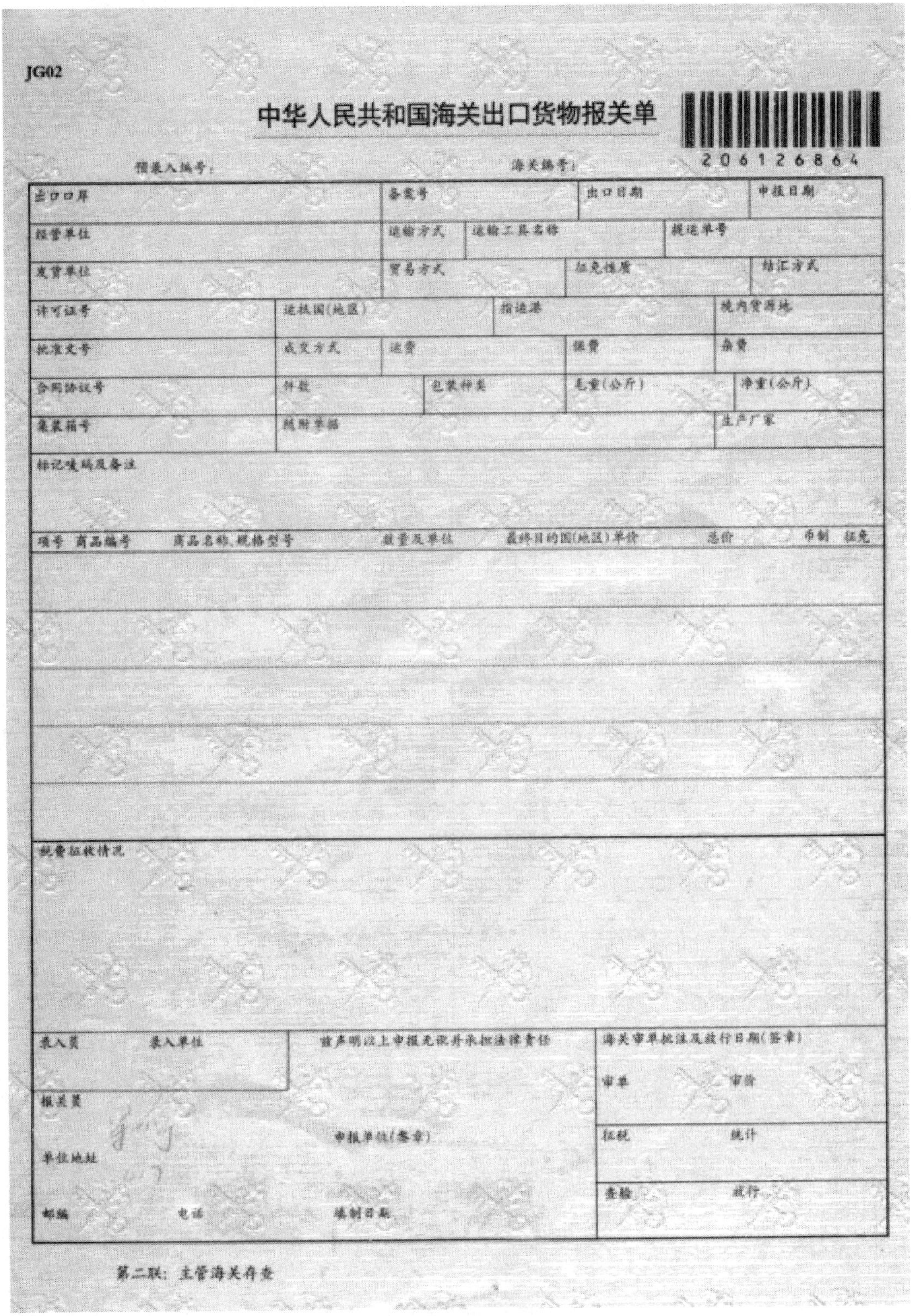
JG02
中华人民共和国海关出口货物报关单
206126864
预录入编号：
海关编号：
出口口岸
备案号
出口日期
申报日期
经营单位
运输方式
运输工具名称
提运单号
发货单位
贸易方式
征免性质
结汇方式
许可证号
运抵国(地区)
指运港
境内货源地
批准文号
成交方式
运费
保费
杂费
合同协议号
件数
包装种类
毛重(公斤)
净重(公斤)
集装箱号
随附单据
生产厂家
标记唛码及备注
项号 商品编号 商品名称、规格型号 数量及单位 最终目的国(地区) 单价 总价 币制 征免
税费征收情况
录入员 录入单位
兹声明以上申报无讹并承担法律责任
海关审单批注及放行日期(签章)
审单 审价
报关员
申报单位(签章)
征税 统计
单位地址
查验 放行
邮编 电话 填制日期
第二联：主管海关存查

图7-6 出口货物报关单

代理报关委托书

编号：2200000190176

我单位现 （A 逐票、B 长期）委托贵公司代理　　　等通关事宜。（A、报关查验 B、垫缴税款 C、办理海关证明联 D、审批手册 E、核销手册 F、申办减免税手续 G、其他 ）详见《委托报关协议》。

我单位保证遵守《海关法》和国家有关法规，保证所提供的情况真实、完整、单货相符。否则，愿承担相关法律责任。

本委托书有效期自签字之日起至　　年　月　日止。

委托方（盖章）：

法定代表人或其授权签署《代理报关委托书》的人（签字）

年　月　日

委托报关协议

为明确委托报关具体事项和各自责任，双方经平等协商签定协议如下：

委托方		被委托方		
主要货物名称		*报关单编号	No.	
HS编码	□□□□□□□□	收到单证日期	年　月　日	
进出口日期	年　月　日	收到单证情况	合同□	发票□
提单号			装箱清单□	提（运）单□
贸易方式			加工贸易手册□	许可证件□
原产地/货源地			其他	
传真电话		报关收费	人民币	元
其他要求：		承诺说明：		
背面所列通用条款是本协议不可分割的一部分。对本协议的签署构成了对背面通用条款的同意。		背面所列通用条款是本协议不可分割的一部分。对本协议的签署构成了对背面通用条款的同意。		
委托方业务签章：		被委托方业务签章：		
经办人签章： 联系电话：　　　　年　月　日		经办报关员签章： 联系电话：　　　　年　月　日		

CCBA　　（白联：海关留存；黄联：被委托方留存；红联：委托方留存）　　中国报关协会监制

图7-7　报关委托书

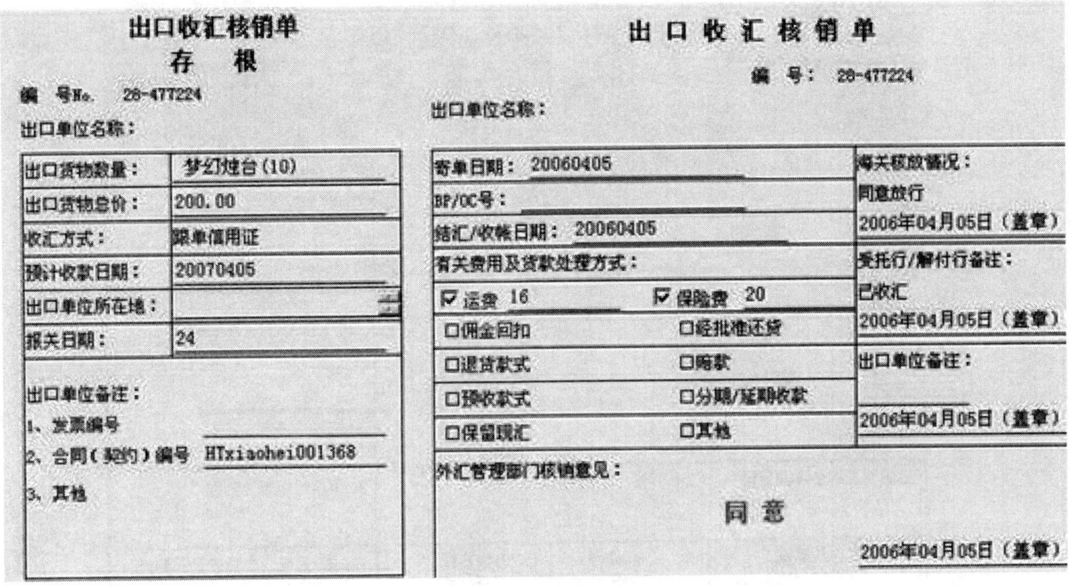

出口收汇核销单
存　根

编　号No.　28-477224
出口单位名称：

出口货物数量：	梦幻烛台(10)
出口货物总价：	200.00
收汇方式：	跟单信用证
预计收款日期：	20070405
出口单位所在地：	
报关日期：	24

出口单位备注：
1、发票编号
2、合同(契约)编号　HTxiaohei001368
3、其他

出口收汇核销单

编　号：　28-477224

出口单位名称：

寄单日期：20060405		海关核放情况：同意放行 2006年04月05日（盖章）
BP/OC号：		
结汇/收帐日期：20060405		
有关费用及贷款处理方式：		委托行/解付行备注：已收汇 2006年04月05日（盖章）
☑运费　16	☑保险费　20	
□佣金回扣	□经批准还贷	出口单位备注：
□退货款式	□赔款	
□预收款式	□分期/延期收款	2006年04月05日（盖章）
□保留现汇	□其他	

外汇管理部门核销意见：
同意
2006年04月05日（盖章）

图7–8　出口收汇核销单

⑥出境货物通关单（若是法定检验商品），如图7–9所示。

⑦登记手册（若是加工贸易）。

⑧海关认为需审核的其他单证。

报关注意事项如下所述。

①报关单的有关内容必须与船公司传送给海关的舱单内容一致，才能顺利地核销退税。

②对海关接受申报并放行后，由于运输工具配载等原因，部分货物未能装载上原申报的运输工具的，出口货物发货人应及时向海关递交《出口货物报关单更改申请单》及更正后的箱单发票、提单副本（Copy Bill of Loading）进行更正，这样报关单上内容才能与舱单上内容一致。

（4）放行通关。报关单证通过审核后，海关人员对集齐在港口的出口货物进行抽查。对于一般出口货物，在发货人或其代理人如实向海关申报，并如数缴纳应缴税款和有关规费后，海关在出口装货单上盖“海关放行章”出口货物的发货人凭以装船起运出境。若出口货物不能出运，需要退关的，发货人应在退关之日起三天内向海关申报退关，经海关核准后方能将货物运出海关监管场所。海关查验放行后，由船公司代理安排装船；船开后，由代理签发提单/运单交托运人。

（5）退单。海关放行后，在浅黄色的出口退税专用报关单上加盖“验讫章”和已向税务机关备案的海关审核出口退税负责人的签章，退还报关单位。出口企业从委托代理单位拿到海关清关盖章后退回的“出口收汇核销单”及“出口退税单”，备齐退税申报手续后，可向税务部门办理出口退税。

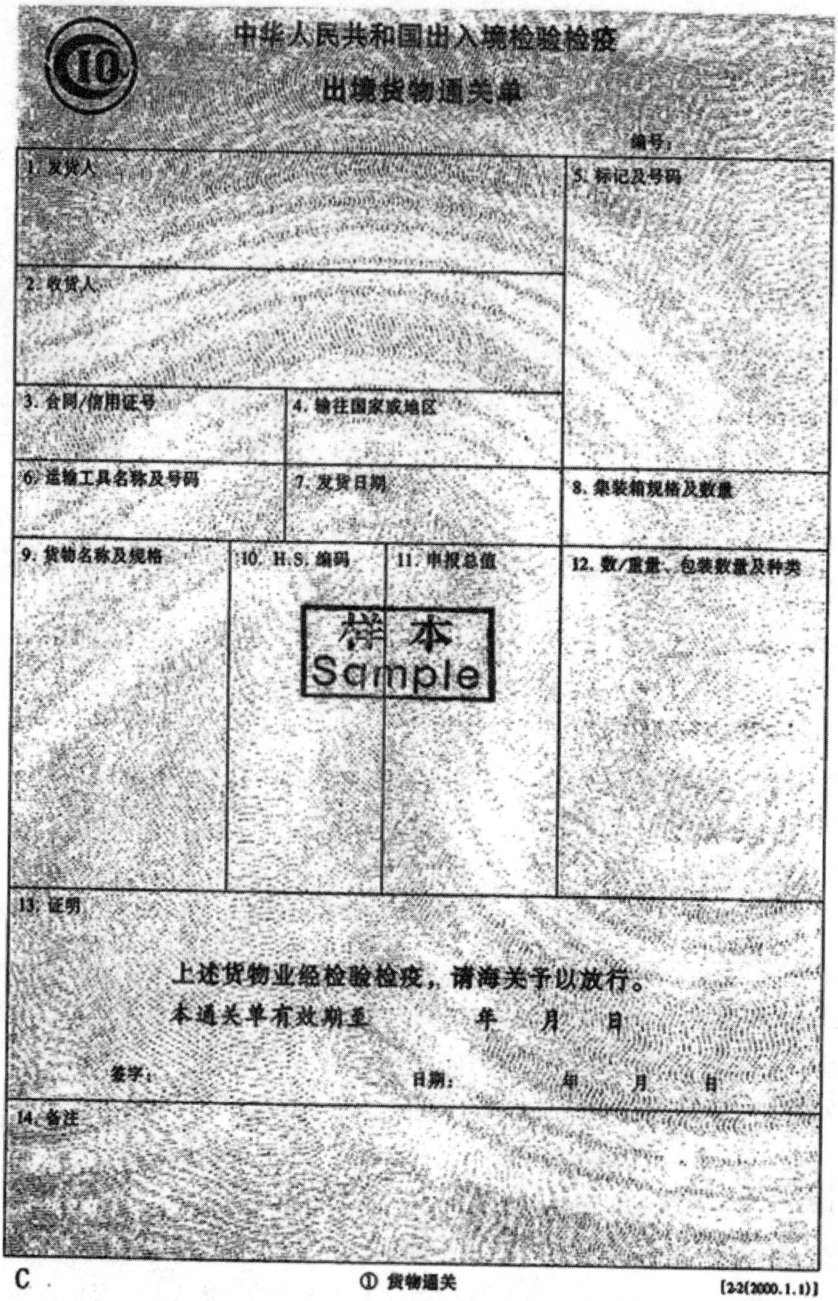

中华人民共和国出入境检验检疫

出境货物通关单

编号：

1. 发货人

2. 收货人

3. 合同/信用证号

4. 输往国家或地区

5. 标记及号码

6. 运输工具名称及号码

7. 发货日期

8. 集装箱规格及数量

9. 货物名称及规格

10. H.S. 编码

11. 申报总值

12. 数/重量、包装数量及种类

样本 Sample

13. 证明

上述货物业经检验检疫，请海关予以放行。

本通关单有效期至　　年　月　日

签字：　　日期：　　年　月　日

14. 备注

C　① 货物通关　[2-2(2000.1.1)]

图7-9　出境货物通关单

2. 进口货物运输流程

进口货物运输流程主要包括：确认到货、准备单证、报验报关、缴税、验收货物和退单。

（1）确认到货。进口企业根据接到进口提货通知后，以书面形式向航空或船公司的代理确认到货的委托。

（2）准备报关单证。一般情况下，进口报关应准备的单证包括以下几项。

①进口货物报关单（外商投资企业使用浅蓝色报关单）。

②正本报关委托书。

③发票。

④装箱单。

⑤提货单/运单。

⑥入境货物通关单（如是法定检验商品）。

⑦海关认为必要的其他单证。

（3）报关与报验。进口企业备齐报关所需的单证后可以委托航空/船公司代理报关，也可自行报关。报关时需填写"进口货物报关单"，并附随发票、提单、检验证书等单证，向海关申报进口。对于属于法定检验的进口商品，在到货后，进口企业必须向卸货口岸或者报关地的商检机构办理登记，由商检机构在报关单上加盖"已接受登记"的印章，海关凭此验放。同时，进口企业还必须在规定的检验地点和期限内，向商检机构报验。

（4）缴税。一般的进口企业应根据"海关税则"的税率，向海关缴纳进口关税与增值税（海关代收）；如进口企业从事加工贸易，则需提供《登记手册》；若企业进口货物享受海关减免税优惠，则需提供《海关征免税证明》即可享受减免税待遇。

（5）验收货物。进口货物在卸货时，港务局要进行卸货核对。如发现货物数量短缺，要填写《短卸报告》，并交船方签认。如发现货物残损，应将货物存放于海关指定仓库，由保险公司与出入境检验检疫局等有关部门进行检验，明确残损程度和原因，并由出入境检验检疫局出证，以便向责任方索赔。对于法定检验商品，则出入境检验检疫局人员会根据货物的属性特征及报验时的约定在卸货口岸或工厂进行检验。进口企业还可以按照货物特性，由代理公司安排集装箱"门到门"到指定地点交货，或由货主到港口/机场自行提货。

（6）退单。进口企业从委托代理单位到加盖海关印章的进口报关单，备齐手续后，可到相关银行和外汇管理部门办理付费和外汇核销手续。

第二节　结算方式

国际贸易支付方式，主要有汇付、托收、信用证、银行保函和保付代理业务等结算方式。了解各种结算方式有助于外贸跟单员及时主动地准备各种相应的对外贸单证和完成催收尾款工作。

一、付现交单（CAD：Cash Against Documents）

付现交单是交货时付款的一种现金结算方式。卖方在出口地完成出口装运后，在出口地、进口地或第三国向买方指定银行或代理人提示单据并收取货款。

付现交单的付款方式仅凭货运单据收取货款，无需开具发汇票，卖方风险与D/P相似。

以付现交单为付款方式交易时，为使风险降至最低程度，有如下建议。

（1）详细考察买方的信用。

（2）买卖合同中必须清晰规定付款的地方与付款人。

（3）建议采用买方当地的银行，或由卖方代理人提示货运单据收款。

（4）CAD的另一种解释是Cash against Delivery：货到付款。

如果采用CAD付款方式，要事先同买方澄清具体含义。最好不要接受这种付款方式，特别是对新客户，风险太大。

二、汇付（Remittance）

汇付又称汇款，是指付款人主动将货款交给银行，由银行根据汇款指示并使用各种结算工具将货款汇交收款人的一种结算方式，属于商业信用，采用顺汇法。

汇付业务涉及的当事人有四个：付款人/汇款人、收款人、汇出行和汇入行。其中付款人（通常为进口人）与汇出行（委托汇出汇款的银行）之间订有合约关系，汇出行与汇入行（汇出行的代理行）之间订有代理合约关系。在办理汇付业务时，需要由汇款人向汇出行填交汇款申请书，汇出行有义务根据汇款申请书的指示向汇入行发出付款书；汇入行收到付款委托书后，有义务向收款人（通常为出口人）解付货款。但汇出行和汇入行对不属于自身过失而造成的损失（如付款委托书在邮递途中遗失或延误等致使收款人无法或迟期收到货款）不承担责任，汇出行对汇入行工作上的过失也不承担责任。

汇付主要有电汇、信汇和票汇三种形式。

1. 电汇（T/T：Telegraphic Transfer）

汇出行接受汇款人委托后，以电传方式将付款委托通知收款人当地的汇入行，委托其将一定的金额解付给指定的收款人。电汇交款迅速，在三种汇付方式中使用最广，因银行利用在途资金的时间短，所以电汇的费用比信汇的费用高。

2. 信汇（M/T：Mail Transfer）

信汇和电汇的区别，在于汇出行向汇入行航寄付款委托，所以汇款速度比电汇慢。因信汇方式人工手续较多，目前欧洲银行已不再办理信汇业务。

3. 票汇（D/D：Demand Draft）

票汇是以银行即期汇票为支付工具的一种汇付方式。由汇出行应汇款人的申请，开立以其代理行或账户行为付款人，列明汇款人所指定的收款人名称的银行即期汇票，交由汇款人自行寄给收款人。由收款人凭票向汇票上的付款人（银行）取款。

汇付手续简便、费用低廉。但是风险大，资金负担不平衡。因为以汇付方式结算可以货到付款，也可以预付货款。如果是货到付款，卖方向买方提供信用并融通资金。而预付货款则买方向卖方提供信用并融通资金。不论哪一种方式，风险和资金负担都集中在一方。在我国，汇付一般只用来支付订金货款尾数、佣金、样品费、杂费等小额费用的结算，不是一种主要的结算方式。而发达国家之间大量的贸易都是跨国公司的内部交易，而且外贸企业在国外有可靠的贸易伙伴和销售网络，因此汇付是主要的结算方式。

在分期付款和延期付款的交易中，买方往往用汇付方式支付货款，但通常需辅以银行保函或备用信用证，所以已不是单纯的汇付方式。

三、托收（Colletion）

托收是出口商在货物装运后，开具以进口方为付款人的汇款人的汇票（随附或不随付货运单据），委托出口地银行通过进口地代收银行向进口商收取货款的一种结算方式，采用逆汇法，属于商业信用。

托收方式的当事人有委托人、托收行、代收行和付款人。委托人也称出票人，即开出汇票委托银行向国外付款人代收款的人，通常为出口人；托收行即接受出口人的委托代为收款的出口地银行；代收行即接受托收行的委托代付款人收取货款的进口地银行；付款人即托收的付款人，通常为进口人。委托人与托收行之间、托收行与代收行之间都是委托代理关系，付款人是根据买卖合同付款，付款人与代收行之间则不存在任何法律关系。所以，委托人能否收到货款，完全视进口人的信誉好坏，代收行与托收行均不承担责任。在办理托收业务时，委托人要向托收行递交一份托收委托书，托收行以至代收行均按照委托书中的指示向付款人代收货款。

托收有光票托收和跟单托收之分。在货物贸易中常常使用跟单托收，即出口商将作为货权凭证的货物提单与汇票一起通过银行向进口商提示，进口商只有在承兑或付款后才能取得货权凭证。因此，跟单托收根据交单条件的不同，分为"付款交单"和"承兑交单"两种。

1. 付款交单的分类

付款交单分有"即期付款交单"和"远期付款交单"。

（1）即期付款交单（D/P at sight: Documents Against Payment）：买方应凭卖方开具的即期跟单汇票，于见票时立即付款，付款后交单。

（2）远期付款交单（D/P after sight）：远期付款交单指进口商见票并审单无误后，立即承兑汇票，于汇票到期日付款赎单。在汇票到期前，汇票和货运单据由代收行保管。

远期汇票的付款日期又有"见票后××天付款""提单日后××天付款"和"出票日后××天付款"三种规定方法。有的国家还有"货到后××天付款"的规定方法。所以，在磋商和订立合同时，必须按具体情况予以明确规定。

2. 承兑交单（D/A: Documents Against Acceptance）

承兑交单是指卖方的交单以买方承兑汇票为条件，买方在汇票上履行承兑手续后，即可从代收行取得货运单据，凭此提取货物。等到汇票到期日，买方再付款。承兑交单并不意味买方到期一定付款，这取决于买方的信誉。

3. 各种付款交单的比较

（1）远期付款交单与即期付款交单的比较。

①相同点：

业务流程大致相同。

②不同点：

a. 结算期间不同。前者为即期结算，而后者为远期结算。远期付款交单中，出口商出具的是远期汇票，进口商要等票据到期日付款后方能得到单据。

b. 风险不同。对出口商而言，即期付款交单风险较小。

（2）远期付款交单与承兑交单的比较。

①相同点：

a. 所使用的汇票均为远期汇票。

b. 卖方承担的风险都比买方大。

②不同点：

a. 远期汇票的意义不同。远期付款交单中的所谓"远期"，只是将汇票做成了远期。因为远洋运输货物到达目的港时间较长，而单据有可能先于货物到达，即便货物到达后汇票仍未到期。代收银行接到单据后即向客户提示，而客户可以立即承兑该汇票，但不能拿到单据。客户要想提货，仍须向代收银行付款后才能拿到单据。而承兑交单是汇款意义上的"远期"，即远期汇票一经承兑即可拿到单据，但日后是否能够收汇货款，就要看客户的诚信。所以其风险比远期付款交单大。

b. 交单条件不同。远期付款交单是以买方付款为条件，到期付款后就能拿到提货单据；承兑交单是以买方承兑为条件，在首次银行通知时，只要承兑就可以拿到单据提货，汇票到期后再付款。所以对出口商而言，承兑交单的风险大于远期付款交单。

四、信用证（L/C：Letter of Credit）

信用证是银行信用介入国际货物买卖价款结算的方式。信用证结算是买方银行应买方要求，有条件地向卖方开立书面付款保证的付款承诺，采用逆汇法。因属于银行信用，一经开出不受合同约束。

银行为了自己的利益而参与严格的审单、审证及进出口商资信的调查，使买卖双方的货、款得到进一步的保障。信用证结算方式对双方来说都是较安全可靠的方式，一定程度上解决了买卖双方之间互不信任的矛盾，还能使双方在使用信用证结算货款的过程中获得银行资金融通的便利，从而促进了国际贸易的发展。是当今国际贸易中一种主要的结算方式。

在跟单信用证业务中，单据的提交起着非常重要的作用，因为这是信用证最终结算的关键。受益人向银行提交单据后是否能得到货款，很大程度上取决于是否已开立信用证以及单据是否备齐。

信用证结算方式克服了汇付方式和托收方式的商业信用的巨大风险。

信用证有很多条款，只要文件没有符合，都可能会产生不符点。付款交单则没有不符点；信用证操作流程和费用方面，比付款交单少了个通知费。此外，远期付款交单和承兑交单的风险都比信用证大。

五、银行保证函（L/G：Banker's Letter of Guarantee）

银行保证函，简称保函，是指银行应委托人的申请向受益人开立的一种书面凭证，保证申请人按规定履行合同，否则由银行负责偿付货款。

银行保函虽与信用证一样属于银行信用，但银行只承担第二性的付款责任，即只有在委托人（或债务人）不偿付债款或货款时，银行保函的保证人才承担偿付责任。当然，保证人的这种偿付责任是依据银行保函做出，不受合同约束。银行保函不仅适用于进出口业务，还可用于投标、履约和还款等其他场合，其形式、内容和条款也多种多样。

六、国际保付代理业务（Factoring）

国际保付代理业务，简称保理业务。该业务是继汇付、托收、信用证之后的一种新型支付结算方式。它是在以承兑交单为支付方式的贸易中，由保理商（Factor）向出口商提供的一种集融资、结算、财务管理、信用担保为一体的综合性贸易支付方式。

在承兑交单方式下，卖方根据合同或订单发货交单后，只能被动地等待买方到期时付款。由于各种原因，一些买方可能会一再拖延付款，甚至一些买方可能永远也不会付款，从而给卖方造成很大风险。但如果出口商和保理商签定了协议，则情况就会发生根本性的变化。保理商将负责对买方的资信进行调查，提供风险担保，并替出口商催收账款、进行有关账务管理和资金融通等，从而解除了卖方的后顾之忧。同时可以使出口企业减少资金占压，扩大销售，增加利润。

七、联合结算法

在国际贸易业务中，一笔交易的货款结算，通常只使用一种结算方式。也可根据不同交易商品、对象、交易做法的需要，结合使用两种以上的结算方式，以利于促成交易，或有利于安全及时收汇，或有利于妥善处理付汇。常见的联合结算形式有：信用证与汇付结合、信用证与托收结合、汇付与银行保函或信用证结合等。

1. 信用证与汇付结合

这是指一笔交易的货款，前部分用信用证方式支付，余额用汇付方式结算。这种方式常用于允许交货数量有一定机动幅度的某些初级产品的交易。对此，经双方同意，信用证规定凭装运单据先付发票金额或在货物发运前预付若干成金额，余额待货到目的地经再检验后用汇付方式支付。使用这种结合形式，必须首先订明采用的是何种信用证和何种汇付方式以及按信用证支付金额的比例。

2. 信用证与托收结合

这是指一笔交易的货款,前部分用信用证方式支付,余额用托收方式结算。其具体做法是:信用证规定卖方开立两张汇票,属于信用证项下的部分货款凭光票支付,余额则将货运单据附在托收的汇票项下,按即期或远期付款交单方式托收。此法对卖方收汇较为安全,对买方可减少垫金,易为双方接受。但必须订明信用证的种类和支付金额以及托收方式的种类,也必须订明"在全部付清发票金额后方可交单"的条款。

3. 汇付与银行保函或信用证结合

汇付与银行保函或信用证结合使用的形式常用于成套设备、大型机械和大型交通运输工具(飞机、船舶等)等货款的结算。这类产品交易金额大,生产周期长,往往要求买方以汇付方式预付部分货款或定金,其余大部分货款则由买方按信用证规定或加开保函分期付款或迟期付款。

此外,还有汇付与托收结合、托收与备用信用证或银行保函结合等形式。在开展对外经济贸易业务时,究竟选择哪一种结合形式,可酌情而定。

第三节 船务资料跟单

跟单员必须根据运输和结算方式的不同,跟进准备各种必备的单证,确保交货与结算单证的正确与完整性,才能完成相应的任务。船务跟单员所涉及的单证主要有以下几种。

一、常用单证资料

为了保证进出口货物的安全交接,在整个运输过程中需要编制各种单据。这些单证各有其特定的用途,彼此之间既把船、港、货各方联系在一起,又能分清各自的权利和业务。

1. 货运单证

(1)托运单(Booking Note)。托运单是托运人根据贸易合同和信用证条款内容填制,向承运人或其代理货物托运的单证,如图7-10所示。承运人根据托运单内容,结合船舶的航线、挂靠港、船期和舱位等条件考虑接受托运。

(2)装货单(Shipping Order)。装货单是通知托运人办妥货物托运的证明,也是通知船方接受货物并装船的指示文件。装货单既可用作为装船的依据,也是货主凭此向海关办理出口货物申报手续的主要单据之一,所以装货单又称"关单"或"下货纸",如图7-11所示。

海运出口托运单

托运人:
Shipper

编号:　　　　船名:
No.　　　　　S/S

目的港:
For

标记及号码 Marks & Nos.	件数 Quantity	货　名 Description of Goods	重量公斤 Weight Kilos	
			净 Net	毛 Gross
			运费付款方式	
共计件数（大写） Total Number of Packages in Writing				
运费计算			呎吗 Measurement	
备注				
抬头	Order of	可否转船		可否分批	
通知		装期		效期	提单张数
		金额			
收货人		银行编号		信用证号	

图7-10　出口托运单

Shipper Insert Name, Address and Phone XXXX ELECTRONICS CO. LTD XXXXXXXXXXXXXX	B/L NO JCSCINC07059044
Consignee Insert Name, Address and Phone TIANJIN XXXX ELECTRONICS DISPLAY CO. LTD XXXXXXXXXXXXXX	**TIANJIN-INCHON INTERNATIONAL CARGO SHIPPINGCO.**
Notify Party Insert Name, Address and Phone SAME AS CONSIGNEE	**BILL OF LADING**

Place of Receipt	Pre-carriage by
Ocean Vessel/Voy.No. TIAN REN K07059	Port of Loading INCHON, KOREA
Port of Discharge XINGANG, CHINA	For Transhipment to(if on-carriage)

Particulars furnished by the Merchant

Marks & Nos	No. of p'kgs or units	Kind of Packages/Description of Goods	Gross Weight(KGS)	Measurement(M³)
TSED TIANJIN C/T 1-UP MADE IN JAPAN TTLU4011025/20' (PART) CY/CY	35 CTNS	"SHIPPING'S LOAD & COUNT SAID TO CONTAIN: ELECTRC PARTS FOR MONTOR INVOICE NO:9000223238 "FREIGHT COLLECT"	286.62KGS	3.609 CBM

TOTAL NUMBER OF CONTAINERS OR PACKAGES (IN WORDS) SAY: PART OF ONE TWENTY-FOOT CONTAINER ONLY

FREIGHT & CHARGES	Weight/Measurement	Rate	Per	Prepaid	Collect
Landen on Board the Vessel Date AUG. 26,2007	No. of Original B(s)/L 3(THREE)	Place of B/L Issue SEOUL, KOREA	Signed for the Carrier **TIANJIN-INCHON**		

图7-11 装货单

（3）收货单（Mates Receipt）。收货单又称大副收据，如图7-12所示，是船舶收到货物已装船的凭证。船上大副根据理货人员在理货单上签注的日期、件数及舱位，与装货单核对后，签署收货单。托运人凭签署后的收货单，向承运人或其代理人换取已装船提单。

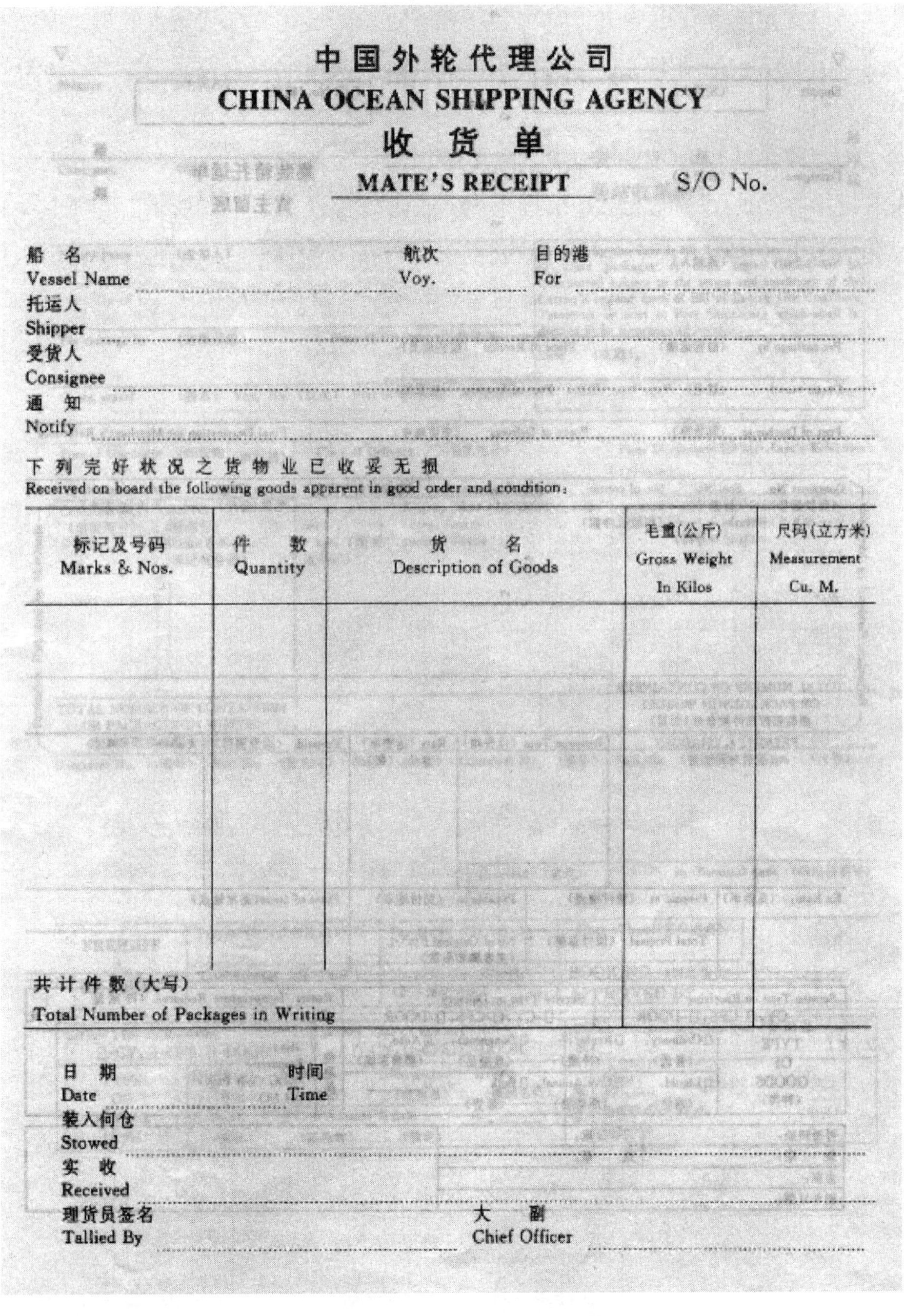

图7-12 收货单

  由于上述三份单据的主要项目基本一致，可将托运单、装货单、收货单、运费通知单等合在一起，制成一份多达十联的单据。各联作用如下：第一联是货主留底；第二联由订舱人留底，用于缮制船务单证；第三、四联为运费通知联，其中一联留存，另一联随账单向托运人托收运费；第五联是装货单，经海关加盖放行章后，船方才能收货装船，第五联副本缴纳出口货物港务费申请书，货物装船完毕后，港区凭此向托运人收取港杂费；第六联是大副联（场站收据副本）；第七联收货单及第八联由配舱人留底；第九、十联为配舱回单。

（4）海运提单（Bill Of Lading）。提单是货物承运人或其代理人收到货物后，签发给托运人的货物收据证明，证实已经按提单内容收到货物，如图7-13所示。它既是一种货物所有权凭证，也是承运人与托运人运输过程中权利和义务的主要依据。提单持有人可凭此提取货物，或向银行押汇，还可在货品到达目的港交货之前进行转让。

托运人 Shipper		中国对外贸易运输总公司 CHINA NATIONAL FOREIGN TRADE TRANSPORTATION CORP	
收货人或提示 Consignee or order		直运或转船提单 DIRECT OR WITH TRANSSHIPMENT	
通知地址 Notify address		Cable SINOTRANS BEIJING Guangzhou 44464 Cgtrs CN Shanghai 33040 Cnccs CN Qingdao 32134 Chtqd CN Tianjin 23141 Tjftt CN Dalian PG 165 Cnccd CN Xiamen 93011 Xmftb CN Fuzhou 92129 Cfttf CN	Telex Huangpu 44797 Tcahp CN Foshan 44775 Fatrs CN Zhanjiang 45237 CN Shantou 45404 Cnccs CN Yantai 32603 Cftyt CN Jiangsu 34003 Njfft CN Ningbo 37034 Ntran CN
	转运港 Port of transshipment		
船名 Vessel	装货港 Port of loading		
卸货港 Port of discharge	最后目的地 Final destination		
标志和号码 Marks and Nos	件数和包装种类 Number and kind of packages	货名 Description of Goods	毛重（公斤）Gross weight (kgs)	尺码（立方米）Measurement(m³)
	以上细目由托运人提供 ABOVE PARTICULARS FURNISHED BY SHIPPER		
运费和费用 Freigh and charges	SHIPPED on board in apparent good order and condition (unless otherwise indicated)the goods or packages specified herein and to be discharged at the mentioned port of discharge or as near thereto as the vessel may safely get and be always afoat. 　　The weight measure .marks and numbers .quality contents and value being particulars furnished by the Shipper are not checked by the Carrier on boarding 　　The Shipper. Consignee and the Holder of this Bill of loading hereby expressly accept and agree to all printed. written or stamped provisions .exceptions and conditions of this Bill of loading including those on the back hereof. 　　IN WITNESS whereof the number of original Bills of Loading stated below have been signed .one of which being accomplished .the other(s)to be void:		
	运费支付地 Freight payable at	正本提单份数 Number of original Bs/L	
	货单地点和日期 Place and the ofissue	代表船长签字 Signed for or on behalf of the Master 代理 as Agent	

图7-13 提单

根据提单的种类可以分为以下几类。

①已装船提单（Shipped or Board B/L）：指承运人向托运人签发的货物已经装船的提单。

②收货待运提单或待运提单（Received For Shipping B/L）：指承运人虽已收到货物但尚未装船时签发的提单。

③直达提单（Direct B/L）：指货物自装货港装船后，中途不经换船直接驶到卸货港卸货而签发的提单。

④联运提单或称转船提单（Through B/L）：指承运人在装货港签发的中途得以转船运输而至目的港的提单。

⑤多式联运提单（MT B/L）：指货物由海上、内河、铁路、公路、航空等两种或多种运输方式进行联合运输而签署的适用于全程运输的提单。

⑥班轮提单（Liner B/L）：班轮是在一定航线上按照公布的时间表，在规定的港口间连续从事货运的船舶。班轮可分定线定期和定线不定期两种。

⑦租船合同提单（Charter Party B/L）：一般指用船承运租船人的全部货物，并由船东签给租船人的提单，或者并非全部装运租船人的货物，而由船东或租船人所签发的提单。

⑧记名提单（Straight B/L）：只有提单上指名的收货人可以提货的提单，一般不具备流通性。

⑨指示提单（Order B/L）：指提单上收货人一栏内载明"凭指示"（To Order）或"凭某人指示"（To the Order of）字样的提单，经指示人背书后可以转让。

⑩不记名提单（Blank B/L或Open B/L）：提单内没有任何收货人或"凭指示"（Order）字样，即提单的任何持有人都有权提货。

⑪清洁提单（Clean B/L）：货物交运时，表面情况良好，承运人签发提单时未加任何货损、包装不良或其他有碍结汇的批注。

⑫不清洁提单（Foul B/L）：货物交运时，其包装及表面状态出现不坚固、不完整等情况，船方批注为不清洁提单。

⑬包裹提单（Parcle Receipt或Non-Negotiable Receipt）：适用于少量货物、行李或样品等。

⑭最低运费提单（Minmum B/L）：又称起码提单，运费未到运价本规定的最低额，而按规定的最低运费计收。

⑮并提单（Omnibus B/L或Combined B/L）：不同批数的货物合并在一份提单上，或不同批数的相同的液体货装在一个油舱内，签发几份提单时，前者叫并提单，后者叫拼装提单。

⑯分提单（Saparate B/L）：一批货物，即同一装货单的货物，可根据托运人的要求分列2套或2套以上的提单。

⑰过期提单（Stale B/L）：出口商向银行交单结汇的日期与装船开航的日期距离过

久，以致无法在船到目的地之前送达目的港收货人的提单，银行一般不接受这种提单。

⑱交换提单（Switch B/L）：起运港签发提单后，在中途港另行换发的一套提单，作为该批货物由中途或中转站为起运港。

⑲倒签提单（Ante-Dated B/L）：承运人应托运人的要求在货物装船后，提单签发的日期早于实际装船完毕日期的提单。

⑳预借提单（Advanced B/L）：因信用证规定装运期和结汇期到期而货物因故未能即时装船，由托运人出具保函要求承运人或其代理人提前签发已装船的提单。

㉑舱面提单（On Deck B/L）：又称甲板货提单，指货物装载于船舶露天甲板，并注明"甲板上"字样的提单。

㉒货运提单（House B/L）：由货运代理人签发的提单。货运提单是货物从内陆运出并运至内陆时签发。这种提单从技术上和严格的法律意义上而言，缺乏提单效力。

（5）装货清单（Loding List）。装货清单是承运人根据留底装货单，将全船待装货物按目的港和货物性质归类，依航次、靠港顺序排列编制的装货汇总清单，内容包括：装货单编号、货名、件数、包装形式、毛重、估计尺码、特种货物对装运的要求或注意事项等。装货清单是船上大副编制配载计划的主要依据，也是供现场理货人员进行理货、港方安排驳运、进出库场以及承运人掌握情况的业务单据。

（6）舱单（Manifest）。舱单是按照货港逐票罗列全船载运货物的汇总清单。它是在货物装船完毕后，由船公司根据收货单或提单编制。其主要内容包括货物详细情况，装卸港、提单号、船名、托运人、收货人姓名、标记号码等，此单作为船舶运载所列货物的证明。

（7）货物积载图（Cargo Plan）。货物积载图是按货物实际装舱情况编制的舱图。它是船方进行货物运输、保管和卸货工作的参考资料，也是卸港据以理货、安排泊位、货物进舱的文件。

（8）提货单（Delivery Order）。提货单是收货人凭正本提单或副本提单随同有效的担保向承运人或其代理人换取、可向港口装卸部门提取货物的凭证。

2. 结算单据

（1）汇票（Draft Or Bill Of Exchange）。汇票是由出票人签发，要求付款人在指定日期向指定收款人或持票人支付一定金额的无条件书面支付命令。汇票可以分为以下几种：

①银行汇票（Banker's Draft）：是出票人和付款人均为银行的汇票。

②商业汇票（Commercial Draft）：是出票人为企业法人、公司、商号或者个人，付款人为其他商号、个人或者银行的汇票。

③光票（Clean Bill）：汇票本身不附带货运单据，银行汇票多为光票。

④跟单汇票（Documentary Bill）：又称信用汇票、押汇汇票，需要附带提单、仓单、保险单、装箱单、商业发票等单据才能进行付款。商业汇票多为跟单汇票，在国际贸易中经常使用。

⑤即期汇票（Sight Bill，Demand Bill）：指持票人向付款人提示后对方立即付款，又称见票即付汇票。

⑥远期汇票（Time Bill，Usance Bill）：是在出票一定期限后付款。在远期汇票中，记载一定日期的为到期日，于到期日付款的为定期汇票，记载于出票日后一定期间付款的为计期汇票；记载于见票后一定期间付款的为注期汇票；将票面金额划为几份，并分别指定到期日的为分期付款汇票。

⑦商业承兑汇票（Commercial Acceptance Bill）：是以银行以外的任何企业或个人为承兑人的远期汇票。

⑧银行承兑汇票（Banker's Acceptance Bill）：承兑人是银行的远期汇票，如图7-14所示。

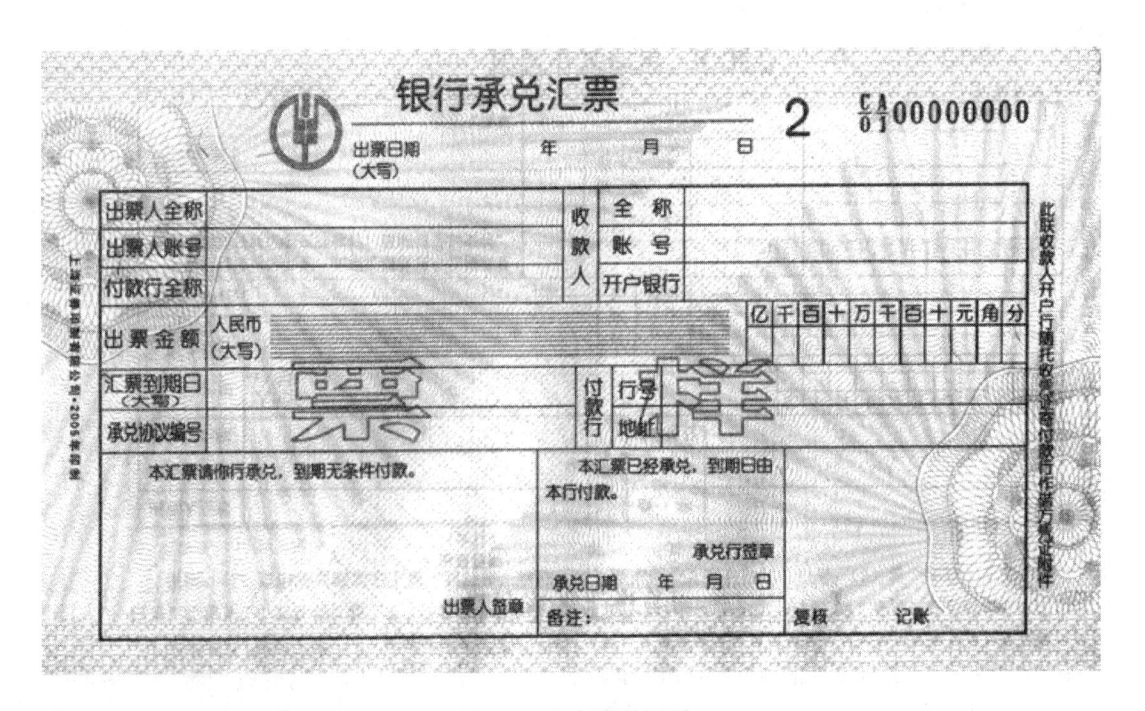

图7-14 银行承兑汇票

（2）本票（Promissory Note）。本票是由出票人签发，保证即期或指定日期对收款人或持票人支付一定金额的书面承诺。本票分为商业本票和银行本票。

①商业本票由工商企业或个人签发，也称为一般本票。商业本票可分为即期和远期的商业本票，一般不具备再贴现条件，特别是中小企业或个人开出的远期本票，因信用保证不高，因此很难流通。

②银行本票是银行签发的即期本票。在国际贸易结算中使用的本票大多是银行本票。

（3）支票（Cheque Or Check）。支票是银行存款户签发，要求银行见票后立即从其账户中无条件地支付一定金额给指定收款人或持票人的书面支付命令。支票可分为：

①记名支票：是出票人在收款人栏中注明"付给某人""付给某人或其指定人"。这种支票转让流通时，需由持票人背书，取款时需由收款人在背面签字。

②不记名支票：又称空白支票，抬头一栏注明"付给来人"。这种支票无需背书即可转让，取款时也无需在背面签字。

③划线支票：在支票的票面上角划两条平行的横向线条，此种支票的持票人不能提取现金，只能委托银行收款入账。

④保付支票：为了避免出票人开空头支票，收款人或持票人可以要求付款行在支票上加盖"保付"印记，以保证到时一定能得到银行付款。

⑤转账支票：发票人或持票人在普通支票上载明"转账支付"，以对付款银行在支付上加以限制。

3. 其他单证

（1）发票（Commercial Invoice）。商业发票是出口人向进口人提供的一份货物清单，也是货款结算所需要的一份重要单据。它介绍了一笔交易的基本内容，是全套货运单据的依据和中心。它是进口商、出口商记账的依据，又是进口商核实收到货物是否与合同规定一致的标准。它是在进口地、出口地报关纳税的依据。在不使用汇票的情况下，它就是付款的依据。

①形式发票（Proforma Invoice）：是应进口商要求开立的一种非正式的参考性发票，供进口商向本国申请进口许可证或进口外汇之用，又称估价单。它也可作为出口方对外报价的一种形式，对交易双方无最终的约束力，成交后仍需开立正式发票。

②领事发票（Consular Invoice）：是按某些国家规定，货物进口时，出口商需填制并由进口国驻出口国的领事签证的发票，以供海关课税及审核有无倾销现象之用。

③海关发票（Customs Invoice）：是按某些国家规定，进口时需要出口方填制并交进口商报关的发票，供海关统计和课税之用，或作为审核是否征收反倾销税的依据。

（2）装箱单、重量单和数量单。装箱单（Packing List）、重量单（Weight List/Certificate）和数量单（Quantity Certificate）都是对商业发票所列货物的进一步详细说明。装箱单是货物装运明细表，一般应列明合同号码、商标、货名、容积、重量、进口商名称和地址、运输工具名称等。重量单和数量单是关于货物重量和数量的证明书，一般由出口商或厂商出具。

（3）原产地证明书（Certificate of Origin）。原产地证明书是国际贸易中用于证明货物产地来源的证明文件。由于该证书往往被进口国用作实行"多栏制"差别关税待遇和实施国别贸易政策管理的重要依据，因此，该证书具有特定的法律效力和经济效用。常见的原产地证书主要有：

①一般原产地证书：是各国根据各自原产地的规则和有关要求签发的原产地证书，是进口国海关对进口货物实施征税，进行贸易统计，实施数量限制等管理的重要证明文件。在我国，是证明"中国出口货物符合中华人民共和国出口货物原产地规则，货物是中华人

民共和国原产地"的证明文件。

②普惠制原产地证书：受惠国根据给惠国普惠制实施方案中的原产地规则而签发的证明货物原产地为受惠国的、可享受关税优惠待遇的证明文件。

③纺织品配额原产地证书：纺织品设置数量限制的国家为进行配额管理而要求出口国出具的相应纺织品的原产地证明文件。

④专用原产地证书：是针对某一特殊行业的特定产品出具的原产地证书，这些产品应符合特定的原产地规则。如蘑菇罐头产地证、烟草真实性证书等。

⑤区域性成员国原产地证书：关税同盟、自由贸易区等区域范围内的国家，为享受互惠减免关税待遇而出具的原产地证明文件。如曼谷协定产地证、英联邦特惠税产地证、北美自由贸易区产地证等。

⑥手工制品原产地证书：证明货物的加工和制造是"全人工"而非机械生产的一种加工手段的证明文件。

（4）受益人证明（Beneficiary's Certificate）。受益人证明是信用证受益人根据信用证的要求出具的，证明（受益人）已经履行了合同义务的证明。常见的有关于货物的品质、包装、已装船通知、已寄样品或已寄副本单据等。

（5）质量证明书（Certificate of Quality）。质量证明书是出口货物的质量和规格的鉴定和证明。在我国一般由出入境检验检疫局出具。

（6）电报抄本（Cable Copy）。电报抄本是受益人根据信用证的要求，在装船发货后发送给信用证申请人（进口商）或信用证中规定的"Notify Party"的电传、传真或电报等。内容包括：船期、提单号码、装货港、到货港、商务合同号、信用证号等，目的是为了通知装船情况，进口商可以做好赎单提货准备。

（7）保险单（Insurance Documents）。保险单是保险公司向投保人出具的文件，是对运输中的货物提供保险的凭证。它既是保险公司与投保人之间权利义务范围的契约，又是保险公司对投保商品承担责任的证明。一旦投保商品在保险范围内遭受损失，投保人有权根据保险单据向保险公司索赔。保险单根据内容详细程度的不同，分为正式保单（Insurance Policy）和保险凭证（Insurance Certificate）两种。

（8）商检证书（Commodity Inspection Certificate）。商检证书是各种进出口商品检验证书、鉴定证书和其他证明书的统称，是对外贸易有关各方履行契约义务、处理索赔争议和仲裁、诉讼举证，具有法律依据的有效证件，也是海关验放、征收关税和优惠减免关税的必要证明。商检证书主要有：品质检验证书、重量或数量检验证书、卫生/健康证书、消毒检验证书、熏蒸证书、残损检验证书等。

（9）纺织品出口许可证。纺织品出口许可证是政府机关批准配额纺织品出口的证明文件，其作用是出口商凭此办理出口报关，进口商凭此申领进口许可证并办理进口报关手续。

（10）出口外汇核销单。出口外汇核销单指由国家外汇管理局制发，出口单位和受托行及解付行填写,海关凭此受理报关,外汇管理部门凭此核销收汇的有顺序编号的凭证(核销单附有存根)。

二、货运单证的准备

在国际贸易托运货物的运输过程中,货主应选择货运代理来共同完成托运工作。根据各自的责任,应提交相应的单证。

1. 货主提供的单证

(1)出口委托书。

(2)出口货物明细单。

(3)装箱单(Packing List)。

(4)发票(Invoice)。

(5)出口许可证。

(6)出口收汇核销单、退税单。

(7)报关手册。

2. 货运代理负责的单证

(1)出口十联单。

第一联:集装箱货物托运单(货主留底)(B/N)。

第二联:集装箱货物托运单(船代留底)。

第三联:运费通知(1)。

第四联:运费通知(2)。

第五联:场站收据(装货单)(S/O)。

第五联副本:缴纳出口货物港务费申请书。

第六联:大副联(场站收据副本)。

第七联:场站收据(D/R)。

第八联:货代留底。

第九联:配舱回单(1)。

第十联:配舱回单(2)。

(2)提单(正/副本)(B/L Original/Copy)。

①分提单(House B/L)。

②总提单(Ocean B/L)。

(3)海运单(Sea Waybill)。

(4)出口货物报关单证。

①必要单证:报关单、外汇核销单、代理报关委托书、装箱单、发票、合同、信用证副本。

②其他单证:出口许可证、免税手册、商检证明、产地证明等。

（5）货物报关清单。
（6）进舱通知。
（7）集拼货预配清单。
（8）装箱单（CLP：Container Load Plan）。
（9）集装箱发放/设备交接单 进场/出场（Eir in/out）。

三、准备单证注意事项

现代国际贸易中大部分采用的是象征性交货方式。凭单交货、凭单付款是其主要特征。尤其在出口贸易的信用证业务中，由于银行付款只凭单证、不问货物，所以做好单据工作，对及时、安全收汇十分重要。跟单员对基本单据的缮制与审核，要重视以下几点。

1. 单据填制必须简明整洁

单据内容必须按信用证规定和国际贸易惯例进行填制，力求简明，切勿加列不必要的内容，以免弄巧成拙。单据的布局要美观大方、字迹要清楚、文字要规范，有更改的地方要加盖校对章。对一些重要单据，如提单、汇票的金额以及数量、重量、件数等主要项目，一般不得更改。单据的种类、内容及所需的份数都必须完整准确，不能有短缺或遗漏。

2. 单据必须相互符合

单据必须与所代表的货物一致。"单单相符，单证相符"的原则，是安全收汇的前提和基础，所提交的单据中存在的任何不符哪怕是细小的差错都会造成一些难以挽回的损失。

3. 单据必须及时寄送

单据必须在信用证的有效期和交单期内送交银行办理结汇手续。在可能的情况下，单据应尽早寄至代理报关单位，以便整理审核，最晚不迟于集港前两天寄到，若单据不能按时寄到或正本单据出现问题，又急于通关，一般情况下，先用传真件副本代替，由报关员"打保"报关，随后补上正本单据。

4. 正确填制报关单

根据报关单的格式提供相应的内容，由报关员录入，通过海关EDI系统传输。数据一定要准确，要与其他各单严格相符。否则会影响核销单与报关单的返还速度。

四、票据风险与防范

票据作为国际结算中一种重要的支付凭证，在国际上使用十分广泛。由于票据种类繁多，性质各异，再加上较少接触到国外票据，缺乏鉴别能力，因而在票据的使用过程中存在许多风险。

1. 票据风险

在票据的风险防范方面，要注意以下几点。

（1）贸易成交以前，一定要了解客户的资信。特别是资信不明的新客户以及外汇紧张、地区落后、国家局势动荡的客户，要做到心中有数，防患于未然。

（2）对客商提交的票据一定要事先委托银行对外查实，以确保能安全收汇。

（3）贸易成交前，买卖双方一定要签署稳妥、平等互利的销售合同。

（4）在银行未收妥票款之前，不能过早发货，以免货款两空。

（5）即使收到世界上资信最好的银行为付款行的支票，也不等于将来一定会收到货款。近年来，国外不法商人利用伪造票据及汇款凭证在国内行骗的案件屡屡发生，且发案数呈上升趋势，对此不能掉以轻心。

2. 汇票的风险与防范

在汇票的使用过程中，除了要注意以上所说之外，还要注意遵循签发、承兑、使用汇票所必须遵守的原则。

（1）使用汇票的单位必须是在银行开立账户的法人。

（2）签发汇票必须以合法的商品交易为基础，禁止签发无商品交易的汇票。

（3）汇票经承兑后，承兑人即付款人负有无条件支付票款的责任。

（4）汇票除向银行贴现外，不准流通转让（注：这一规定已被后来的银行结算办法所突破）。

3. 如何识别真假本票

（1）真本票采用专用纸张印刷，纸质好，有一定防伪措施；而假本票只能采用市面上的普通纸张印刷，纸质差，比真本票薄且软。

（2）印刷真本票的油墨配方是保密的，诈骗分子很难得到，只能以相似颜色的油墨印制，因此假本票的票面颜色与真本票有一定的差异。

（3）真本票号码、字体规范整齐；假本票号码、字体排列不齐，间隔不匀。

（4）由于是非法印刷，假本票上签字也必然会假冒签字，与银行掌握的预留签字不符。

第四节　案例分析

案例1：运费吨的计算步骤与方法

某企业出口柴油机一批，共15箱，总毛重为5.65公吨，总体积为10.676立方米。由青岛装中国远洋运输公司轮船，经中国香港转船至苏丹港，试计算某企业应付船公司运费多少？

解：（1）首先按柴油机的英文名称（diesel engine）查阅货物分级表，柴油机属于10级，计算标准为W/M。

（2）然后在中国内地—香港航线费率表中查出10级货从青岛运至中国香港的费率为运费每吨22美元，中国香港中转费为13美元。

（3）再从香港——红海航线费率表中出查出10级货的费率为95美元。

（4）最后查附加费率表，了解到苏丹港要收港口拥挤附加费，费率为基本运费的10%。由于该批货物的尺码（10.676运费吨）比重量吨（5.65运费吨）高，而其计费标准为W/M，应按尺码吨计，因此该批货物每一运费吨的运费应为：

1运费吨=22+13+95+95×10%=139.5

总运费=10.676×139.5=1489.302

案例2：翻译歧义导致客户流失

一工厂付款方式是"30% T/T Pay in Advance, 70%T/T Pay Against the Copy of Bill of Lading"。业务员翻译为：30%定金，70%余款见提单草本后支付。她认为COPY件就是草本。而客人的理解是：70%的余款见提单正本复印件后支付。

结果：

由于客人没有见到正本复印件，所以迟迟没有付剩下货款和海运费，而工厂却擅改提单，将货柜转手给其他客人。

分析与建议：

客人的理解正确，符合国际贸易的通俗理解和做法。一般正式的提单三正三副，其中副本就是 Copy Bill of Loading。这完全是工厂业务员的误解。工厂的做法虽然看起来保护了自身的短暂利益，却损害了没有过错的客户利益。也损害了自己公司的信誉，失去了客户。

新手业务员不熟悉贸易规则，情有可原，但是新手业务员怎么会有权做出将货物转手的决定？这说明他的领导太相信她的一面之词，也不与客户沟通调查。作为工厂，在客户收到BL前付款是比较稳妥的方式，但是必须与客户加强沟通，避免产生歧义。

翻译：the Copy of Bill of Lading：正本提单复印件/副本提单原件/副本提单复印件/正本提单。

Draft Bill of Lading：提单的草本（草稿，未经签章，供核对内容用）。

案例3：设法谈判有利的付款方式

某客户坚持要用D/A 30~45天付款，各种方法都用过，包括推荐L/C等。客户就是不松口。怎么办？

结果：

这样的付款方式风险太大。通过缩减利润做T/T 或者L/C，反复和客户沟通。如果客户还是不同意，坚持要用D/P或D/A，或者非要坚持我们实在接受不了的付款方式，如第一次合作就非要100%的见提单复印件付款。这有可能是他们公司的硬性规定，也可能他还没有完全信任我们，客户考虑他的风险合情合理，我们第一次合作也无法如此信任客户。或者可能是谈判方式有问题。

分析与建议：如果双方都不让步，如公司只做T/T，客户非要做L/C，则会因为付款方式丢掉很多订单。

（1）公司的付款方式尽量灵活多样，从T/T，到T/T+L/C，到100%L/C at sight，D/A或D/P，甚至L/C 30天，这样贸易订单才能源源不断地流入公司。

如果公司规定必须做T/T，其他一概不考虑，除非该公司的行业竞争不大，或者产品价格、品牌相当有优势，否则丢掉的订单数会远远超过所签下的订单数。

（2）如何将订单的付款方式谈成全部T/T，部分T/T，部分L/C，或者100%L/C at sight？

①分层次报价法。分层次报价案例如下。

a. 如果提前全部电汇（100%T/T in Advance）现金支付，每公吨报价为1000美元（usd/mt）。

b. 如果使用即期信用证支付（L/C at sight），每公吨价格为1020美元（usd/mt）。

c. 如果信用证30天内支付（L/C 30days），每公吨价格为1060美元（usd/mt）。

由客户自行选择，客户会综合考虑成本，权衡是资金流动优先还是资金节约优先。如一个小柜24吨，如果选择L/C需多付480美金，选择30天则需多付1440美金。

②货期差别法。通常客户对交货期的要求都越快越好，例如，有个泰国客户，21号来电说必须28号前交货，付款方式用信用证。跟单员告诉他："如果收到信用证则需要三四天以后。三四天之后开始生产肯定来不及，而且线上还有很多货要生产，很多都是已付款客户，这样最早也得等下一个船期。如果您能接受T/T，我可以跟老板申请，把您的货排在第一位生产，您看怎么样？"客户挂掉电话，五分钟后打过来说接受T/T付款。

③哭穷法。"我们刚刚建了一个新厂，（或新投入生产线、刚进行了技术改造），资金相对困难，所以公司推出了回收资金的特殊优惠，凡是接受100%T/T预付的客户，在最低价的基础上再优惠10个美金/每吨，以促进资金的快速流动，解决资金流动困难。"

曾有位泰国客户要了样品，检测合格，报价也基本谈妥，最后因为付款方式问题，双方无法达成一致。对方要求100%L/C at sight，其实这个付款方式公司能接受，业务员一直想拿到T/T全款或者一部分预付款，就告诉客户："按照行业规矩，我们公司规定必须有一部分定金甚至100%的预付款才能合作。"

客户几分钟后回邮件："不需要你教我做生意，我在这个行业十几年了，行业规矩我比你懂，既然你们公司有规定，那是没合作机会了，因为我们公司也规定必须用L/C at sight。Bye！"以后再怎么联系也不回复了！

确实，客户提100%L/C at sight太过分了。按照谈判经验，客户会提出D/A或者D/P支付，然后想办法说服他用L/C支付，但必须懂得顺畅的沟通方式，切勿惹急了客户而无法继续洽谈。其实，只要如实告诉客户："我们刚刚成立工厂，资金有问题，所以急需流动资金。"生意就是互相帮助，你资金有问题，我帮你，我周转不灵，你迁就一下。

谈付款方式的忌讳就是：不到万不得已，千万不要说："这是公司的规定"或"行业规矩都是这样的！"

④样板工程法。在开拓贸易初期，每个产品都找一个行业里面比较权威的采购商，哪怕是平价出货，不赚钱，只要退税也要留住他，就是为了建立样板工程，客户在讨价还价时，纠缠于付款方式时，就拿出样板客户来做武器。例如，有个印度客户，价格给我们砍得很低，利润只有原来的一半了，还非要做L/C90天，此时，把行业里赫赫有名的一个日本客户的合同给他看（大部分信息都处理掉，只留下对方的印鉴、价格、付款条件、交货期），告诉他："日本的订货量非常大，您就一个柜子也是这个价格，而且付款方式还是100%T/T（实际上日本客户是50%T/T，50%见提单副本，结清电放），他们那么信任我，合作了这么久，您还有什么不放心啊？"

ISO认证体系里有一条是对供应商的认证：必须对供应商进行评估，如果该企业跟行业中最权威企业的供应商合作，会大大加分。

⑤装腔作势法。"我们现在线上货太多了，公司不再接货，除非付款方式是T/T，可以为您预订下个月的最早货期。"此法容易得罪很多客户，但是对于实在没辙的客户可以试试。

⑥原料涨价法。"原材料下月要涨价了，如果您能接受T/T，我拿到钱先给您采购原材料存下来，可以维持现有价格，否则得按照新价格执行。"

⑦循循善诱法。有些客户非要做100%见提单副本（copy）付款，甚至D/A或者D/P付款，就说："相信您也不是没钱，才要求这样付款，肯定是对我们不放心，实话实说，第一次合作，我对你们也不放心。所以我们很难接受这种对我们没有保证的付款，我知道您对我们不放心，所以我们没有要求T/T全款，甚至没要求您付定金，就只是要求L/C at sight，银行做担保，对双方都公平。您说呢？"

⑧行规付款法。如果某些行业形成了固定的付款方式，就不要打破。例如，某些农药，90%是放账，几十天的信用证甚至D/A或者D/P。机械行业产品的付款方式是30%预付，加70%到厂验货付清，然后出厂。客户通常不会有异议。

⑨志存高远法。"我们打算建新厂，打算买新设备，打算革新技术，中国贷款的流程比较慢，因此这段时间推出优惠措施，能接受T/T付款的话……"此法会让客户觉得，这个公司生意好，有发展，值得合作。

⑩刺激客户法。如果客户成天说自己如何强大如何有实力如何有钱，但是一谈单子就开始拼命砍价，付款方式还要信用证30天。跟单员可以说："是不是您这段时间没钱啊？我去找老板给您申请一下，照顾照顾您，毕竟是贸易商，赚钱的确很困难。"

这下子他急了："No, I have lots of money. OK, I will pay you 30% T/T of total value, Balanced 70% by L/C at sight, OK?"

其实这个客户很要面子，一直强调自己有实力有钱，生怕别人误会他没钱。价格相对便宜了，他又不舍得放掉这个赚钱的机会，于是忍痛接受。后来第二笔订单，客户说："以后用100%L/C at sight吧，一次操作简单些，两次太麻烦了。"

⑪欲擒故纵法。什么理由都找了，客户就是不接受，估计机会也不大了，就直接说："因为这段时间公司的订单比较多，公司规定不接T/T和信用证以外的订单，Sorry，我也很想跟你合作，但是我不是老板，说了不算啊！"

案例4：接受远期信用证的利弊分析

对客户而言，L/C 60、90days的吸引力非常大。但大多数工厂都只接受L/C at sight，第一次合作可以理解，可是合作一段时间以后依然不接受远期信用证，除非是超大的订单或者合作很久，才会考虑L/C 60 days。这往往会损失很多中型或者小型的单，而这些经常会发展为长期合作的伙伴。欧洲很多贸易往来的付款方式最少都有L/C 30天。某些行业甚至有L/C 3个月。

结果：

中国工厂总是想方设法避免延期付款，以致出现大公司拼命压低工厂的价格，甚至不给样品费，不接受L/C 60天以下的付款方式，而中小公司拼命压自己的现金流，因为每次从中国进货都得先考虑到资金，然后等自己变大了再回头压工厂。

分析与建议：

对工厂来说，除了有个押汇利息的问题以外，还有什么阻止远期信用证被普遍接受？

（1）利润不高，利息太高。信用证对于小工厂和小企业不普及。

（2）汇率风险大。人民币对美元汇率一路升值，外升内贬，利润收窄，做远期风险大。特别对于小企业，资金有限，款期太长会影响企业运作和现金流的运转。

（3）收汇风险大。时间长了担心收不回尾款。

但是，就一个单而言，现金流压力的确比较大，但是从整体角度看，如果接受远期，订单的总数肯定会增加，交易额上升则一切都会好起来。

案例5：合理确定走货方式

9～10方以下的货品是走拼箱好还是整柜合算？

分析与建议：

对工厂而言，肯定9～10方拼箱便宜；对收货人而言，一定是整箱便宜。因为目的港拼箱会产生费用。

如果是春节前后爆舱严重、仓位太紧张的话，9～10个方拼箱也不好走。同时还要看走哪个航线，不同的港口收费标准会有差异，如果拼箱走的是高退的港口则比较麻烦，另外还应比较起运港、目的港的所有综合费用。

分析与建议：

（1）用客户指定货代，或自己找个好的货代，并让货代把起运港、目的港的散货、柜货的所有费用都报过来作比较。

（2）然后，把拼箱、整箱和目的港的费用都报给客户，让客户自己选择。

（3）确定之前，还要考虑将来的贸易有没有负面影响。不能只是基于整箱拼箱哪个便宜而定夺。

案例6：客户不要货品的处理方法

德国的货品分两个订单通过香港中间商运走，收了30%的订金。大货样抽取的样板本公司自己测试通过后，将样板寄给客户，但客户测试不通过。客户以不接受测试结果为理由，只放了第一个订单的货，第二个订单没有留订金。并说如果通过了测试结果才接收这批货。

结果：

12月底，客户来邮件说第一批货被海关查验，没有赶上促销期。第二批货已到港口半个月，客户通知不要第二批货了，怎么办？客户解释的原因是：

（1）没有经过同意就走货（公司一直只和香港中间商联系，香港中间商要求按时走货，不然承担空运费，所以才发货。）

（2）测试没过（但是最后的结果都还没出来）。

分析：

（1）和中间商确定责任承担比例。由于是中间商下指令安排出货，而且中间商有收佣金，就必须承担责任，但是工厂也会受损失。当然，本公司应承担大比例的责任。

（2）督促中间商联系客户，并下调产品价格。以此增加客户的利润空间，也不影响后期的合作，一般客户都会欣然接受。

（3）如果客户确实不想要货品，更不想去办理通关手续。要求中间商或货代配合，提回货物。30%定金只能顶用一次货品的成本，现连发了两次货，如果货品保不住，则损失惨重。如果当地有朋友或客户，也可以请他们找清关公司协助通关，帮忙清理出来，从而减少置港费和仓储费用。

（4）换算物品成功返回的费用和产品本身的价值，确定本公司和中间商各自要承担的具体数额。

（5）虽然浪费了不少的时间和折转费，不过，不要去盘算和计较，这只会让自己更情绪化，对后面的发展没有好处。为了不影响后期的合作，还是应该保持冷静，与客户多沟通多道歉，尽量减少客户的失望感，才能不影响后期合作。只要后续还有合作，就不怕没有赚钱的机会，如果永远失去了客户，才是真正的亏损。

（6）切忌：没收到钱最好不要发货。

案例7：如何追踪货款

跟单员收到客户发来的汇款水单后，就将提单发给客户。

结果：

一直没有收到货款。跟客户联系，对方坚持已经汇款，我方却一直没收到。这种情况怎么知道客户是否真的汇款了？能否通过对方银行查询？怎么查询？如何预防这种情况？

分析与建议：

（1）与对方确认银行账号，检查有没有汇错号码。

（2）以后一定要等钱到账以后，或是收到水单截图、相片之类，才能把提单寄给客户。

（3）客户不可能让银行也作假，联合银行欺骗卖家的情况基本不会发生。

（4）让对方提供付款银行电文，然后拿到本地银行查询。

案例8：如何应对客户与老总的意见冲突

今天又要寄清关单据给一位老客户。客户要求必须用DHL快递公司，TNT在当地服务不好。其实以前也经常走DHL，当然DHL比TNT贵100元。但今天老总坚持要跟单员寄TNT给客户。

结果：

客户看到单号就火冒三丈，跟他解释了很久还是生气。

分析与建议：

（1）客户要发DHL，就发DHL，钱可以从客户订单里挣回来。自作决定发TNT，这个客户就不好维护了。

（2）老板发现了，就说明原因，相信老板会理解的，而且老板还是比较容易哄的。

（3）自己主动提出付这100元的差价，或者从提成里扣掉。只要把业务做大，老板自然会欢喜。

思考题

1. 简述各种运输方式的优缺点。
2. 简述各种贸易术语的含义及贸易双方责任、权利与义务的划分。
3. 国际贸易的结算方式有哪些？各有什么风险和特点？
4. 货物运输要准备哪些单证？
5. 结算时需要的单据有哪些？
6. 制作单据时有哪些要求？

参 考 文 献

［1］冯麟等.成衣跟单实务[M]. 北京：中国纺织出版社，2007.05.
［2］桂继烈.针织服装设计基础[M]. 北京：中国纺织出版社，2001.01.
［3］李广泰.杰出跟单员[M]. 深圳：海天出版社，2005.04.
［4］陈学军.服装国际贸易概论[M]. 北京：中国纺织出版社，2002.
［5］刘小红.服装企业督导管理[M]. 北京：中国纺织出版社，2000.
［6］刘静伟.服装材料实验教程[M]. 北京：中国纺织出版社，2000.
［7］张宏仁，张小良，谭雄辉.服装英语实用教材[M]. 北京：中国纺织出版社，2000.
［8］陈嘉文.英汉制衣业名词辞典[M]. 香港：学丰出版社，1998.
［9］周叔安.英汉/汉英服装分类词汇[M]. 北京：中国纺织出版社，2001.